名家论语文丛书

名誉主编　主编
刘国正　曹明海

语文课程的根与本

曹明海｜著

山东教育出版社

图书在版编目（CIP）数据

语文课程的根与本 / 曹明海著 . — 济南 : 山东教育出
版社，2021.6
（名家论语文丛书 / 曹明海主编）
ISBN 978-7-5701-1593-8

Ⅰ. ①语…　Ⅱ. ①曹…　Ⅲ. ①语文教学－教学研究
Ⅳ. ①H19

中国版本图书馆 CIP 数据核字（2021）第 039764 号

MINGJIA LUN YUWEN CONGSHU
YUWEN KECHENG DE GEN YU BEN
名家论语文丛书　　　　　　　　　　　　曹明海/主编
语文课程的根与本　　　　　　　　　　　曹明海/著

主管单位：山东出版传媒股份有限公司
出版发行：山东教育出版社
　　　　　地址：济南市市中区二环南路 2066 号 4 区 1 号　　邮编：250003
　　　　　电话：（0531）82092660　　网址：www.sjs.com.cn
印　　刷：山东临沂新华印刷物流集团有限责任公司
版　　次：2021 年 6 月第 1 版
印　　次：2021 年 6 月第 1 次印刷
开　　本：700 毫米 × 1000 毫米　1/16
印　　张：22.25
字　　数：300 千
定　　价：67.00 元

（如印装质量有问题，请与印刷厂联系调换）印厂电话：0539-2925659

刘国正先生为"名家论语文丛书"题词

论　文

若谓文无法，矩矱甚分明。暗中自摸索，何如步随灯？

若谓文有法，致胜须奇兵。循法为文章，老死只平平。

学法要认真，潜心探微精。待到秉笔时，舍法任神行。

谓神者为何？思想与感情。聆彼春鸟鸣，无谱自嘤嘤。

总　序

　　新时代语文教育的研究已进入一个深度挖掘中华优秀文化及精神财富的新境域，语文课改的阔大视野和思维创新之树根植于中华民族文化生活沃土之中，并且向"语文强天下"的教育方向伸展。在庆祝中华人民共和国成立70周年之际，我们积极策划并组织编写"名家论语文丛书"，旨在落实《中共中央　国务院关于全面深化新时代教师队伍建设改革的意见》，大力振兴新时代语文教师教育，促进新时代语文教师的专业发展。

　　"名家论语文丛书"，是新中国成立70年来第一次系统呈现我们自己的语文教育名家的作品。中国教育史本质上就是语文教育史，要写新中国语文教育史，就必须写好我们的语文教育名家。他们的语文教育思想和智慧、情感与理思、教学与研究，能直接勾画出新中国成立以来语文教育的课改轨迹和实践成果。以庆祝新中国成立70周年为节点，我们遵照中央关于加强新时代教师教育的指示要求，全力推出语文教育名家的精品力作，以更好地满足广大中小学语文教师专业发展的教学需要和语文文化生活新期待，为大力促进新时代语文教育改革、实现语文教育"立德树人"的教育目标提供良好的语文思想文化食粮。

首先，本丛书积极实施《中共中央　国务院关于全面深化新时代教师队伍建设改革的意见》中的指示要求，即"大力振兴教师教育，不断提升教师专业素质能力"，"培养造就学科知识扎实、专业能力突出、教育情怀深厚的高素质复合型教师"，"培养造就数以百万计的骨干教师、数以十万计的卓越教师、数以万计的教育家型教师"。作为语文教育名家，丛书作者团队打开创新的思维，拓展教学的智慧，求索新时代语文教学新的内质，标举新时代语文特有的教学理想和追求，探讨新时代语文教学思想和方法，给广大语文教育工作者带来新的教学信息，特别是通过与广大一线教师进行大量的语文教育对话，广泛交流新时代语文的情感智慧和教学思考。可以说，本丛书的问世恰逢其时，可以唤醒教师教育思想和丰富教学资源，以独特的与名家对话的渠道和形式培养造就符合新时代需要的高素质复合型教师。

其次，本丛书能反映语文教育自主性、独创性的最新研究成果，有助于持守中国特色语文教育的思想理念，完善教材编制，促进教学创新，提高语文教师的学科核心素养和教育教学能力素养。语文教育教学设计能力素养是教师实施教学活动的具体构思，是针对教学的整个程序及具体环节进行精心策划的思维流程。它是优化教学过程、保证教学质量和效果的有力措施。教学设计能力素养的核心在于课堂教学的建构与创新。基于学科核心素养的课堂教学设计创新，应该立足于"语言建构与运用"的教学基点。新时代教师要在把握学科核心素养、吃透课程标准精神的前提下，根据不同的学段和学生实际，创造性地进行教学设计。教师要凭借自己的教学智慧用心设计和经营课堂，对各种新型教学方式进行有效尝试。要想不断提升教学设计能力素养，教师在教学实践中必须把握教学目标、教学重难点、教学过程和教学策略等基本要素。对此，本丛书进行了不少教学论述和案例分析，而且这些教学细化例证分析颇具启示性和唤醒性。可以说，这是对新时代教师专业化发展素质的细化要求。

再次，本丛书深入研究阐释了中华民族优秀传统文化所蕴含的思想观念、人文精神、道德规范，对实现语文教育优秀传统文化的创造性转化和创新性发展具有重要意义。丛书提出语文教育"语言文化说"的观点，认为语文是文化的构成，应从语文本体构成的文化特质出发来分析理解语文教育，从而打破语文教育只是"知识获得的过程"的理论。倡导语文课程的文化建构观，建立以人的发展和完整性建构为主体的理论新结构，不仅有助于我们从理论上重新认识语文教育，而且有助于我们从实践上助推语用教学的文化渗透过程，以促进语用教学改革的深化，加快语用素养教育的进程。丛书昭示了新中国语文教育的发展水平，反映了语文教育最新的原创性成果，是对新时代语文教育的生动书写。

丛书作者皆为我国当代语文教育名家，是语文教育与课程改革的引领者，标举"立德树人""守正出新"的教育理想和追求。根据中央对新时代教师队伍建设改革的意见，着眼于新时代教师教育发展的需要，丛书内容侧重于三个方面：一是守正创新。丛书阐释了语文教育的基本特征和根本任务，包括语文课改、语文课程的根与本、语文教育的本来面目、语文教育的现代性等。二是立德树人。丛书着眼于核心素养的教学探索，以语用为本，以学生为本，以文本为本，包括语文教学的"实"与"活"、语文教学的反思与重建、语文阅读与成长、语文课程与考试等。三是教材建构。丛书围绕"该编什么""该怎么编""该怎样用"的原则方法，系统论述了高质量语文教材的编制与使用问题，具体包括语文教材的性质与功能、教材结构与类型、教材的教学化编制等。总的来说，丛书多层面探讨了语文课标、课改、课程、教材、教学、考试，以及传统与现代、问题与对策等，多视角展示了语文教育名家的教育思想和教学智慧。丛书既有高屋建瓴的指导性，又有具体而微的针对性，搭建了名家与教师对话的独特渠道。

从本丛书全新的营构创意来看，把"名家论语文"作为一种名家与教师的交流对话，是为新时代语文教师专业发展拓开的新场域。作为名家与教师以书面文字对接的阅读平台，本丛书实质上是主体与主体的对话、心灵与心灵的沟通，是情感的交流和思维的碰撞，是名家与教师交流语文思想智慧的对话场，能够切实引领语文新课改、语文新教材、语文新教学。

应该说，作为新时代语文教师教育的教本和范本，我们相信，本丛书对广大语文教师专业素养的提升及新时代语文教育课改的深化发展必将发挥积极的引领与助推作用。让我们携手共进，共同创造语文教育的美好未来！

曹明海

2020年6月于济南龙泉山庄

目　录

前　言

　　语文课程的根与本是什么？简单地说，根，即语文课程的根基；本，即语文课程的本体。应该说，语文核心素养构成的核心要素即"语言建构与运用"，就是语文课程的本体根基。"语言建构"，重在语言生命意义的创生；"语言运用"，则重在语言文字的理解和表达。实质上，语文教学就是要通过"语言建构"来实现生命建构，通过"语言运用"来进行感知接受。这种基于核心素养的语文课程的语用性教学，能消解当下"热闹语文"的教学浮华，驱逐"花哨语文"的教学功利性，点亮语文课程科学的教学取向，即"学语文就是为了用语文"，让学生在"语言建构"与"语言运用"中得到生命、情感和心灵的建构。应该说，这是本书具体论述的主要内容和特点。

一

本书对语文课程根与本的特质分析，是从其"语言建构与运用"的语用性切入的。"语言建构与运用"是语文核心素养构成的根本所在，是语文课程追寻语文"内在的丰富和诗意"、着力于语言建构的"人气课堂"、把语用性作为语文教学基本点的主要取向。

对"语言建构与运用"的语用性，学界一直存有不同意见。虽然王宁教授在《语文学习》上发文①做了专门阐释，但有的老师仍然要求改为之前大家统一认可的"语言理解与运用"，有的认为"语言建构与运用"实际上还是强调语言文字工具训练。本书认为，这些说法明显存有偏颇，有必要对"语言建构与运用"的语用性加以分析：语言建构，是注重语言生命意义的创生，是一种语言意义的生成观；语言运用，则是注重语用表述感知的接受，即对"语言文字运用"的认同理解。从语文课程着力于语用性教学、建构"人气课堂"的实际来看，"语言建构"与"语言运用"是密切相连的，不能截然分开。

从语文课程的教学主体性来看，"语言建构与运用"是人的一种语言活动，而人的语言活动本质上就是一种生命活动。语言建构，就是生命建构，就是情感和心灵的建构。语言与生命是同构融注的，语言活动的过程就是生命活动的过程。比如说，我们在语文课堂上讲课、发言，无疑就是一种语言活动，是一种语用活动。这种语言和语用活动，有其鲜明的表征，这就是"说话人的生命在活动"，说明"说话人还活着，而且是活生生的，有表情有神气"。这就是说，说话人的语言活动其实就是生命活动，说话人的语用表达过程就是生命活动的过程。这个过程既是"语言建构与运用"，也是生命、情感和心灵的建构。陈子昂著名

---

① 王宁：《谈谈语言建构与运用》，载《语文学习》2018年第1期。

的诗句"前不见古人，后不见来者。念天地之悠悠，独怆然而涕下"，显然是用简单的语言文字组合而成的"语言建构"。作者创造性地完成了一个不朽的生命建构，给读者昭示了一个活生生的生命灵魂。在这首诗语言建构的背后，是一个生命的浩叹，一个生命的悲声，一个孤独生命的活动。可以说，这首诗是通过"语言建构与运用"昭示一个生命与灵魂。如果做两个层面分析，那么"语言建构"就是这首诗对这个生命灵魂的刻画呈现，"语言运用"就是对语言文字组合的艺术营构。

本书从语文课程的语用性分析说明，所谓"语言建构与运用"实际上是从人的语言活动中涌出的生命活动，是语用活动中表达情感和心灵的需求。我们应当肯定，语文课程的语用性教学注重的对生命、情感与心灵的建构，实质上是通过"语言建构与运用"来实现的。因此，把"语言建构与运用"的语用性教学看作是强调单纯的语言文字工具训练，这是不确切的。它实质上既是语言训练也是生命训练，既是语言建构也是生命建构。语文课程的语用性教学告诉我们：语文，说得简单些，就是人们所说的话和所写的文。人们所说的话、所写的文，本质上就是人的生命之声、心灵之声，是人的愿望、情感、思想的直接表达。语言的世界不仅仅是语言符号，它还是跃动的思想与情感、生命与灵魂。特别是我们汉语言具有形象性、情感性、审美性、诗意性等文化蕴含，故语用的过程实质上是情感陶冶、生命建构的过程。

二

本书对语文课程根与本的特质透视，主要着眼于把握"语言建构"的主体生命，把握"语言运用"的主体心灵，从而有效实现语用与生命同构的"人气课堂"，切实落实"语言建构与运用"的核心要素教学。

何为"人气课堂"？简言之，就是语文课程追寻语文"内在的丰富和诗意"，即在课堂上面对一篇课文的语言形式就是面对一个鲜活的生命，面对一个语言构成的文本就是面对一个跃动的心灵，要让学生感受到课堂特有的"人气"，感受到课堂"人气场"的生命跃动。学生发自内心的"人气"和课文内在的生命律动产生碰撞和同构融注，这就是最生动的、最扎实的、最有效的课堂教学。这样的"人气课堂"就是最触动心灵的"生命课堂"，就是教师教语文教得好、学生学语文学得好的"好课"。实际上，一首诗就是一个生命的完形，一篇散文就是一个独白的心灵，一篇小说就是一个生命群体在典型环境中的特定活动。一首诗也好，一篇散文也好，一篇小说也好，本质上都是通过"语言建构"而实现的"生命建构"，都是"语言运用"构成的"生命完形"。这就是说，任何一个语言构成形式，实质上都是一个生命活动形式。作者是通过"语言建构"来实现"生命建构"的，是通过"语言运用"来进行情感与心灵陶冶的，这是语文教学中必须要把握的"语言建构与运用"的语用性特质。好的语文课堂都是把握这种语用性特质，引导学生追寻语文"内在的丰富和诗意"，着力于语言建构的，富有无限生机活力的"人气课堂"。

著名作家贾平凹曾说过，文章最重要的是有人气。什么是人气？人气，就是生命之气，就是热的、勃勃的、跃动的生命声息，就是人情、人味、人性、人品、人的命运与性格、人的思想与灵魂。好的文章，都充满着这种人气；精彩的语言形式，都充溢着这种人气。这显然是贾平凹的创作经验之谈。他在创作中深切感受到了语言形式就是一种生命形式，感受到了"语言建构与运用"就是生命建构与表现。从某种意义上说，这也给语文课程探讨语言建构的"人气课堂"揭示了语用与生命同构融注的真义。

对语文课程着力于语言建构的课堂教学实践表明，我们应当切实把课文视为"语言建构与运用"的生命建构，看作充满着"人气"的活生生的生命形式。在语文课堂上只有真正把一篇课文的语言形式作为生命形式来解读，才能深切感受到一种"人气"，感受到一个生命的召唤，感受到生命的律动，教师才能切实教好课文，学生才能切实学好课文。实际上，语文课程着力于语言建构的"人气课堂"教学，就是为了追寻语文"内在的丰富和诗意"，以更深入地拓开语文的"生命课堂"。

　　教师教朱自清的散文《春》，要引导学生品味其语用文字的精致，感受作者用多彩之笔描绘的春风、春雨、春草、春花等，让学生去体悟春的生命勃发的美。这样，课堂就有生气，教学效果就好，学生沐浴在春的生命召唤的天地里就特有兴致。从根本上说，作者写春的美是写生命的美。如文章开篇："山朗润起来了，水涨起来了，太阳的脸红起来了。"这是写什么？有的教师讲这是写春山、春水、春太阳的特点。其实，这是一种浅层次解读。作者绝不只是为了写春的特点，他着力描写的是春的生命声息、春的生命勃发、春的生命活力，是写春山、春水、春太阳的生命跃动。我们要教好这堂课，就必须抓住"春的生命跃动"。显然，作者用精致的语用文字书写"春"，这是"语言建构"，更是"生命建构"，是"语言运用"，更是"对生命的描述"。在语文课堂教学中，必须着力引导学生在课文的语用文字中真切感受春的生命跃动。只有这样，才能实现语言建构的"人气课堂"和"生命课堂"。教学一篇课文必须要深层把握"语言建构与运用"的生命潜在质，解读一个语言形式必须要深悟它所潜在的生命形式。应该说，语文课程的语用教学着力于语言建构的"人气课堂"，就把握了语用与生命同构的真义，彰显了语言建构的"人气课堂"所特有的"生命的魅力"和"灿烂的亮色"。

　　综上所述，通过对语文课程的语用性透视及其语言建构的教学论述，本书主要阐释三个基本认识：（1）语文课程的"语言建构"是语文核心素养构成的核心要素。语文课程要以"语言建构"为本，把"语言运用"作为语文课程一切教学活动的基本立足点。（2）语文课程应提倡语用性教学。教师要着眼于"语用"，实实在在教语文，学生要着力于"语用"，扎扎实实学语文，使语文课程的教学过程成为"语言建构与运用"的主体活动。（3）语文课程的"人气课堂"建构，不是单纯训练学生的"语言技能"，而是着力于语言建构的"生命课堂"，即让学生在语用活动中得到生命、情感和心灵的建构。

第一章
语用突围：语文本体性的回归

    对语文教学语用论的研究，实际上是指向语文核心素养的深层探讨，是立足于"语言建构与运用"语用观的新建构。最初，它是从注重和强调"语言文字运用"的语用教学观探究开始的。随着国家社科基金重点课题"中小学语文教学改革"子课题"语文教学观研究"的深入开拓，笔者从理论和实践的结合上对语文教学语用论这个课题做了较深入的考察和论证。首先追溯我国不同历史时期语文教学观发展的演化过程，从中透视语文教学观发展演变的主要思想精华及其汇集成的语文教学思想智慧，以继承和发扬传统语文教学观的内在精髓，开拓和建构当代语文教学观的思想高地。其次，对近年来语文教学观的争议也做了多层面的具体调研和梳理，发现有不少学者特别是教学一线的语文教师，从不同的角度提出了语文教学语用观的思想观点和持守语文课改的语用教学立场。特别是2011年版义务教育语文课标确立了"语言文字运用"的教学理念，强调语文教学的语用实践；2017年的高中语文课标又提出了语文核心素养及其"语言建构与运用"的核心要素，从而开启了语文课改和语用论的实践拓展与理论建构。

一 指向核心素养的语用论探究

对语文教学语用观的探讨，也存有不同的认识和分歧。有的专家认为，语文教学语用论探究与西方语用学的语用研究重合。但是，经过深入的探究和反复的研讨，我们取得了较为明确的认识，即前者并不同于后者。语文教学语用论探究的根本指向是核心素养，即从"语言建构与运用"的语文本体出发，进行听说读写的语用技能训练；西方语用学的语用研究对我们的语用教学具有借鉴价值，但它是一种语言学理论体系的研究，不同于汉语文教育的语用教学探索。正是基于这种思考和认识，从对语文教学语用论研究的起始，笔者就提出语文教学本质上是一种语用教学的观点，倡导"语言建构与运用"的语用教学观，强调语文课就是学语文、用语文，重在倡导"学语文就是为了用语文"的语用基本思想。其实，对语文教学语用论的探讨，就是从语文教学实际出发、指向语文核心素养的。近年来，语文课改中出现了"泛语文""假语文""非语文""去语文化""形式化"的教学现象，离开语文教语文，搞花哨语文、名堂语文，直接搞乱了语文，使语文教师陷入"语文课到底怎么上"的困惑之中。因此，我们大力倡导"实实在在教语文""扎扎实实学语文"的语用教学，提出"以语用为要""以文本为本"的语用取向和原则。其指向就是力图从"泛语文""假语文""非语文""去语文化"的教学困惑中突围，指向"语言建构与运用"教学目标，拓开语文课程的语用教学变革，促进语文课改的根本性发展。

具体来说，我们对语文教学语用论问题的探讨，主要基于以下三个着眼点：一是从"语言建构与运用"的语文本体出发，打破忽略"语言建构"来空谈语文课改和语文教学的弊端，摒弃离开"语言运用"来空论语文教学的"非语文"的杂质，把握"语言建构与运用"的语文本体，明确语文构成的基质和根本元素；二是从国家在基础教育阶段设置语文课程的初衷和基本点出发，教学生识字写字，学习和运用语言文字，进行听说读写的各种活动，使学生能说会道，善读会写，训练学生的语用基本能力，提高其语言文字素养；三是确立语文课程的语用性定位，树立"语言建构与运用"的语用本体理念，以"语用技能"为要，以"语用素养"为本，将语文课程作为"语言建构与运用"的教学过程，把语文课程的目标和内容都立足于"语言建构与运用"，将"语言建构与运用"作为语文课程的一切教学活动与教学设计的核心指向和基本立足点。总之，该书对这种语用教学论的探究，就是力图打破离开语文的教学弊端，引领教师在语文课上着眼于"语用"教语文，学生在语文课上着力于"语用"学语文，使语文课的教学过程切实成为"语言建构与运用"的训练过程，引导学生与语言文字打交道，和语言文字亲密接触，与语言文字构成的文本对话，让学生在文本的字里行间穿行，品味语言，体味文字，学会"语言建构与运用"。这就是说，我们重在强调，语文就是语用，语文就是文本，语文课程的语用教学，就是要建立实实在在地教语文，扎扎实实地学语文、用语文的教学新秩序，以清清楚楚地把握语文教学的语用根本，明明白白地遵循语文教学的语用轨道。

作为一种理论和实践相结合的探索，我们对语文教学语用论的探究，旨在指向语文核心素养，即从"语言建构与运用"的语用视角解读语文活动，立足于语文教学的语用阐释，探讨语文课改的特性和规律，揭示语用教学与文化渗透过程共存共生的血肉关系，透析语文教学语用本体的意义生成观与教学实践的语用原理，开启语文教学语用论智慧和语用主体情感智慧。我们以此为基点进行语用这个论题的探讨，其整体设计由三个方面构成：

第一，探究语文教学语用观思想与语文教学意义生成观智慧。它重在阐释语文教学语用理论构成的基本命题：一是语文教育观的历史考察与分析，包括古代语文教化、近现代语文工具观和新时期语文人文观。在此基础上，着力揭示语文教育语用观的本体根基、核心思想和主要依据，以及语文课程的语用性特点。二是对语文意义生成观的践行及其具体操作进行应用性探讨，即亲近语言的对话而引发意义生成的方式、主体对符号意义的想象和联想，以及语文教学中意义的生成离不开整体参照的语境体验和触类旁通的语用实践活动等。

长期以来本应形象生动、有血有肉的语文教学被异化为单纯的概念性认知活动。在这样一种理性主义认知教学观的支配下，语文学习和运用的过程"没意思了"，语文所拥有的诗意天地被"祛魅"，语文教学所特有的意义家园、深厚的民族文化世界被遮蔽，学生的生命存在与语文意义世界之间发生了断裂，他们找不到情感与心灵的皈依。因此，我们就是针对语文教学存在的这种倾向，即将语言学习和运用误以理性主义认知教学来对待，忽略语文意义生成的丰富性、诗意性的现象来进行探讨，其指向就是对理性主义认知教学观的颠覆和重建。为此，我们特别指出和反复强调，要达成这个指向目标，真正树立语文教学的语用观，切实把握"语言建构与运用"的语用教学论，就必须深入探讨语文教学意义生成观，以揭示语用教学的特性和本质。

第二，探究语文课程语用目标的构成和语文课程内容的语用性建构。首先，语用目标的构成，主要包括：一是语文课程的语用知识与能力目标，即培养语言文字运用能力；二是语言文字素养目标，即提高学生的语言文字素养，注重语用生态的建构与文化涵养。其次，语用内容的构建，主要包括：一是语用知识的内容要素、语用能力的内容要素、人文素养的内容要素；二是语文课程内容的原则性选择、语文内容与教学内容、教材内容的相关性问题等。

对语文课程内容的确定，一直存有认识分歧。要解决这个难题，我们认为应采取的对策是依据语文教学的语用观，把握语文课程的语用目标和素养目标，注重对语文课程内容的语用性建构，确定语文课程的三项基本内容——语文知识、语文能力、人文素养。在这三个方面的构成要素中注重汉语文民族文化教育内容，品味感悟汉语文丰厚的文化内涵，加强学生对汉语文民族文化的理解力和认同度。同时，我们也特别强调，在语文课程标准的修订、教科书编写和语文课改中，切实把握语文课程的语用性内容要素，并切实从语文学科自身的特点出发来理解语文课程内容。作为具有丰富的人文内涵与很强的实践性特征的汉语文课，不能像其他学科那样刻意追求完整系统的学科知识体系，而应当通过言语实践活动让学生自行获得、积累和运用语文知识，培养"语言建构与运用"的能力，丰富和充实自己的人生体验，提高语用水平和人文素养，以真正实现指向核心素养和"立德树人"的汉语文教育目标，更好地体现语文课程的语用本体特色。

第三，探究语用教学过程的文化渗透和语用享受教育的开拓。对语用文化渗透的探讨有三个方面：其一，语用是一种文化的构成与存在方式，它作为语用的文化符号，是人类进入文化世界的主要向导。语用与文化具有同构性，二者都是民族情感、精神和智慧的结晶。其二，语用教学的语用性功能与文化性特质浑然天成，有如血肉同构的生命机体。两者是语文本体构成的基本要素，是相互渗透和融注的化合体。我们从根本上解决了语用性教学与人文化成教育的争议问题。同时，把语用教学过程视为文化渗透的活动，以有助于实现人与文化的双重建构。其三，语用教学的文化渗透过程不是指单纯的语用技术性问题，而是指它在对学生进行语用技能训练、提高学生语用素养的过程中，也要充分挖掘和利用语文教材文本的文化资源，加强对学生的文化陶冶，注重对人性与生命的关怀，即把语用教学视为个体生命的文化生成与建构过程。四是探讨语用教学与民族文化共生共变的互动关系，激发语用教学主体的内在文化渗透活力。语文课程的语用教学应该担负起培养学生的民族情感、民族精神的历史使命。特别是语用与民族文化具有同构同质关系，语文课程的语用教学应该义不容辞地承担涵化民族情感、唤醒民族意识、振奋民族精神的责任。

对语用享受教育的探讨，主要是追求变单纯被动的语用学习为主动的语用享受学习。用一种语用的享受眼光，自觉追求语文世界中的真、善、美，从而获得语用的精神享受。享受是人的高度完成的状态，正确的享受观、积极的享受体验和不断提升的享受能力是其具体表现。对语用享受教育研究的主要内容包括：一是语用享受教育的特征，包括语用享受内容的形象性与情感性、过程的审美性与体验性、目标的实践性与陶冶性等。二是语用享受教育的资源开发，主要立足于语文本体发掘语言文字、文学文本、语言文化世界的语用享受性资源，以确证语文课程实施语用享受教育的可能性。三是语用享受教育的实施策略，包括在对话中享受语用、在语用中学会对话，在创造中享受语用、在语用中学会创造，在情趣中享受语用、在语用中培养情趣，在审美中享受语用、在语用中学会审美。以此力求说明语用享受教育不仅追求过程的语用享受，也注重正确的语用享受观、语用享受能力的形成。

二　语文教学语用观的本体根基

　　语文教学语用观，即"语言文字运用"教学观。这种语用观的建构，是以语文本体和语用本体为基础的，实际上语文本体和语用本体是语文教学的根基。这两个"本体根基"是语文教学语用观建构的支柱，能使语文课改切实走在"真语文"的大道上，并不是没有依据的"超语文"的随意空论。如果没有这两个"本体根基"，也就没有真正的语文教学。为此，我们对语文本体和语用本体加以分析，以确立语文教学语用观建构的坚实基础。

（一）对语文本体的根基分析

　　何为语文本体？简单地说，语文本体即语文本身特有的基质和元素，它构成了语文教学语用观的本体根基。语文本体论是关于语文自身的学问，它要阐释和描述语文的生成构成与存在形态。"本体"是一个较复杂的概念，曾有多种不同的解释和认识。在这里，我们无意于形而上的概念性思辨，只是着眼于具体探讨语文的本体问题。但有一点需要强调指出，本体问题或存在问题是和语言紧密交织同构于一体的。"语言是存在的家园"这句众所周知的名言，说的就是"本体即语言"的道理。"语言是存在世界的现身情态，存在世界是在语言中现身和留驻的。""世界是人类语言的命名。""语言的界限就是世界的界限。"没有语言，存在世界的现身形态就难以得到呈现和说明；离开语言，语文本体也就无法谈起。所以，"本体即语言""语言即本体"，是本体论语言学早就有明确定论的问题。

其实，本体和语言紧密交织同构的问题，是本体论语言学长期争论和探讨而得出的一个结论。"自柏拉图起，关于在语言中指陈非存在物的问题就一直困扰着西方哲学；从中世纪起，关于唯名论与唯实论的争论就十分激烈，一直到当代也没有解决。安瑟伦关于上帝的本体论证明是从语言中使用某种谓词而推出实在的典型，直到康德才证明这种推论是荒谬的，而康德的关于'存在'不是谓词的主张在当代语言学家那里有热烈争论。当代语言学家认为，利用现代语言分析手段，可以一劳永逸地解决本体问题，对古已有之的问题给出崭新的、确切的答案。"①语言学界的这种认识分歧与争论，可引发我们对语言与本体的多方面的思考和深层的醒悟，使我们深刻认识到语言和本体原本就是紧密交织而同构于一体的，谈"本体"就不能不谈"语言"。本体和语言的这种交织同构的关系，启示我们对语文本体的阐释更应该从本体论语言学的视点出发，来透视语文本体构成的真义。这就是说，对"语文本体"不可能不谈"语言"、不谈"语言文字"。只有立足于"语言"和使语言得以符号化的"文字"，才能真正触摸到语文本体，切实把握语文本体。

需要指出的是，语言及其文字作为本体和存在世界现身情态的符号，具有其他事物所没有的特质——它是情感的符号、思维的符号、生命的符号。比如说，它作为一种文化的构成物，不同于构成房子的砖头和土木；它作为一种工具，也不同于斧头、镰刀之类的纯工具。这就是说，语言及其文字作为特定的符号代码，特别是我们的汉语言文字，其本身就具有形象性、情感性、意义性和审美性等特质。但是，砖头和土木就不具有这种符号性，砖头就是砖头，土木就是土木，它们只是一种客观存在物。它们之所以被称为"砖头"和"土木"，也只不过是人类语言对它们的命名。"砖头、土木"可视为各种

---

① 徐友渔、周国平等：《语言与哲学——当代英美与德法传统比较研究》，生活·读书·新知三联书店1996年版，第94页。

"房子"的材料，而"语言文字"却不可视为各类"作品"的材料。所以，"语言文字"和"砖头土木"并非一个逻辑起点上的概念，二者不可同日而语。我们不能走过去语言学关于"本体争论"的老路，否则，难以弄清楚语文本体。在这里，我们从这种特定的本体论认识出发，来探讨语文本体的问题。

1. 何为语文：语言文字的构成

长期以来，语文教育界对语文是什么，即语文本体的构成问题，存有多种不同的阐释和认识。概括来说，主要有四种代表性观点：（1）语文是"语言文章"。口头为语，书面为文，合而言之，称为语文。这种阐释强调"口头语言"和"书面语言"，主张语文课既要对学生进行口头语言的训练，即听说能力的培养，也要对学生进行书面语言的训练，即读写能力的培养。也就是说，这种对语文的阐释，寓含着语文教学要对学生进行全面的语文能力训练，提高其语言文字素养的思想。（2）语文是"语言文字"，认为语文课即语言文字课，语文教学应当扎扎实实地进行语言文字训练。这种阐释强调语文教学如果不抓语言文字这个根本，忽视字词语句的教学，尤其讲文学作品，总喜欢大讲人物，大讲形象，大讲思想内容和艺术特色，那么，这样的课就不是语文课，而是文学课了。因此，他们强调不要把语文课讲成文学课，要求语文课把着眼点放在字词语句的教学上。（3）语文是"语言文学"，认为文学是语文固有的因素，语文课应当重视文学性的教学，加强文学教育。这种阐释强调，如果文学作品的教学把文本拆解为单纯的语言文字，忽视文学性教学，那么就会抹杀文学作品的生命和艺术魅力，其语言文字也会失去光彩。（4）语文是"语言文化"，认为语文是文化的构成，语文是文化的符码，语言和文化血肉同构，融注于一体。这种阐释强调，如果否定语文是语言文化，也就否定了语文课，忽略或脱离语言文化的语文课，就不可能是有"语文味"的"真语文"课，而只能是"非语文"课。其道理很简单，没有语言文化，何来语文，何来语文课？

对语文是什么的阐释，之所以存有这样的认识分歧，主要有三个方面的原因：其一，语文是多因素构成的复合体，从不同的角度可以做出不同的阐释。特别是汉语文内涵的多义性，汉语文内容的丰富性，汉语文功能的多重性，容易造成人们不同的认识。其二，对语文的阐释也受时代和社会发展的制约，不同的历史时期对语文有不同的阐释。如新中国成立之初注重"语言文字"，因为当时强调识字读书学文化；后来又注重"语言文学"，语文课也分为"语言"和"文学"两科；改革开放以来，随着新文化思潮的涌入，语文又被视为"语言文化"。其三，从对语文的阐释及其认识分歧的形成来看，观点有异与人们研究问题的思路和视角不同有关。如搞语言文学的，往往强调语文是"语言文学"；搞语言文化的，往往强调语文是"语言文化"。

综上所述，对语文的不同阐释和认识分歧主要表现为两个不同的阐释角度：

第一，从语文的形式上来阐释语文，认为语文是"语言文章"或"语言文学"，但这二者实际上都是以"语言文字"为基质和构成要素的。因为文章是语言文字构成的语言形式，语言文字是文章构成的基质要素；文学是语言的艺术，是语言文字的艺术构成品，语言文字也是文学文本构成的基质元素。这就是说，文章也好，文学也罢，其实都是语言文字构成的语言形式。如果没有语言文字，就没有文章的构成，没有文学文本的存在。为此，有的专家认为语文本体即语言文字及其作品。把"作品"看作是语文本体，或许是一种新说法；但加以分析可见，它会对"语文本体"带来误解。语文教材中有各类不同的作品，如果把记叙文、议论文、说明文，诗歌、散文、小说、戏剧等各类"作品"都视为"语文本体"，显然就会造成本体的泛化、模糊化，因为什么都是本体，也就没有什么本体可言了。所以，不可把"作品"视为语文的本体。

第二，从语文的内质上来阐释语文，认为语文是"语言文化"。

众所周知，人类的生存文化分有饮食文化、服饰文化、居室文化等，语文也就是一种与之并称的语言文化。我们说，语文就是文化，并不是泛指各类文化，而是指语言文化。而语言文化是以语言文字为载体而存在的，语言文字是语言文化的符号和代码，没有语言文字也就没有语言文化。这就是说，语言文化构成和存在的本体是语言文字。由此说来，我们可以得出这样一个肯定性的结论：无论是语言文章、语言文学还是语言文化，显然都离不开语言文字，都是语言文字的本体构成品，是语言文字构成的不同形式、表现形态和存在方式。文章构成的基质元素是语言文字，文学构成的基质元素是语言文字，文化构成的基质元素也是语言文字。所以说，是语言文字构成语文本体，语文本体是语言文字构成的。在这里我们还要强调指出的是，切实廓清语言文字构成语文本体的基本认识，确立"语言文字"构成的语文本体观，并不是排斥文章、文学、文化等语文构成要素，而是指其三者构成的基质元素都是语言文字，即语言文字构成的语文本体就融合同构着文章、文学、文化的基质和元素，语言文字是文章、文学、文化构成的基质元素和存在的基本方式。

毋庸置疑，语言文字构成的语文本体，是一个复合性概念，它包容着文章的、文学的、文化的、语体的、文言的等多重性内涵，它不是一个单一性的载体，而是多种要素的构成。但是，需要明确指出的是，语言文字是构成语文本体的基质和主要元素，语文的本体世界是语言文字构成的世界。或许语文也是一个动态性概念，其内涵是不断发展、不断生成的，不同的时代和历史时期对它会有不同的阐释和解读。但语文本体世界里的一草一木、一山一水，无论在什么特定的历史和时代中都是语言文字的生成物，都是以语言文字为基质和元素构成的。我们在以发展的、变化的眼光来阐释语文的时候，都应该尊重语言文字构成的语文本体这个客观事实，不可以离开语言文字构成的语文本体，对语文进行某种特定角度的"当代性阐释"。

2. 汉语言文字构成的特性

在确立语言文字构成语文本体的基础上，我们要建构切实体现汉语文特点的语文教育语用观，还必须把握汉语言文字构成的特性。

汉语言文字的构成具有丰富的内在意蕴和鲜明的文化特质，它具有形象性、情感性、表意性、审美性、象征性等特征。对此，我们可从汉语言文字本体的构成切入来进行分析和认识。汉语言文字有其特殊的构造方式和结构特征，它独特的形体本身就蕴含着丰富的文化意蕴。汉语言文字形体结构具有直观性、象征性等特点，其形体构成往往与人的思想、情感、生活和行为有机地联结在一起，充溢着丰盈的文化意蕴。一个汉字，往往就是有关人的一个故事，一种姿态、行为和情致；一个汉字，常常就是有关人的一种智慧，一种情感智慧、生存智慧、生命智慧或伦理智慧。如"字"的形体结构本身就蕴含着一个有关人的生命延续的故事，即在一座房子里，一个女子生养了一个孩子。实际上汉语言文字形体结构的每一个笔画，一个线条、一个撇或一个点，往往都有其特定的文化含义。汉字的构成就如同一个人的生命完形，它有外形和骨架、思想和神韵、情感和精神。汉语言文字的这种特性，主要表现在四个方面：一是汉语言文字是表意性文字，一个汉字往往就是一个特定的意义世界；二是汉语言文字是表情性文字，一个汉字往往就是一个特定的情感世界；三是汉语言文字是象形性文字，一个汉字往往就是一个特定的形象世界；四是汉语言文字是审美性文字，一个汉字往往是一个审美世界。总而言之，汉语言文字是有个性的，汉字会说话。当你在阅读中与汉字接触时，每个汉字都会直盯着你，和你交流对话。所以，西方人称汉语言文字是"东方魔块"。

对汉语言文字的这种文化魅力，散文家余光中在他的《听听那冷雨》中做过动情的描述："杏花。春雨。江南。六个方块字，或许那片土地就在那里面。而无论赤县也好神州也好中国也好，变来变去，只要仓颉的灵感不灭，美的中文不老，那形象，那磁石一般的向心力当必然长在。因为一个方块字是一个天地。太初有字，于是汉族的心灵，祖先的回忆和希望便有了寄托。"这段文字的描述，应该说道出了汉语言文字构成的真义：汉语言文字是我们这个民族美丽不灭的灵魂，是我们这个民族的一种永恒的向心力，是我们这个民族的生命百科全书。一个方块字，就是一个天地，一个世界，一种历史，一个民族的心灵、记忆、希望和寄托，一个美丽不老的民族形象；一个方块字，就是巍巍泰山、滔滔黄河、茫茫神州的代码，它有如光芒四射的彩霞、震撼世界的雷电、浇灌大地的云雨，有说不尽的美丽。汉语言文字是中华民族文化的精粹和世界语言文化的瑰宝。

汉语言文字作为世界语言中唯一的表意性文字，它与西方拼音文字具有完全不同的文化特性。拼音文字是抽象的字母线形排列形态，它唯一的功能就是将语言摹写记录下来，和概念有着较大的距离，与其所指的实物和意义是一种非直接性关系，而无任何形象结构上的内在关联。拼音文字的这种特点，就是先记录语音，后由语音而知意义。文字与意义没有直接的联系，语音是文字和意义的中介，文字对语音有很强的依附性。但是汉语言文字与其全然不同，它所特有的象形性和平面结构方式使它具有鲜明的直接表意性，即可以直接表达概念和意义，其形体结构本身近似实物，或形似或神似。这就是说，汉语言文字用它自己的形体来表达人的思维活动、认知活动和情感活动。当人们写一个汉字的时候，目的在写它蕴含的思想，而不仅仅为的是写语言；当人们看到汉字的时候，也只是看到它所包含的内容，不一定把它当作语言；只有把它读出来的时候，它才由汉字转化为语言。汉语言文字的认知方式不是由音到义，而是由形直接到义，不依附于语音。这种字形结构的表意特征使汉语言文字成为独立于语音之外的第二符号系统，使汉语言文字符号系统可以超越语音的羁绊，借助视觉系统进行直接的文化信息传播，使人们可以超越时空的限制，直接从字形结构中解读出字义来。这就是说，汉语言文字的形体结构保存了远古造字时代的文化背景，人们可以通过其形体来窥视远古社会的生活状况，同时，汉语言文字在发展的过程中又不断地把社会文化凝聚其中。所谓"字里乾坤"说的就是汉语言文字的这一文化特性。因此，汉语言文字成为中华民族文化的活化石，它切实地保存了中华民族文化的原生态。

语文教学的内容是以汉语言文字为中介传递给学生的。如果在语用教学中不能理解和把握汉语言文字的文化特征和意蕴，只将其作为简单的信息来处理，那么汉语言文字丰韵的内涵、灵动的精神就会在教学中枯萎、流失，对字义了解不深，对文义的理解也只能限于浮光掠影，甚至走向误读。相反，如果在语用教学中能够挖掘汉语言文字的文化意蕴，将其呈现给学生，并能积极地调动学生的兴趣，激发学生的想象、联想，那么，语用教学就会有事半功倍之效。瑞典汉语言学者林西莉在《汉字王国》一书中谈及她的汉语言文字教学体会：将汉语言文字所反映的文化现象、文化精神给学生解释得越清楚，学生就越容易理解和掌握，并且理解得清楚，掌握得牢固。我国语用教学实践的经验也证明了这一点。但实际上，我们现实的语文教学对这一点的关注和实践非常欠缺，汉语言文字教学不得法导致的教学质量差更是困扰着广大师生的难题。针对这些问题，主要的对策就是重视汉语言文字的文化特性，从汉语言文字的本体特征出发进行语用教学。

（二）对语用本体的根基分析

何为语用本体？简单地说，就是"语言文字运用"本身构成的语文教育本体。我们已经确认，语文本体是语言文字的构成，语文教育的本体也就是语言文字的运用。实际上，廓清语言文字构成的语文本体，就可把握语文教育的本体，即让学生学习和运用祖国的语言文字，对学生进行听说读写的语用技能训练，提高学生的语言文字素养。这就是说，我们要明确"语言文字运用"的语用本体，把"语言文字运用"作为语文教育的主要目的，着力于"语用本体"的教学探讨。如果抛离"语言文字运用"，忽视"语用本体"的教学根基，那么，语文教育就会成为"非语文"教育，语文课也会成为"非语文"课。所以，我们应该切实弄清语言文字构成的语文本体，真正把握"语言文字运用"这一语文教育的语用本体，把语文教育切实作为语用教育。只有这样，才能完成语文教育的任务，实现语文课程的目标。

前面说过，语文以语言文字为基质和本体要素，语文的世界是以语言文字为本体构成的世界。没有语言文字，何来语文课？否认语用本体，何来语文教学？这是一个明摆着的客观事实，应该说语用教学的本体根基是不容置疑的。从语言文字构成的语文本体和语用本体的根基切入来进行透视和分析，应当肯定和确认，语文教学本质上就是一种语用教学，即"语言文字运用"的教学。对语文教学的这个语用性定位，是语文教学的一个根本性问题，绝不可有半点含糊和随意。因此，我们从语文教学的语用本体出发，倡导语用本体理念，就是要以"语言文字运用"作为语文教学的核心指向和基本立足点，落实语言文字运用的木休理念，让教师实实在在地教语文，学生扎扎实实地学语文，强调"学语文就是为了用语文"的思想，训练学生"语言文字运用"的技能，提高学生的语言文字素养。如果能切实把握"语文教学本质上是一种语用教学"的定位，我们就会从"泛语文""非语文""去语文化"的教学困惑中跃起，抓住语文教学的根本所在，给语文教学带来革命性的变化，推进整个语文课改的发展。

我们要强调的是，对语文教学的语用性定位不是标新立异，而是据其固有的本体根基来进行的。

（三）对语用教学观思想分析

在弄清语文与语文教学是什么、明确语文本体和语用本体的基础上，揭示语文教学语用观的核心思想，是我们要探讨的主要问题。因此，我们首先要界定清楚的是何为"语用"。有的专家认为，语用含有"施行"的意思，也有"实效"的含义。从其词源上讲，语用有"使用"和"实效"的双重意思，研究的是语言文字的使用过程与实际效果，也就是语言文字运用于实际语境中形成的交际意义。

语文教学的本体是语用教学。语用教学观的核心思想，就是要求语文教学从"语文本体"出发，以"语用技能"为要，以"语用素养"为本，树立"语言文字运用"的这种语用理念，从语用的角度把握语文教学的语用观思想，倡导语文课程的语用教学策略，要求语文教学的目标和内容都立足于"语言文字运用"，将"语言文字运用"作为语文课程的一切教学活动与教学设计的核心指向和基本立足点。教师在语文课上要着眼于"语用"教语文，学生在语文课上要着力于"语用"学语文，使语文课的教学过程切实成为"语言文字运用"的训练过程。也就是说，语文教学语用观的基本思想，就是以语用为本体，倡导语用教学的策略，把培养学生"语言文字运用"的技能和提高学生"语言文字素养"作为语文教学的主要目标和任务，以把握语文教学的正确方向。

语用观的基本思想和工具观是一脉相承的。工具观把语言文字看作是一种工具，注重的是语文的工具性，认为语文这个工具可用来表情达意、交流思想；而语用观注重的是"语言文字运用"的技能，强调的是语用性，认为学语文就是为了用语文。所以，二者其实是一脉相承的，立足点是一致的。语文工具观的倡导者，我国语文教育家叶圣陶早就明确论述过语用的问题："语言文字的学习，就理解方面说，是得到一种知识；就运用方面说，是养成一种习惯。这两个方面必须联成一贯。就是说，理解是必要的，但是理解之后必须能够运用；知识是必要的，但是这种知识必须成为习惯。语言文字的学习，出发点在'知'，而终极点在'行'；到能够'行'的地步，才算具有这种生活的能力。"①应该说，这是对语用观所做的一个很透彻的阐释，可以称之为叶圣陶的语文教育语用观。著名语文教育家刘国正在语文工具观的论述中，曾提出语文教育的"实"与"活"的问题，其实也是对语文教育语用观及其思想特征所做的具体阐释。

---

① 叶圣陶：《略谈学习国文》，见《叶圣陶语文教育论集》（上册），教育科学出版社1980年版，第2页。

　　所谓"实"，就是语文教学语用观讲求对学生进行扎扎实实的"语言文字运用"的技能训练。技能是在训练的基础上形成的，一切后天习得的能力都需要训练。运用语言文字表情达意和交流思想的技能，也必须要靠训练。语言文字如同一种工具，拥有它，并不说明就有运用能力，掌握运用它的技能，把它用于实践，才算是真正拥有。因此，语文教学必须让学生切切实实地在训练中学会操作和运用语言文字，也就是着眼于掌握字、词、句、篇的运用能力，不容许离开这种语用训练去空讲大道理，空讲语言知识。具体地说，就是让学生多动口、多动手。动口，就是进行各种形式的口头表达的语用训练；动手，就是进行各种形式的笔头表达的语用训练。口头语用训练和笔头语用训练，是语文教学中相得益彰、不可偏废的两项基本语用训练。只有坚持这两项基本语用训练，才能使学生达到"入耳能撮意，出口能达辞，提笔能成文"的语用水平，从而获得参与生活的基本语用能力，具有在社会竞争中的生存本领。这就是说，倡导语文教学的"实"，强调语用性功能，其实是从社会的实际需要着眼的，是"学会生存"语用基础教育价值观的体现。

　　所谓"活"，就是语文教学语用观讲求"语言文字运用"的教学要活起来，引导学生进行生动活泼的语用基本训练。就语文课堂教学来说，就是要拨动学生的语用心弦，激发学生的语用学习积极性，不是我教你学，而是"语用"的教与学双方做到和谐的交流，教师得心应手，学生也如沐春风。双方都欲罢不能，其乐融融。达到这个境地，教师稍加点拨，学生就会主动求索，举一反三，收到事半功倍的效果。这就是说，语用教育的"活"，既是对"将语文课的语用简单化、刻板化"及把生动的语用能力训练变成枯燥的技术训练教学现象的反思，更是倡导语用教学的开放性，推举语用教学的现代性和主体观，即语用教学要确立学生的主体性。《学会生存》一书中指出：什么是教育？"教育即解放"，"教育能够而且必须是一种解放"。那么解放什么呢？简单地说，就是解放学生的语用主体性，解放学生的潜在语用能力、语用创造能力和开拓精神。这是我们倡导的语用教学要"活"的基本思想精神。我们必须要树立这种"活"的语用教学观念，从而推动语文教育和课程改革的深化发展。

正因为着眼于此，我们强调的"活"十分重要，可以说是搞好语用教学的一个关键。为了切实抓好这个关键，语用教学要把握实现"活"的三个基本原则：第一，要把语言文字看成"活"的对象。语言文字的运用有严格的规范，也有很大的灵活性。生活是动态的，反映生活的语文也是活泼的。所以，在教学中要把语文作为"活"的对象，切忌把"活"的语文搞成枯燥乏味的死的训练。第二，要把学生看成是"活"的语用对象。语用教学必须要充分尊重学生的主体能动性，把学生语用学习的主动性摆在应有的位置上。语用教学的目的是提高学生的语言文字素养，语用教学必须从学生语用技能训练的规律出发，建构自主性语用教学模式和运行机制，以促使每个学生的潜在语用能力得到最大限度的发挥。第三，要把语用教学和生活密切联系起来。语用教学联系生活则生动活泼，脱离生活则死气沉沉。这是因为："读（包括听），是通过语用认识生活和学习怎样生活；脱离生活，读就变成无意义的活动，吸收鉴赏都失去辨别优劣美恶的基本标准。写（包括说），是运用语言文字反映生活，表达自己的见解，并服务于生活；脱离生活，就变成无源之水，技巧就变成无所附丽的文字游戏。而与生活相结合，则读有嚼头，写有源头，全局皆活。"[①]语用教育要"活"的这三个基本原则，其实是对语用教学本质规律的深层概括，是我们深化语文教育与课程改革所必须把握的行之有效的重要法则。

"实"和"活"是语文教学语用观建构的两个重要支柱，二者相济并举，相得益彰。"实"中求"活"，"活"中求"实"，使语用功能和教育功能得以充分地发挥——不但让学生得到扎扎实实的语用基本训

---

① 《实和活——刘国正语文教育论集》，人民教育出版社1995年版，第214页。

练，形成听说读写的语用能力，而且能提高学生的语用素质，使学生的语用创造性得到充分的尊重和发展。因此，语用教学要致力于"实"和"活"的追求，即在切切实实的语用基本训练中把握语言文字运用本身所固有的特性，促进学生语用能力的发展。

为明确把握对语文教学的语用性定位和语用教学观的核心思想，我们需要廓清以下两个方面的基本认识。

1. 强调语用训练与文化涵养的融合

确立语文教学的语用性定位和语用观，注重语言文字运用的技能训练，并非单纯强调语言文字运用的技术性，而是主张在语言文字运用的训练过程中，让学生也得到汉语言文字特有的内在蕴含的体味、感染和领悟，吸取汉语言文字特有的文化内涵与营养，用汉语言文字本体构成的形象性、情感性、诗意性、审美性、象征性等特征去陶冶学生的情感与心灵，淬炼学生的精神与人格，促进学生的生命成长，即使语言文字运用的训练过程成为陶冶学生情操的过程。

语用，是运用语言文字进行听说读写的活动，但它不仅是单纯的语用技巧学习和语言技术训练，在强调语用技能训练的同时，还要重视品味语言、体味文字，即感悟、体验汉语言文字本体构成的意蕴内涵，使学生在语言文字运用的技能训练过程中得到情感的陶冶、心灵的淬炼、精神的涵养，即学语文、用语文、学做人。语用训练的实践说明，只有当学生在语言文字运用的训练过程中动情动容、激起情感波澜、感受到语言文字背后的丰富蕴含的时候，才会取得语言文字运用的最佳效果。就如品读一个语言文字构成的语用文本，学生在字里行间穿行，和语言文字亲密接触，与文本形象产生"情感共鸣"，这往往是学生语用学习效果最好的时候。

但是，长期以来语文训练往往一味地强调语言技术训练，忽视语言文字运用过程的文化蕴含体味和陶冶感染的特性，把语用训练作为一种文字技巧之学来对待，摒弃语用训练过程的文化涵养功能。其实，真正富有成效的语用训练并不是以文字技巧取胜，而是让学生在语用训练的过程中，既能提高语用技能，又能吸取语言文字内涵的充盈的文化蕴含精气，感受和体验到汉语言文字本体构成的跃动的内在生命。只有感受和体验到语言文字构成的内在蕴含，才能真正学好语言文字运用，学到语言表现技巧，提高语用技能和语用素养。从这个意义上来说，语言文字运用的训练过程，就是一种感受和体验语言文字本体构成的文化蕴含、陶冶和塑造学生情感与心灵的过程。所以，语用训练不能只停留在文字技巧层面，而必须透过"语用"进入陶冶和涵养的层次，在语用训练中建构起一个陶冶和涵养的世界。只有这样，学生才能真正学好语文、用好语文，提高语用训练的有效性。这就是说，让学生在语言文字运用中涵养性情和心灵，是语用训练不可忽略的重要法则。

从某种意义上说，语言文字运用的过程本质上就是一种陶冶涵养的过程，它能使学生在语用学习中吸取文化营养，充实生命内容，提升精神境界，即通过语用学习涵养学生的性情与人格，唤醒学生生命成长的觉悟和人生能力。实际上，语言文字运用的过程具有这种鲜明的涵养功能。如记叙文的读写教学——记叙文的形象性、感召力，对学生的情感与心灵无疑具有陶冶、感召的作用。凡是好的记叙性文章，往往能使学生在语用读写中感到"心灵的颤动"。议论文的读写教学——议论文的理性美、说服力，对于启迪学生的理性智慧、开发学生的思辨思维具有不可抗拒的逻辑力量。凡是好的议论性文章，往往能使学生在语用读写中获得"思辨的智慧"。说明文的读写教学——说明文的客观性、科学美，特别是它那种一就是一、二就是二，从客观存在中寻找真理的求实性特征，无疑有助于培养学生求实态度、科学精神和尊重客观存在的科学真理的觉悟。凡是好的说明性文章，往往能使学生在语用读写中得到"真理的启迪"。文学作品的教学——文学作品的形象性、情感性和感染力，对学生具有强烈的感情冲击力，特别是文学作品中跃动的思想与精神、灵魂与气骨、生气与生命、神韵与意境，都会以其强烈的艺术冲击力，唤醒学生的人性与理智、情感与灵魂，启悟学生的生命感和价值感，激发学生的主体性和创造力。凡是好的文学作品，往往能使学生在语用读写中吸取"生命的营养"。这就是说，语用的过程就是文化涵养的过程，不可忽视语用训练对学生文化涵养的作用。

2. 反对语言文字运用的功利教学

确立语文教学的语用性定位和语用观，注重的是把语言文字运用的过程，既作为语用技能的训练过程，又作为品味、感悟语言文字本体构成的内在蕴含的过程。所以，要真正搞好语言文字运用的训练，切实提高学生的语用技能，涵养学生的情感和心灵，就必须反对语用的功利性教学。

首先，语用过程的技能训练和陶冶涵养不是一种短期行为，而是基础教育阶段的一个长线规划。它不会像短线投资一样可以马上得到回报。所以，我们不能指望立竿见影而只热衷于短期性效应，而忽略语用训练的规律和它对学生心灵启蒙和文化涵养的功能。特别是要摒弃只重视记忆性和固定格式的语言知识教学模式，反对一切以应试为出发点、一切为应试服务的功利性语用教学行为。将语用技能和语用素养弃置一边，寻语用训练捷径、找语用窍门的教学是急功近利的浮躁之举，既不能提高学生语用技能，对真正意义上的文化涵养也毫无裨益。这种功利性教学，使学生习惯于浮光掠影，不扎实，没收益，常常是仅凭一斑之见妄断全豹，使语用技能训练和语用过程中的文化涵养成为空谈。如此，教者与学者的语用视野将越来越狭窄，语用思维方式也会越来越模式化。语用技能和语用素养需要宽阔的语用视野、语言文化的积淀和语用知识的融会贯通，而这些都不是一朝一夕就可以形成的，都需要依赖于沉静的语用学习态度和扎实的语用学习积累。我们应当大力倡导这种着眼于扎实的语用积累、语用磨炼、语用涵养的教学思想。语用素养或文化涵养都重在"养"。朱熹注曰："养，谓涵育熏陶，俟其自化也。"这是内功修炼的过程，是日熏月陶、不断积累的过程，是不可急功近利的。

其次，语用训练中不能以图像思维模式代替语用思维方式。人类表达媒介的变化，改变了人们的语用习惯和方式。过去，人们以语言文字为媒介进行语用读写的表达；现在，电脑、电视的图像思维模式正逐渐代替语言文字运用的思维方式。人们似乎已经习惯于影像的表达方式，直接通过图像而不是透过语言文字去思维。在语文课堂上多媒体教学也作为一种时尚而兴起。用图像画面来解读语用文本，代替语用的读写活动，这也是一种片面追求效果的语文课堂教学功利性倾向表现。语文课的图像化倾向，使语用训练受到严重影响，语文课变得没有"语文味"。实际上，图像教学是不能代替语用教学的，图像教学只能为语用教学服务。语文课是以语用为目标的，语文课就是为了学语文、用语文，离开了语言文字运用就不是语文课了。特别是语言文字运用有其特定的规律，语用作品的内在蕴含也是图像所无法表现的。在语言文字运用的思维里，每一个字往往都有它的哲学、历史和文化的特定内容，每一个字往往都是具有不可描述性、不可穷尽性的意义世界，它是图像所无法把握的。所以，语用教学不可以图像教学代之，语用教学必须把握语言文字运用的基本点，否则，就偏离了语用的目标，背离了语用教育的方向。

当然，我们可以利用多媒体的图像教学优势，辅助语言文字运用的训练与教学，使一些在传统语用学习手段下很难表达的语用内容或无法观察和透视到的语用现象形象、生动、直观地显示出来，从而加深学生对语用学习的理解。但语言文字运用的过程实际上是一种情感的交流过程，是"灵魂的对视"，多媒体的图像教学只能是语言文字运用训练与教学的辅助手段。语用教学的关键是要从汉语言文字本体构成的特点出发，引导学生去细细地品味语言文字和用语言文字构成的语用文本丰富的内在蕴含。

三　语文课语用教学潜在质发掘

　　语用，即指"语言建构与运用"。它是核心素养构成的核心要素，高中语文课标称之为核心素养构成的基础。那么，如何理解和把握"语言建构与运用"呢？笔者通过认真梳理和分析，认为语言建构与语言理解表义相近，但两者内涵不同。前者重在语言内在意义的生成把握，后者则重在对语言表达的理解接受。二者"所指"和"能指"的语言意义有别，语言功能也就不一样。其实，语言建构与运用实质上来自学生的生命活动。也就是说，主体生成的语言活动就是生命活动，语言建构就是生命建构，就是语言与生命同构生成情感和心灵的建构。因此，所谓"语言建构"，就是从学生身心投入其中的语言生活中涌出的生命、情感和心灵需求。应该说，生命与心灵的建构需求要通过语言建构来实现。

　　语言的世界不仅仅是语言符号，它还是跃动的思想与情感、生命与灵魂。所以，语言建构与运用并不只是语言技巧学习，不能仅仅关注语言技能的培养，还要注重感悟、体验语言的文化内蕴和文化精神，使学生在语言建构与运用技能训练中得到情感的陶冶、心灵的建构、精神的涵养。所以，语文课语用教学在指向语言知识的积累和语用能力训练的过程中，必须要把握语言建构与运用这种特有的潜在质，使语文课的语用教学有力促进学生的生命成长和心灵建构。

　　在语文课语用教学中怎么进行语言建构与运用的潜在质发掘？汉语言具有形象性、情感性、审美性、诗意性等文化蕴含的潜在质，语文课的语用学习过程实质上也是性情的淬炼和陶冶、生命的参与和建构的过程。汉语言潜隐着的生命的血脉、流转着的生命的光彩，就是语文课语言建构与运用的潜在质。正如日本教育家小原国芳所说："国语不是训诂之学，而是活的思想问题，是川流不息的生命。"①因此，它要求把语言建构与运用作为语文课语用教学的基本立足点。教师在语文课上要着眼于语言建构与运用教语文，学生在语文课上要着力于语言建构与运用学语文，使语文课的语用教学过程切实成为语言建构与运用的建构过程。

在语文课语用教学的过程中，我们对语言建构与运用的潜在质发掘，要切实把握以下几个层面。

（一）语言建构与运用是主体生命活动方式

语言作为言说活动和存在方式，表现的是生命主体的活动行为，包括独特的感受、情怀、思想和创造力。从根本上说，语言建构与运用是一种生命、情感和心灵活动的形式。我们汉语言的任何活动过程，没有一个波澜不是生命的跃动，没有一个流转不是生命的吟唱，它通体渗透着文化的精髓，弹奏着生命的乐章。因此，语文课语用教学必须要发掘语言建构与运用的这种潜在质。

1. 语言建构与运用蕴含着生命的情致

语言并非单纯的工具或媒介，它还是人的生命活动的表征。由汉字构成的汉语言，并非凝固的抽象符号，它的内在蕴含着生命的情致。在语文课语用教学中要发掘汉语言的潜在质，那就是它特有的民族文化情趣和内在意蕴。汉字是一种姿态，一个意象，一个完整而鲜活的生命。

蕴含生命意趣的汉字进入活性语言，语言立刻就透露出生命的个性，充溢着人性的机悟，显现着生命的活力。人之成长的过程就是人之语言化的过程，人与语言相互占有、作用，言语塑造了不同的个

①［日］小原国芳：《小原国芳教育论著选》（下卷），由其民、刘剑乔、吴光威译，人民教育出版社1993年版，第109页。

性，不同的个性又具有不同的言语内容和言语方式。林黛玉的语言既有别于薛宝钗、史湘云，也有别于贾母、王熙凤，更有别于贾政、贾琏，和焦大更是风格迥异。灵性独具、聪慧明敏而又多愁善感，把浓重的忧郁渗入了灵魂的林妹妹才会有"一年三百六十日，风刀霜剑严相逼"的深切体会，才会面对落英缤纷发出"天尽头，何处有香丘"的无尽喟叹，产生"侬今葬花人笑痴，他年葬侬知是谁"的生命悲恸。同样，祥林嫂、阿Q、孔乙己等各显光彩的人物也独具其言说魅力，是性格，更是语言让他们成为独有的个性，成为光华四射的艺术形象。无疑，对这些语文课语言建构与运用教学蕴含的潜在质，就应该进行深入发掘。

中华民族"物我交融"的文化精神，不仅表现为语言的个性色彩，还表现为汉语语法的"人治"特性，即语词单位语义和功能上的弹性特点。汉语的词似是一种多面功能的零件：譬如一个螺丝钉，可以左右旋转，也可以钻进、退出，更可以用锤直接钉入或用钳直接拔掉。例如"衣"和"食"，作为名词，是衣服、食物，作为动词则是穿衣的"穿"、吃饭的"吃"。如果说"衣我食我"，即是"给我衣穿，给我饭吃"，那么这句中的"衣""食"二字即同时具有动、名两种性质。因此，汉语言的这种潜在质弹性特征，使得每一个语词都具有无限的意义伸缩性和暗示意味，为语言建构与运用主体意识的驰骋、意象的组合提供了充分的可能和余地，也使得汉语言的潜在质——充满了生命的神采情姿。显然，这就是引导学生要发掘的语言建构与运用的潜在质。

2. 语言建构与运用是生命个体的言说

正如前面所说，语文课文本不仅仅是语言符号的组合，它还是鲜活的生活画面、跃动的情感与生命。汉字是一种生命的姿态，汉语就是一种生命的个性，连缀而成的课文就是生命个体的言说——诉说个体多样的生活经历和人际遭遇，诉说个体各式的人生欲念和生命感喟。语文课就要由此切入发掘语言建构与运用教学的潜在质。

具体来说，语文课对语言建构与运用教学的潜在质发掘是深厚、多层面的。从语文教材各类文本来看，它打破时空的界限，克服个人生命的有限范围，有百年之远、万仞之遥的大师巨匠，有古代最出色的哲学家、文学家、军事家，有现代一流的小说家、诗人、散文家。阅读课文就是与这些伟大的灵魂对话、交流，透过他们的言说，我们窥见的是美的心灵、情的世界和思的智慧。《论语》与孔丘，《楚辞》与屈原，《史记》与司马迁，唐诗宋词与李白、杜甫、苏轼、陆游等诗人词人，《红楼梦》与曹雪芹，《呐喊》与鲁迅，《荷塘月色》与朱自清，《雷雨》与曹禺，还有《罗密欧与朱丽叶》与莎士比亚，《战争与和平》与托尔斯泰。绚烂多姿的文学样式语言建构与运用背后的潜在质，就是跃动着个性鲜明的生命体及其摇曳多彩的人生写照。

语文课中每一篇课文，其实都是一个言说的生命存在。作者把自己独特的情感阅历、智性思考和人生体悟，通过语言、文章呈现表达出来，我们经由语言构成的文章向这些高贵的灵魂靠拢，与他们交流、对话。于是，我们在"路曼曼其修远兮，吾将上下而求索"中读懂了屈原的执着，在"采菊东篱下，悠然见南山"中感受到了陶渊明的恬淡，在"我欲因之梦吴越，一夜飞度镜湖月"中领略到了李白的瑰丽，在"安得广厦千万间，大庇天下寒士俱欢颜"中体会到了杜甫的黎庶之心。作者在创作中寻找情感的对应物作为书写情致、表达思绪的方式，把个体独特的生命体验和情感意志隐匿其中，以一种自然的方式加以呈现，或托物以言志，或借景以抒情，在景、物、事的状写、描摹中抒发个体生命的审美情致和精神风采。毋庸置疑，这就是语文课语用教学应该唤醒学生深入感悟和体味的语言建构与运用的潜在质。

（二）语言建构与运用是个体自为的生命跃动

语文课语用教学的潜在质发掘，其实就是引导学生体悟由语言构成的课文所跃动着的生命声息，充满着的人情、人味、人的思想和精神。任何一个语言建构形式都是充溢着情感和思想智慧的生命形式，都潜伏着生命的脉搏和呼吸。从这个角度来说，在语言建构与运用的教学过程中，学习一个汉字就是向生命打开一扇窗，运用一个词语就是向生命启开一方天地，阅读一篇课文就是让生命情感激荡并领略一个特定的生命世界。语文课这种无处不在的生命潜在质，决定了语言建构与运用发掘的教学取向，即语言建构就是对生命的建构，语言运用就是生命的活动。我们既要把这种教学活动作为语用训练的过程，也要视之为生命成长的活动，体现出学生作为主体的自为的生命活性潜质。

语文课语言建构与运用的教学过程，作为个体自为的生命活动，首先体现在生命个体参与语言建构与运用活动的主体性和能动性上，因为语言建构也好，语言运用也罢，都是最能体现人的自为特性的活动。阅读是对课义意义的积极主动的参与和建构，写作是对自己生活和生命体验的有意识的表达和展示，听说是对自己周围世界信息的接收、传达和阐释。所以，语言建构与运用实质上是学生自主体验、自主探究和自主感悟的过程，可以打破学生消极被动接受的常规，重建起主体与语言的为我关系，成为主体精神高扬和渗透的领地。

语言建构与运用作为生命活动的自为特征，还呈现为亲历性和全程性，即语言建构活动的全程始终要求主体生命的在场和化入，更强调语言运用活动主体的亲身感受和主动参与建构。汉文字的形象性、意合性及蕴藉性特点，使汉语言较之其他语言更富生命底蕴和情感张力，它使汉语言总是指向一定的价值和意义，充溢着生命的活性。这就决定了语文课语言建构与运用的过程，不能简单地把课文作为学生获取知识的工具，以知性分析的方式进行肢解分割，而应该诉诸学生语言建构的体悟、语言运用的体验。这种体悟与体验也就意味着亲历生活、亲历生命。所以，语言建构与运用的生命体验参与，包括生命、感情、理思、精神等活动的全部交流行为。

在语文课语言建构与运用的教学过程中，必须强调学生对语言构成的文本世界要有超越一般经验、认识之上的那种独特的深层体悟和活生生的感应境界，特别要加强学生对语言建构与运用活动全程的亲历和体验，引导学生以自己的生命、情感和智慧投入语言建构与运用的具体实践，将静态和物化的书面符号还原为同样拥有挚热的气息、脉流和温度的鲜活的生命体，与之进行亲密无间的交流和沟通，从中感受语言的迷人魅力和灵魂的澄明开阔，贯通彼此隔绝的生活世界、生命境域。生命个体由此才能获得独特的生命的感悟和提升，并在此基础上师生展开广泛而深入的主体间性的对话与交流，实现感性与理性交汇、情感与判断融合，以生命的交汇和同构使得语言建构与运用的教学过程焕发出生机和魅力，使语文课走出枯燥的沙漠，成为充满生机的绿洲。

（三）语言建构与运用为人的一生奠基精神底色

教育具有鲜明的生命性。在一定意义上，教育是直面人的生命、通过人的生命、为了人的生命质量的提高而进行的社会活动，是以人为本的最体现生命关怀的一种社会事业。这就是说，教育即生命，人的生命是教育的立足点和价值追求。语文课标提出的核心素养，要求我们必须强调语言建构与运用的核心要素教学，必须关注人的生命成长，致力于人的完整性建构与发展。

语文课的语言建构与运用教学，是民族母语的教育，而母语教育是一种"民族文化的教化"。可以说，语文较之其他课程对人的生命成长和精神发育具有更本原、更重要的意义。因此，语文课语言建构与运用的教学，是在为人的一生奠基精神底色。无论是语言建构还是语言运用，都要以其饱含的情感智慧对人的生命进行潜移默化的诗意润泽和点染感化，以全面提升学生的精神建构和核心素养。语文课作为"例子"的教材课文，不单单是帮助学生学习语言知识、锻炼交际能力的工具，它还凝聚着生命个体独特的情感、思考和梦想等心灵体验。学生在学习语言建构与运用的"例子"的过程中，会与其内在的生命和情感内涵产生感应，形成同构，进而内化为自身的核心素养。

长期以来，语文课语用教学一直存在这样一个现象，即习惯于以"共性"为不言而喻的前提，而不习惯于以"个性"为不容置疑的依据，在语言建构与运用教学中就体现为注重工具知识接受的"容器"，而往往忽略学生本有的主体性和创造力的发展。许慎《说文解字》如此释义"教"："教，上所施，下所效也。"教学就是一个由外而内的注入过程，学生沦为被动的承纳者而被遮蔽了个体生命的光华。语文的题海训练，就是将对主体生命的漠视发挥到了极致。

观照当下语文课语言建构与运用教学的现状，我们依然对提高学生的核心素养、完善生命人格的无力感到忧虑。尤其是有这样一种倾向，即过于强调语言建构与运用教学的技术化和训练化，而忽视语言建构与运用作为人的生命活动的意义，漠视对学生核心素养和精神世界的建构价值。在语言建构与运用的教学过程中，剥离了语言建构和语言运用的人文情致和生命特质，将美的鲜活的语言感应、体悟行为演变成了干瘪枯燥的识记和认知活动，语文课的语用教学成了非生命的、知识的简单转移和搬运过程。由此，认知、理性取代了活生生的生命存在，训练堵塞了生机勃勃的生命成长，日复一日的作业消磨了师生的生命情趣。语言之于人，当然具有工具的功能和价值，但它更是一种生命的存在，更是生命的代言、生命的表达。语言建构与运用的过程就是生命活动的过程，就是人的生命活动和核心素养建构的在场活动。只有深入发掘这个在场教学活动的潜在质，才能使语文课充满生命活力，实现语文核心素养的提升。

四　语文课程的语用目标和任务

　　语文课程的语用目标，就是以语言文字运用作为语文课程的核心指向和基点，让学生学习和运用祖国的语言文字，训练学生语言文字运用的技能，提高学生的语言文字素养。它以语用技能为要，以语用素养为本，包括两个基本方面：一是语用能力目标，由语用基本能力、语用思维能力和语用审美能力构成；二是语用素养目标，由语用知识素养、实用文章素养、文学艺术素养、语言文化素养等要素构成。

　　对语文课程的目标历来存有认识分歧，人们一直在争论而达不成共识。特别是近年来对"工具性与人文性的统一"有不同的说法，有的强调语言文字学习的工具性目标，有的倡导从人文关怀的立场着重阐释语文课程的人文意蕴和实践意向的人文性目标。还有的对"知识和能力、过程和方法、情感态度和价值观"的三维目标提出疑问，认为这是其他学科诸如数学、历史、思想品德等的共性目标，是对语文课程目标的泛化、虚化、"非语文"化的一种偏向。因此，在语文教学中造成了语文课程目标和方向的迷失，出现了"泛语文""伪语文""教学形式化"的现象，使许多语文教师陷于"什么样的课才是语文课"的教学追问和困惑之中。所以，我们认为很有必要切实廓清上述语文课程的目标问题，从语文本体出发，对语文课程的语用目标加以探讨。

　　对语文课程语用目标的探讨，我们应把握两个原则：一是从语文本体出发，摒弃一切"非语文"的东西，切实把握语文教学的语用本体，不可离开"语文本体"和"语用本体"来谈语文课程的目标和内容；二是从"实"着眼，重在"求实"，探讨实实在在的、可以抓得住摸得着的、好实施和可操作的语文课程目标和内容，着力从语文本体构成要素切入。所谓"本体构成要素"，主要是指语文本体所固有的要素，是语用本体所规定的语文课程目标，它不是外加的，不是超越语文本体和语用本体的规定性而强加的"非语文"的东西。具体来说，语文课程目标的本体构成要素有两个方面：一是语用能力目标，即培养学生语言文字运用的基本能力；二是语用素养目标，即提高学生的语言文字素养。这两个构成要素，不是各自独立的，而是同构融注于一体的。前者是基础，重在语言文字运用的基本能力训练；后者是升华，重在提高语言文字素养，促进学生语文素质的整体发展。

（一）语用能力目标：培养语文运用能力

语用能力目标，即培养学生语言文字运用的基本能力，是语文课程的基本目标。作为母语的汉语言文字本体构成内隐着民族的思维脉络，体现着民族的思维逻辑和特征，语言文字运用和民族思维方式是分不开的。所以，语用能力的训练必须与思维能力的培养结合起来。同时，语用的过程也是审美的过程，语用与审美有着血脉相承的关系。汉语言文字具有形象性、情感性、诗意性、审美性等特征，语用能力的训练和审美能力的培养也是密不可分的。这就是说，语文课程的语用目标，是由语用基本能力、语用思维能力和语用审美能力构成的。

1. 语用基本能力

语文课程的主要目标和任务，就是培养学生听说读写的语用基本能力。对此，我国有许多语文教育家做过透彻的论述，近现代以来的一系列有关语文教育的章程和文件也都有明确的阐释。对学生进行听说读写的语用能力训练与培养，是语文课程必须把握的基本目标。叶圣陶曾经反复强调，听、说、读、写四个方面不可偏废，必须一把抓。随着国际交往活动空间的阔大，现在有些专家强调要拓展汉语文教育的国际视野，又提出了汉语言文字"译"的能力，即加强汉语言文字翻译能力的训练，这也是应该重视的语用目标。

语用能力的训练教学与生活相联系，是语文课程实现语用目标的重要法则。语用与生活是密切相关的，语用源于生活，在生活中才会有语用的生成。我们要从这种语文生活观的认识出发，来把握语文课程的语用目标。语文天然是与生活相联系的，它产生于生活，服务于生活。人们用它来反映生活中获得的知识、印象、思想、感情等。语文的实际运用，不能脱离生活，脱离了就会黯然失色。语文与生活所具有的血肉一体的关系，决定了语用训练只有同生活相联系，才能使语用教学生动活泼，取得好的成效，达成语用目标，否则就会枯燥乏味，劳而寡效。

语用与生活相联系体现了语文教学的客观要求，符合学生语用学习的内在规律。在语用目标的实施过程中，我们要充分认识到语文教学的社会性决定了语用训练必须与生活相结合。所谓"社会性"，包括两层意思：一是语用学习在整个社会生活中几乎是无所不在的，语文课堂、课外生活、家庭和社会活动构成了语用的广阔空间。凡是有人的地方，都要运用语文。只要运用语文，就给学生以影响。二是语文天然是与生活联系在一起的，语文是反映生活又反过来服务生活的。语文离开生活，就没有了实际内容。因此，语文课程的语用目标要求语用学习不可脱离生活，否则语用学习也就丧失了生活价值。总起来说，这两层意思说明语用与生活相联系的空间有着普遍性，也说明语用学习与生活相联系的过程有着天然性。二者叠加，语用教学与生活相联系也就成为达成语文课程语用目标的必然选择。

2. 语用思维能力

语用的过程是思维的过程。在这个过程中学生的思维能力起着重要作用，它与语用学习的质量有直接的关系，语用能力的形成与思维能力的发展是分不开的。所以，要达成语文课程的语用目标，语用教学就必须与思维能力的培养结合起来，把思维能力的训练作为语用目标构成的重要方面。

思维能力是概括地、间接地认识事物本质规律的能力。它通过语言（第二信号系统）对观察、记忆、想象等能力起着调节作用。就思维形态来说，思维能力包括形象思维能力、灵感思维能力、批判和创造思维能力，而语用学习活动则具有发展思维能力的特有条件。实际上，发展思维能力是汉语言文字特点和语用本体的内在规定。在语用教学的过程中，切实把握好语用训练和思维训练的关系，会取得二者双赢的教学效益，这是在深入认识汉语言文字特点的基础上得出的结论。因为，汉语言文字具有象形性、情感性、诗意性、审美性等特征，这就决定了它具有广阔的联想、想象的天地。汉语言文字又是中华民族文化的高度体现，潜存着深厚的意蕴和思维空间，凝结着民族丰富的思维创造积淀；以形表意是汉语言文字具有不受时空限制的可理解性，最能拓展人的思维想象空间，有利于思维智能与创造力的开发；汉语言文字所具有的"一词多性""一词多义"的表意灵活性，也有利于多层次、多角度、立体交叉的语用思维的发展；汉语言文字的结构及其声调变化的丰富多彩，使汉语言艺术（如诗歌）的形式美、含蓄美、音韵美达到顶峰，极易诱人吟咏和诵读，启发思维，展开联想和想象；汉语言文字既具有适于艺术表现的写意特性，又具有极强的理性化和逻辑化特性，有利于多种思维结构的合成。汉语言文字构成的思维创造魅力，在语用学习活动中自然会成为活跃学生思维、发展学生思维的触发点。

语用思维能力的训练是提高语用教学质量、达成语用目标的重要一环。语文课改的实践也充分证明，只有提高学生的语用思维能力，才能抓住语用教学的根本。学生在语用学习的过程中具备了这种语用思维品质，就会以这种语用思维来把握语用规律，解决语用的问题，从而实现语文课程的语用目标，提高语文教育的效率和质量。

语用思维能力的训练和培养，语文课程语用目标的达成，是从

"两个需要"出发的:第一,它是弘扬人的批判思维、创造思维本性的需要。批判思维和创造思维能力并不神秘,它不是少数天才人物的专利,而是任何人都具备的思维品质。批判和创造是人类的最高本性。实质上,人性本不是一种实体性的东西,而是人自我塑造的一种过程。真正的人性无非就是一种人的无限的批判与创造性的活动,所有的人都具有批判、创造的思维能力。作为活动的实践的文化生物,人具有一种未确定的、未完成的特性,他不会停留在某种已经形成的东西上,不会满足于某种已经获得的规定性。人总是通过实践和批判再创造自己的新的存在状态,批判和创造是人的本质所在。因此,培养学生的语用思维能力,特别是创造性思维和批判能力,是语文教学弘扬人的批判、创造本性的需要。第二,它是当今时代经济社会发展的迫切要求。语用教学作为基础性教育是为未来培养人才的事业,我们的目标就是培养能够强国富民、去奋力实现中国梦的创造性人才。这就是说,创新型经济社会的发展赋予语用教学以新的生命,即它必须以创造性人才的培养与批判能力的训练作为自己的重要目标和任务。在语用教学中应加强批判能力和创造思维的训练,以完成语文教育担负的使命。

语用教学在培养学生的语用思维能力,特别是创造性思维和批判能力方面有着得天独厚的优势。这是因为语用本体包含了严密的科学性和鲜明的艺术性,其听说读写的语用目标要求蕴含了丰富多样的批判性、创造性思维因素。我们应紧紧把握语用本体构成的这一特点,寓批判性、创造性思维训练于语用教学的过程,指导学生以批判性、创造性思维去进行听说读写的语用学习活动,以实现语文课程的语用目标。

3. 语用审美能力

语用的过程也是审美的过程,语用训练和审美能力的培养是融注于一体的。或许有人认为语文课程的主要目标应当着力于听说读写等语用能力的培养,强调什么审美能力只能造成语文课程目标的多元化,难免顾此失彼,无助于语用教学质量和效率的提高。这是对语用审美能力培养的一种偏狭认识。它的偏颇就在于把语用训练和审美能力培养分割开来，对立起来。其实，语用训练和审美能力培养是一个整体中的两个方面，是有机同构的。鱼有两鳍，鸟有两翼，车有两轮，去掉其一，鱼不能游泳，鸟不能飞翔，车不能启动。只有在抓语用训练的同时进行审美能力的培养，把语用训练和审美能力培养有机地结合起来，使学生具有一定的审美能力，才能有助于学生语用能力的培养。

语文教育家叶圣陶先生早就指出，进行美感（即审美）教育，培植学生的审美能力，是"语文教育悬着的明晰目标"，并且强调说明，学生具有了审美的本领，"岂但给你一点赏美的兴趣，并将扩大你的眼光，充实你的经验，使你的思想、情感、意志往更深更高的方面发展"，使自己能够辨真伪、识善恶、分美丑，自觉地投身到按照美的规律去创造新生活的事业中。[①]叶圣陶还把语文教学中对课文的鉴赏（审美实践）比作采矿："你不动手，自然一无所得，只要你动手去采，随时会发现一些晶莹的宝石。"[②]这就更加形象地说明，语用教学与审美能力培养有着不解之缘，审美能力不仅是语文课程不可忽视的目标之一，而且加强审美能力培养有助于提高语文教育质量，深化语文教育的效果。

语用训练与审美能力培养有着难解难分、血脉相承的特别关系。语文教材中编选的课文，大都是依照美的法则创造出来的文质兼美的典范佳作，是集中反映自然、社会、艺术、科学、语言等客观美的结晶。它们不仅是语用教学发现"晶莹的宝石"的丰富矿藏，而且说明审美能力培养和语用训练一样，是语文教育语用本体所决定的不可推脱的分内任务。尤其是在文学作品的教学中，审美能力的培养不仅是其特有的教学本分，而且和语用训练是互为依存、不可分割的。文学

---

① 《叶圣陶语文教育论集》（上册），教育科学出版社1980年版，第260页。

② 《叶圣陶语文教育论集》（上册），教育科学出版社1980年版，第259页。

文本精美的语言，展示出美的艺术境界；而美的艺术境界本身，又丰富并加强了语用的艺术表现力。在教学中，教师一方面可抓住精彩传神的关键性字词语句，把学生引入它们所展示的优美境界，使其在美的艺术享受中得到熏陶，提高审美能力；另一方面，又可以抓住使人心灵颤动、令人迷醉的意象、情景和形象，引导学生反转过来去深入体味、领悟文本的语言艺术技巧，提高其运用语言表情达意的能力。不言而喻，这种所谓"披文入情"的过程，也就是语用教学和审美能力培养密切结合、有机统一的过程。这样把语用训练和审美能力培养融于一体的教学，才是高质量而有生命力的。如《荷塘月色》这篇课文的教学，若把语用训练和审美能力培养有机地结合在一起，就会取得两全其美的教学效果。在认真品味文本语言的基础上，把学生引入文本的艺术境界，诱发学生联想探求、观察体验，就既可以对学生进行审美能力培养，又可以把审美能力培养和语用教学有机地交融在一起。

就普遍的语用教学现象来看，审美能力培养能够深化语用教学，二者互为依托、相互促进，是不容否认的教学事实。如诗歌中的意境美（《望天门山》中的诗句"两岸青山相对出，孤帆一片日边来"，气势开阔，意境高远），散文中的构思美（《海市》以假衬真，构思奇妙新颖），小说中的形象美（《荷花淀》里的水生夫妇），议论文中的说理美（《崇高的理想》逐层论证，说理透辟）；说明文中的情趣美（《蝉》在说明中兼用文艺笔调，风趣形象）等。在教学中，从这些不同的审美角度、不同的审美层面，引导学生深入地分析和理解，既可以使学生得到审美能力的培养，又有助于学生对课文从表层性的体味感知深入到深层性的领悟理解，达到从艺术审美这个更高的层次上把握课文，从而深化语用教育，提高语用教学的效率和质量。总之，语用训练和审美能力培养不是对立的，而是统一的。

加强语用审美能力的培养，对语用教学有多方面的促进作用。

第一，在语用教学中进行审美能力培养，能够使学生对语用学习产生积极的情绪体验，诱发学生语用学习的欲望和热情，激发他们学语文、用语文的主动性和积极性。学生的语用学习态度及与之相应的语用行为，属于心理学中"意志行动"的范畴。依据心理学原理，任何意志行动总是由一定的动机引起的，而构成意志动机的，除了理性的认识因素之外，还有非理性的感情因素。一般地说，学生在语用学习中表现出的极大热情及善于克服各种阻力的韧劲，大都与其特定情感的强大推动力分不开，并非仅仅出于其对语用学习目的的理性认识。语用教学的实践证明，加强审美能力培养之所以能够激发学生学习和运用语文的兴趣和积极性，对语用学习具有推动作用，就是因为审美是一种富于情感的精神活动。作为审美主体的学生，在语用的审美过程中，美的发现必然会激起他们学语文、用语文的欲望和热情，从而使语用教学收到事半功倍的效果。

第二，在语用教学中进行审美能力的培养，能够促进学生思维的科学性，产生发现和识别真理的灵感。"以美启真"发生作用的机制，是审美感和理智感的内在联系。人类三种主要的社会性情感——理智感、道德感和审美感——是相互联系、相互制约的。这种联系和制约，归根结底反映了客观存在着的真、善、美的一致性。由此，语用教学过程中的审美感就可以指引学生按照"美"的法则去探索"真"的知识。"真"和"美"的联系，在语用教学中是处处可见的。如散文教学中关于结构精巧、意境深远等知识的有序性形态的艺术分析，就能使学生产生巨人的审美感，便于他们发现、分辨和掌握这些散文的语用知识。在其他文体的教学中，文本构成的形象世界、情感世界和意义世界，都能在学生脑海里打上"美"或"丑"的印记，并相应地影响到学生对语用知识的"真"或"假"的分辨与吸收。据此，在语用教学中，把"真"的知识所固有的"美"的形式充分表现出来，具有重要意义。

第三，在语用教学中进行审美能力培养，能够使语用教与学双方沟通心理意向，产生相互理解、相互信任的情感，密切师生关系，从而创造和谐的语用教学氛围和富有生气的语用教学环境。师生关系对语用教学的重要性是人所共知的。良好而融洽的师生关系有赖于师生心理情感上的沟通，而师生双方对语用知识的共同审美感，是实现其心理情感沟通的必不可少的条件和渠道。这是因为审美感能使师生产生心灵上的共鸣与和谐，把师生之间日常垒筑的鸿沟化为平地，在自觉的审美引导下共同进入课文所描绘和创造的美的境界。在这种特定的美的境界里，学生能够徜徉于轻松愉悦的精神活动中，可使审美个性得到最大限度的张扬。而教师则依照着一定的审美理想、审美规范来自觉地启发和塑造学生的美的感应能力和审美判断能力，从而使学生审美的精神活动向一定的目标靠近。这样，师生之间就会随着精神上的隔阂的消除，产生和谐的语用教与学的情绪氛围，进而打开学生语用思维的大门，使语用教学在愉悦的氛围中取得最佳效果。语用教学的实践表明，要对学生进行这种切实有效的审美能力培养，使学生对所学的语用知识产生审美感，教师就必须首先要有这样的审美感。在语用教学过程中，只要教师具备了一定的审美感，他对语用知识的审美愉悦就会以各种形式表露出来，并且产生强烈的审美感染力，打动学生的审美情弦，激起他们对语用学习的浓厚兴趣。语用教学经验充分证实，凡是学生有兴趣的语文课、学得扎实的语文课，几乎都是教师倾注了强烈的审美感情的施教课。所以，语用教学过程中师生的情感交流，在很大程度上是对语用知识的美感交流。这种语用审美情感的交流以语用知识为纽带沟通了师生双方的感情，密切了师生关系，使师生双方自然萌发出相互理解、相互热爱、相互信任的情感。这种情感又反过来强化了师生对语用知识的兴趣，形成语用教学过程中的良性循环。

（二）语用素养目标：提高语言文字素养

语用素养目标，即提高学生的语言文字素养，是语文课程的主要目标。致力于学生语言文字素养的形成与发展，实现提高语言文字素养的目标，应是语文课程一切教学活动的立足点和出发点。这是因为语言文字素养是学好其他学科的基础，也是学生全面发展和终身发展的基础。学生能熟练地运用祖国的语言文字，丰富语文的积累，培养语感，发展思维能力，具有适应工作和生活实际需要的识字和写字能力、阅读与写作能力、口语交际能力，无疑是语文课程的主要目标和任务。

1.语言文字素养的构成要素

语言文字素养与语文课标中提出的"语文素养"，是有着重合与交叉的概念，但它们又有明显的区别：前者限定于语言文字，是一个内涵较明确的、具有规定性的概念；后者是没有限定的、内涵具有模糊性的概念，可做多种不同的阐释。为避免语文课程目标的虚化、泛化、非语文化，我们从语文本体的构成着眼，认为语言文字素养更适应于语文课程目标的确定性表述。

何谓"素养"？素，有"向来"之意；养，有"养成""修养"之意。所以，"素养"主要是指平时的训练、养成或修养，包括学识、技艺、才能、品格等方面形成的气质状态。语言文字素养是人的这种整体素养构成的重要方面，它就是指对语言文字有较扎实的基础和修养，通俗地说，就是能说会道，善读会写，具有稳固的言语基础和文字水平，具有能够适应生活和社会需求的语用能力和语用学识水平。

语言文字素养的构成要素，是由语文本体决定的。作为母语的汉语言文字本体是一个多元素的复合体，即是由语用的、文章的、文学的、文化的等内容构成要素融注同构而成的。因为语言文字运用知识是语言文字素养构成的基础，文章是语言文字的构成形式，文学是语言文字构成的艺术品，文化是以语言文字为载体的；所以，语言文字素养的本体构成要素，包括语用知识素养、实用文章素养、文学艺术素养、语言文化素养等。

语用知识素养，是指具有一定的语言文字运用的知识水平，不仅掌握语言文字的基本知识，而且能够在实践中运用有关的知识进行听说读写的活动，把握语言文字运用的普遍性规则。如遣词造句的语用技巧，表情达意的语用方式（叙述、描写、议论、说明等），以及对语言文字运用的态度与习惯等。需要强调的是，语用的过程是动态过程，以语言文字运用的动态过程来评价学生的语用知识素养，是语文教育必须重视的问题。如透过把词组成句、把句组成段、把段组成篇的语用过程，就可考查学生语用知识水平。实际上，掌握富有汉语言文字特点的字与词、词与句、句与段、段与篇的语用活动知识，把握体现汉语言文字特点的遣词、造句、布局、谋篇的语用活动规律，是语用知识素养形成和发展的重要方面。

实用文章素养，是指在平时工作和生活中能熟练地读、写常用的各类实用文章，如记叙文、议论文、说明文、应用文等，具有这类实用文章的读写能力。按叶圣陶的说法，就是"吸收文章和倾吐文章的能力"。这是实用文章构成的基本要素，也是实用文章语用实践的基本技能。在叶圣陶的实用文章能力素养的研究中，一直贯穿着"读写同等重要"的思想。他一方面从读的角度谈文章的吸收，一方面从写的角度谈文章的倾吐。他不是孤立地静止地就文章成品论文章，而是就文章流程研究文章。一个是文章的吸收、意化流程，研究读的实践技能，把握读的行为规律；一个是倾吐、物化流程，研究写的实践技能，揭示写的行为规律。显然，这是对实用文章的语用技能和素养形成所做的透彻阐释。

对如何提高学生的实用文章素养，叶圣陶做过许多探讨和论述，揭示了实用文章的语用规律，并明确指出实用文章素养的提高必须着眼于实用文章能力的培养。一是实用文章阅读能力的培养，主要包括阅读力、研读力、鉴赏力。"阅读两个字不妨分开来用：阅——只要从文字求得内容就够了；读——不仅要了解内容，而且要研究文章的结构、词句的式样、描写表现的方法等。"①二是实用文章写作能力的培养，主要包括眼力、腕力、斟酌力。所谓"眼力"，即观察力、

---

① 曾祥芹：《实用文章学研究》，高等教育出版社2010年版，第330页。

识别力、判断力。眼光是实用文章写作素养构成的重要因素。所谓"腕力"，即表现力，写文章要训练一副熟练的手腕。要力求熟练、规规矩矩地去写，写信、写日记、写随笔，遇见可以写的材料都不放过，随时把它记下来；在写的过程中，莫说全段、全篇都得斟酌，就是一个句子、一个字眼，也要经过推敲。这样训练过来的手腕才是最能干、最坚强的手腕。所谓"斟酌力"，即思谋、构制文章蓝图的能力，诸如"聚材取事""命题炼意""谋篇布局""定体选技"等。在这些方面，光照搬所知不行，关键要活化能行，把文章写得最妥帖，这才是实用文章写作素养提高的根本所在。

提高实用文章素养，其实就是养成读写的良好习惯。习惯是稳定、持久的行为方式，养成良好的实用文章读写习惯，就会形成实用文章素养。因为习惯就是能力，是实用文章的语用纯熟自然的表现。叶圣陶有关实用文章素养的论述明确透彻，应当是我们把握语文课程语用目标的"法宝"。可惜的是，日前的语文教学把这些宝贵的东西给丢弃了，忽略了。

文学艺术素养，就是指具有阅读、鉴赏文学艺术作品的习惯，掌握文学艺术作品解读的基本特点和规律——能够从不同角度和层面阐释、评价或质疑文学艺术作品的问题；能够深入感受文学文本的形象世界、情感世界和意义世界的美，富有文学艺术眼光、文学艺术情趣和文学艺术审美的能力；能够具体理解文学艺术作品的多层次结构，体味含义丰富的词句和精彩语言的表现力，把握文学艺术作品的生命和魅力。语文课的特定任务无疑是培养和提高人们运用语言文字的能力。不过它身上背负的东西比较多：有思想意识，有文学艺术的修养，有逻辑思维能力等。这说明提升文学艺术素养是语文课程不可忽视的目标之一。

文学是语言的艺术，语言的表现力在文学作品中发挥到了极致。世界各国的母语教育几乎无一例外地选用优秀的文学作品，因为它们所表现出的规范、优美的语言是进行母语教育的理想版本。

有的专家指出，让学生读文学艺术作品，读的是文艺作品，学的是语言。文学艺术作品跟其他作品（如一般的议论文、说明文等）有差别也有共同点。最明显的共同点，都是用语言来表达的。好的文学艺术作品在运用语言方面更讲究，更富于艺术性，其中包含着大量语言运用的范例。这些范例可以提供给学生学习和鉴赏。如鲁迅的小说，学生从中可以学到一般记叙文的写法，可以学到一般的遣词造句的方法。小说同一般的记叙文比较，有一点是不同的，那就是作者在创作小说的过程中是要进行艺术概括的。他要体验生活，在生活中提炼典型，然后进行艺术的概括。而一般的记叙文则要求写真人真事，艺术创作这一部分可以不让学生去学。文学艺术作品的语言最富有感染力，学生喜欢学，学起来也容易见效。这就是说，中学的文学艺术教育是以"学语文、用语文"为基本立足点的。如果离开了"学语文、用语文"这个基本点，单纯追求"学文学、学艺术"，那就不符合语文教育的实际，学生就既学不好文学，也学不好语文；因为"学文学"必须以语文为基础，没有好的语文基础是不可能学好文学的。特别是中学的文学艺术教育与大学的文学艺术教育并不相同，所以在语文教育的背景下，文学的一般属性更多的是学习语文的实例和训练语用能力的情境，它的特殊属性才是文学艺术素养教育。

总之，我们应把文学艺术素养视为语文教育范畴之内不可或缺的重要任务和语文课程目标构成要素之一，要充分认识文学艺术素养教育的作用，切实把握语文课程中文学艺术教育的特性，按照语文教育的规律和特点来进行文学艺术教育，即文学艺术教育必须遵循语文教育的语用观法则，不可将中学的语文课教成大学的文学课，不可离开语用训练进行纯文学性分析，把文学性分析架空于语用教学之上。

语言文化素养，就是指富有语言文化的底蕴和民族文化的积淀。语言是民族文化的形成物，语文教育情境下学生语用知识的积累、语用学习活动既是发挥传递、选择和创新文化功能的过程，同时也是学生民族情感涵化、民族意识觉醒、民族思维拓展以及民族精神建构的过程。语言和文化的统一、情感和智慧的和谐，才是语文教育的全部内涵。语言文字的构成本质就是母语及其所负载的民族文化传统和民族文化精神。所以，语言文化素养教育是语文课程必须要把握的重要目标。

语文教育是民族的母语教育。民族的母语是民族经验、民族思想和民族情感的历史记录，是民族文化思维与文化精神的真实写照。诚如德国语言学家洪堡特所讲："语言使人逐渐上升到他所能企及的智力高度，与此同时，蒙昧的、不发达的感觉领域便渐渐趋向明朗。作为这一发展过程的工具，语言自身也获得了十分确定的性质。与风俗、习惯、行为、活动相比，语言的特性能够更好地说明民族的特性。"[①]任何语言都与它的民族具有某种文化通约性，民族性使语言获得一种独有的色彩和情调、声响和精妙，语言因为蕴蓄着民族的气息和精神而呈现特有的气派和品质。因此，母语的学习必须依据母语所借以发生和存在的民族文化语境和民族思维模式。就汉语言文字来说，无论是作为语文教育凭借的语言客体，还是语用学习主体的语用行为，无一不体现中华民族的文化内涵和文化特质。所以，语言文化素养教育是由母语教育本体所决定的。

母语教育所凭借的语言客体，具体到语文教学情境中，就是以汉语言文字为呈现形式的一篇篇文本。从汉语言文化的角度来说，这一篇篇的文本，从古到今，时间纵横跨越几千年；诗词文赋，戏曲小说，文体各样摇曳多姿；豪侠郁拔，风流天然，风格迥异相映成趣；文旨意理，情趣理趣，人生万象各显其妙。它们既是语言文字知识的载体，又是民族文化的荟萃。《故宫博物院》介绍了中国古代的建筑文化，《鱼我所欲也》讲的是中华民族的道德文化，《信陵君窃符救赵》体现了中国古代的礼仪文化，《归园田居》蕴含着丰富的

---

①〔德〕威廉·冯·洪堡特：《论人类语言结构的差异及其对人类精神发展的影响》，姚小平译，商务印书馆1999年版，第52页。

隐士文化。即使同为体现中国古代政治文化的文本，有注重仁义、强调德化的《季氏将伐颛臾》《得道多助，失道寡助》，有纳谏用贤、取信于民的《出师表》《曹刿论战》，有以史为鉴、明乎得失的《过秦论》《六国论》，有严明法纪、依法治国的《五蠹》《察今》，有忠君爱民、清正廉洁的《屈原列传》《庄暴见孟子》，等等。这里，有"庄周梦蝶"的浪漫，有"塞翁失马"的哲思，有"精卫填海"的执着，有"飞舟三峡"的潇洒，有"紫色丁香"的愁怨，亦有"硕花木棉"的奔放和"六月飞雪"的悲愤。在这里，你可以穿梭时空，跨越国界，与人类的文化大师们进行思想的交流和情感的拥抱，在主体间性的澄明而敞亮的生命对话中，使自身的个性获得张扬，灵魂得以"诗意地栖居"。总之，作为语言客体的这些文化典籍是哲学的，也是文学的，无不积淀着丰富、深厚的民族文化传统。正是文本潜在的这种文化特质和文化品性，使得学生在语文教育活动中，通过对文本的阅读不但掌握了民族文化知识或习得了民族语言，而且也受到了民族文化思想的洗礼、民族文化情感的涵化，并振奋了民族文化精神，而这就是语言文化素养教育。

前面曾经说过，不仅汉语言文字构成的文本呈现形式深蕴民族文化精神，而且作为民族文化载体的汉语言文字本身，也体现了中华民族文化思想。[1]汉语言文字始于象形，与绘画相通，虽几经变化，但仍然保留着合具象和抽象为一体的艺术特质。鲁迅在《汉文学史纲要》中说，汉语、汉字具有"三美"："意美以感心，一也；音美以感耳，二也；形美以感目，三也。"[2]正是汉语言文字的这种审美特征，使得我们可以透过"外形"直观古人的造字观念、审美心理，进而透视民族文化语境和独特的思维方式、文化意识。如"家"和"冢"。

---

[1] 梁一儒、户晓辉、宫承波：《中国人审美心理研究》，山东人民出版社2002年版，第349、351页。

[2]《鲁迅全集》（第九卷），人民文学出版社1981年版，第344页。

《说文解字》言："家，居也。""家"在甲骨文中形似"屋内有豕（猪）"，表示猪与史前先民生活的密切关系。"冢"则体现以猪随葬的习俗，说明猪与人死后"生活"的关联。考古也证明，在新石器时代，猪以其肥胖多脂成为地母的动物化身，象征着生命力和繁殖力。而且，考古学家对我国新石器时代半坡、姜寨、柳湾等遗址的考察也发现，当时的穴居与墓穴形制差不多。可见，"家"和"冢"显现了汉族先民追求生殖、丰产和生命力的审美文化心理。再看"美"字。许慎《说文解字》云："美，甘也。从羊，从大。羊在六畜主给膳。美与善同意。"日本学者笠原仲二认为，"美"源于对"羊大"的感受，它表现出那些羊体肥毛密、生命力旺盛的强壮姿态，"意味着摄魂动魄的激烈的官能性感受，并且最初是体现在对'食''色'这种人生最重要的本能的自然欲求的满足方面"①。同样，"美"的字源取象的深层历史和文化背景也当是初民对生殖的渴望、对繁衍的崇拜。由此看来，汉语言文字就个仅是简单的记录语言的符号，而且是一个个活生生的生命单位，是信息丰富的文化代码；既是一个民族历史文化传统得以延续的主要手段，也是一个民族的民族性和民族认同的核心内容。所以说，语言文化素养教育是语文教育不可忽略的特有的目标和任务。

因此，汉语文教育应该对汉语言文字及其构成的文本的文化品格和文化特质加以透视和阐扬。然而在教学实践中发生着的往往是"买椟还珠"现象：教师在向学生"说文解字"时，只要求学生背字典上的解释，并不重视积淀在汉语言文字中的民族文化内涵；师生在阅读课文时，更看重的是对文章的思想内容和写作特色的剖析，而把其中蕴含的文化的质点、文化的精髓丢弃了；对文本的理解不是文化角度的阐述，而是意识形态层面的剖解，以干瘪的思想取代了原本灵性飞扬的个性解释，更是泯灭了本该拥有的文化意蕴。我们认为，

---

① 梁一儒、户晓辉、宫承波：《中国人审美心理研究》，山东人民出版社2002年版，第351页。

汉语文教育不同于一般的语言习得，不能以意识形态来统一文化的领地。语文即语言文化，语言文化的底蕴、民族文化的精神是语文教育应有的品性和特质。所以，汉语文教育无论是内容还是方式都应当体现中华民族语言文化素养教育的自觉。

2. 语言文字素养的构成特点

语言文字素养在基础教育各个阶段的目标是有层次差别的。我们要把握语言文字素养"后天的教养效果"和形成过程。据此，我们认为，语言文字素养的各构成要素具有如下的结构特点：

首先，语言文字素养是一个复合性概念。语言文字素养的内涵和构成要素是十分丰富的，而且各要素之间不一定是并列、平行的，而多是分层次的构成体。表现在个体的人身上，语言文字素养也是一种复合性结构。

我们对语言文字素养的阐释，只把能力作为素养的一个重要构成要素。更为重要的是，从我们这一解释中还可以看出，语言文字素养的要素显然不是处于一个层面上的，它们在构筑一个人的语言文字素养中的职能也不是等同的。我们把它们大致分为四个层级：听说读写——形之于外的显性语用行为（操作层）；支配这些行为的知能因素——语用知识、语用技能和语用思维（实施层）；参与和支配这些行为的直接心理因素——语用态度、语用习惯和语用行为意志（动力层）；语用行为的背景要素——语用主体的语言文化知识积累和修养、人格个性以及具体的语用环境（基础层）。

其次，语言文化素养是一个动态实施过程。语用主体面临一项具体的语文任务时是否具有积极的态度和热烈的情感，在投入这项任务时能否调动起既有的认知结构和良好的语用习惯，这不仅是主体能否完成一项语用任务的动力源泉，而且还关系到一个人立足社会的根本态度。在完成这项语用任务的过程中，主体对于这项任务的具体感悟和思维水平，是能否顺利完成这项任务的前提；主体是否具备与任务相关的语用知识和技能，是能否顺利完成任务的基础。这些因素构成了主体实施言语运作的具体机制。只有这些隐性的因素都调动起来了，都发挥作用了，人们才能看到形之于外的千姿百态的主体语用行为。这样，我们就可以把语言文字素养的动态实施过程大致划分为"启动—执行—操作"这样三个阶段。

再次，语言文字素养是一个逐渐养成和持续作用的过程。上述语言文字素养诸要素的形成都不是一蹴而就的，需要经由一个逐渐培育、逐渐发展的养成过程。另外，各个要素之间又是相互浸润、互为营养的。例如，开拓了知识视野，有助于语言的积累和文化品位的提高。语用知识可以为语用技能定向，有助于形成熟练的语用技能。再者，语言文字素养的形成和发展还是一个无止境的过程，它既不以学生入学之时为起点，也不以学生毕业之日为终结。语言文字素养的不断提升将伴随人的终身语用学习。它作为可持续发展的有后劲的学习动力，将在人的终身学习中发挥作用。

钟启泉在《学科教学论基础》一书中指出，任何一门学科教学的目标大体有四个组成部分：（1）关心、动机、态度；（2）思考力、判断力；（3）技能；（4）知识、理解。这四个视点作为一个整体反映了一种学力观。有人借助"冰山模型"清楚地说明了这种学力观的特色。假如有一座冰山，浮在水面上的不过是"冰山的一角"。这个浮出水面的部分可以比作"知识、理解"及"技能"，而隐匿于水面之下的不可见部分（占冰山总体的80%—90%）才是支撑浮出部分的基础。这就是"思考力、判断力"和"关心、动机、态度"。正如冰山由浮出水面与未浮出水面两部分组成一样，学力也由显性部分和隐性部分组成。显性学力靠隐性学力的支撑才能存在与发展。韩雪屏也提出了语言文字素养的"冰山模型"：语言文字素养作为语文课程的目标理念，其实质在于倡导学生全面和谐地发展语言文字素养，我们应关注冰山隐匿于水面之下的部分，树立以学生语言文字素养发展为目标的语用教育观将是语文课程的不懈追求。

第一，语言文字素养的"冰山模型"作为语文课程目标理念的形象展示，其实质在于倡导语文教育应促进学生语言文字素养全面和谐的发展。这一目标理念要求语文教师不能只看到语文教育浮出水面的表层行为，而应当指导学生深入广泛地打好隐匿于水面之下的基础，练好支配语用行为的内功。这一目标理念要求课程注重语用知识教学和技能训练，强调学生在获得语用知识和基本技能的同时，形成主动积极的学习态度和语用习惯。这一目标理念也说明文学艺术素养和语言文化素养的培育，不是语文教育的分外之事，而是语文教育的分内之事，是多种因素综合、一体化的必然结果。

第二，语言文字素养的"冰山模型"必然会促进语文课程的改革和教学实践的深入探索。一门课程目标理念的变化，必然会带来课程实施过程和方法的更新。语言文字素养的"冰山模型"所显示的各种要素及要素间的关系，很难在以语文课本为中心、以语文课堂为中心、以语文教师为中心的传统教学过程中实现。换言之，肤浅的池水难以负载巨大的冰山。语言文字素养的形成和发展，要求语文课程的内容能够提出基于生活真实情境的语文问题，能够提供需要解决的具有一定复杂性的语文任务，并以此启动学生的思维，帮助学生在解决问题的过程中活化语用知识，变语用性的知识为听、说、读、写的语用能力和素养。语言文字素养的形成和发展，还要求语文教育应该设计重要任务或问题以支撑学习者积极的语用学习活动，帮助学习者成为语用学习活动的主体；设计真实、复杂、具有挑战性的开放的语用学习环境与问题情境，诱发、驱动并支撑学习者的探索、思考与问题解决活动；提供机会并支撑学习者同时对语用学习的内容和过程进行反思与调控。总之，语文课程与教学的改革应基于语用本体和语言文字素养的形成与发展。

第三，"冰山模型"还启示我们：语言文字素养的形成和发展绝不是一朝一夕之事，也不一定具有明显的阶段性界限。因此，需要各个学段的语用教育协同一致地努力。语文课程是基础教育阶段各门学科学习的基础，语言文字素养的形成和发展必将促进各个学科课程的综合发展。

五　语用的建构取向与生态追求

从"真语文"研究角度来考察透视，语文教学根本上是一种语用教学，其语用的基本取向是培养学生的语用能力和语用素养。需要指出的是，语用教学并非单纯强调语言使用的技术性，片面进行语言技巧训练，而是主张在语用教学中让学生品味、体悟汉语言特有的内涵，吸取汉语言特有的文化营养，用汉语言特有的形象性、情感性、诗意性、审美性、象征性等丰厚的蕴含内质，去陶冶学生的情感与心灵，淬炼学生的精神与人格。这就是说，语用教育注重的是语用训练与文化涵养的融合。我们切实把握语文教学的语用本真意涵，强调语用的建构取向和生态追求，有利于实现"真语文"语用教学的指归，促进学生的整体发展，确立对学生进行"完整性建构"的根本取向。

（一）语文教学的语用本真意涵

语用，说得简单些，就是运用语言进行听说读写的活动。在教学中要注重品味语言，体味文字，感悟、体验汉语言构成的意蕴内涵，使学生在语言运用的技能训练过程中得到情感的陶冶、精神的涵养，帮助学生建立起一种做人的基本信念和准则，给学生构出一道生命的底线，筑起一座巍巍的精神长城，即学语文、用语文、学做人。语文教育的语用实践说明，只有当学生在语用过程中动情动容、激起情感波澜、感受到语言背后的丰富蕴含的时候，才会取得语言运用的最佳效果。就如品读一个语言构成的语用文本，学生在字里行间穿行，和语言文字亲密接触，与文本形象产生"情感共鸣"，这往往是学生理解文本、把握文本——语用学习效果最好的时候。因此，语用教学不可忽视语用过程的文化蕴含体味和陶冶感染的功能，不能把语用训练作为一种文字技巧之学来对待，摒弃语用训练过程的文化涵养功能。

对语用的建构意涵，有些语言学家认为语言与世界是相融而不可分离的，而且强调人是以语言及其使用（语用）的方式拥有世界的。就本质而言，语言的构成和语用的方式，既作为传递信息、促进交际或思维的手段而具有特定的建构功能，它的本体也是存在本身，与世界有着同构关系。语言的确起源于对"物"的命名，即具有词与物的关系。如萨丕尔所言："有了一个词，我们就像松了一口气，本能地觉得一个概念现在归我们使用了。没有语言符号，我们不会觉得已经掌握了直接认识或了解这个概念的钥匙。"[①]显然，作为媒介存在的语言及其使用，也就是所谓的"语用"，在传递信息、承载意义的过程中，使其特定的认识、思想、情感、经验等都得以妥帖安放，并促使主体拥有的意义生成和内化。实际上，语言作为存在世界的现身情态，语用作为载体和呈现方式，无时不向我们传达、消解并生成着生活的、社会的、自然的等多元而丰赡的认识、情思、意义、经验与信息等多维质素。这可以说就是语用的动态建构意涵，并不是纯指语用的静态价值概念。

对语用的生态意义，有些学者认为语文教学的语用基点是让学生掌握语言基础知识和语用的基本能力。这一点是由语言特别是语用的特有功能决定的。布龙菲尔德指出，"在本质上和语言传递密切相关的是语言的抽象性"[②]；萨丕尔则认为语用是"经验的联合"，他强调语言的主要功能在于把习惯的、自觉发出的声音分派到各种经验成分上去。"语言成分，标明经验的符号，必须和整组的经验，有一定界限的一类经验相联合，而不只是和各个经验相联合。只有如此才可能传

[①]〔美〕爱德华·萨丕尔：《语言论》，陆卓元译，商务印书馆1985年版，第15页。

[②]〔美〕布龙菲尔德：《语言论》，袁家骅等译，商务印书馆1980年版，第30页。

递、交际，因为单个的经验位置在个人的意识中，严格地说是不能传达的。要想传达，它必须归入一个整组的经验相联合所默认的共同的类。"①从这个意义上说，所谓语言及其使用"经验的联合"，其实就是强调语用经验交际意义的生态场域。为此，语文教学要立足于指导学生在语用实践中进行有效的言语交际，拓展学生的生活世界和语用的生态场域，以切实培养学生的语用能力和语用素养；而且通过语用的经验过程，要注重提供给学生鲜活的生活世界、炫彩的情感、心灵和精神空间，使语用能力培养与语用生态陶冶、情感精神的建构相辅相成，和谐发展。应该说，这就是语用的生态意义。

（二）语文教学的语用建构取向

语用，对于我们的语文教学而言，首先是一种理解、表达的媒介和手段，但它同时还昭示存在世界的意义，表现我们生活、社会与自然的界限和范围。语用不仅使每个人可以互相交流，而且也是每个人遭遇历史、世界甚至自我的方式。人永远以语言及其使用的方式拥有世界，世界是语言的命名，语言的界限就是世界的界限，而语用也就是人的本真存在。海德格尔说："唯有言说使人成为人的生命存在。"②加达默尔也指出："我们用学习讲话的言语方式长大成人，认识人类并最终认识我们自己。"③这就是说，语言及其使用构成了我们的生活世界，我们以语用的方式去把握、拥有世界，并完成自己的生命成长和精神提升。从这个意义上说，语文教学语用的建构取向就是既要建构语言意义世界，又要建构自我心理世界。就语文教材的语用

---

① ［美］爱德华·萨丕尔：《语言论》，陆卓元译，商务印书馆1985年版，第11页。

② ［德］海德格尔：《诗·语言·思》，彭富春译，文化艺术出版社1991年版，第165页。

③ 金生鈜：《理解与教育——走向哲学解释学的教育哲学导论》，教育科学出版社1997年版，第62页。

文本来说，在理解和建构文本意义世界的同时，也要理解并建构自我世界。在语用的过程中寻求理解和自我理解，建构文本也建构自我，就是语文教育的语用基本建构取向。

语用的本体特质为语文教学提供了参照和依据。语文教学的语用对象是学生的语用技能和语用素养，其主要任务就是通过语用阅读、语用思考、语用实践和体验，让学生扎扎实实学好语用，同时也在语用中获得一种对于世界的特定的态度和关怀，即在帮助学生建立起与语用所包蕴的历史、传统和文化的意义关系基础上，建构其情感与精神、人格与灵魂。但是，现实语文教学的价值取向却越来越偏离语用的根本与方向，滑向了纯应试教育的泥潭。语用与人的精神和心灵、生命和生活越来越疏远，语文教学的语用建构特质被遮蔽、被扭曲，语文教学成了纯粹的应试技巧训练。对语文教学的语用取向加以审思，可给语用的拓展以启迪，使我们重新认识语用的建构价值——既是对学生语用能力和语用素养的训练与提升，又是对生命个体心灵和精神的淬炼与陶冶。对语用的这种建构取向，我们可从以下两个方面来做理论与认识的透视。

第一，在语用中对语言意义世界的建构。这是一个师生个体以语言与语用的方式遭际、拥有世界的过程。如海德格尔所言："语言是存在的家园。人居住在语言的寓所中。思想者和作诗者乃是这个寓所的守用者。只要这些守用者通过他们的道说把存在之敞开状态带向语言并且保持在语言中，则他们的守用就是对存在之敞开状态的完成。"①存在彰显并凝结于语言的形态，对语言形态的解读和语用方式就是海德格尔所谓以名喻道意义上的"澄明"，其含义也就主要呈现为对存在的敞开或解释。这是一个语用学习主体自主建构的过程，即"受教育者的精神世界是自主地、能动地生成和建构的，而不是外部力量模

---

① ［德］海德格尔：《路标》，孙周兴译，商务印书馆2000年版，第366页。

塑而成"①。选入语文教材的课文，其意义是非自明性的存在，它澄明而遮蔽的语言言说，向读者的解读建构发出了无声的吁请。诚如斯坦利·菲什所言："作品的客观性仅是一种假象，而且是一种危险的假象……印在纸上的一行字，一页字，一本书，都是显而易见地存在那里——可以拿起放下，可以拍照，可以置诸一边——因此，它仿佛是唯一能够容纳我们与它联系起来的任何一种价值和意义的贮存库。这当然也就是隐藏在'内容'一词后面的那个不言自明的观点。一行字，一页字，或者一本书，包含着一切。"②语言与语用的遮蔽性构成教学文本的张力之维，要求学生参与并进行个性化建构。在教学中对学生自主的语用学习做出保证之后，学生会把自己的情感和灵魂安置到课文当中，用自己全部的生命激情去拥抱它、点燃它、同化它，在与课文的开放性结构相互融浸、相互作用中达成对课文的理解和建构，从而生成无限延伸的语言意义世界。

第二，在语用中人对存在世界意义的建构。以人自身发展的历史与现实的需要为依据，语言同时又多方面地制约着人的存在，从另一个意义上也展示了语用对人的规定性。在个体的层面，语言与语用对人的影响首先在于它以特定的方式参与了个体精神世界的建构。"唯语言才使人能够成为那样一个作为人而存在的生命体。"③"我们在语言上取得的经验就将使我们接触到我们的此在的最内在构造。这种经验就会在一夜之间或者渐渐地改变说着语言及其使用的我们。"④这就是因为社会的、历史的、文化的传统和成果，往往以语言为其载体和传

---

① 肖川：《我们究竟需要什么样的教育》，载《教育参考》2000年第5期。

②［美］斯坦利·菲什：《文学在读者：感情文体学》，聂振雄译，见陆梅林、程代熙主编《读者反应批评》，文化艺术出版社1989年版，第114页。

③［德］海德格尔：《在通向语言的途中》，孙周兴译，商务印书馆2004年版，第1页。

④［德］海德格尔：《在通向语言的途中》，孙周兴译，商务印书馆2004年版，第146页。

播手段，特定民族的习俗、经验、思想、情感与文化等都会在其民族的语言和语用中得以承传、内化。诚如索绪尔所言："语言史和种族史或文化史之间可能存在着一切关系。……一个民族的风俗习惯常会在它的语言中有所反映，另一方面，在很大程度上，构成民族的也正是语言。"①因此，个体在掌握语言、提高语用能力的同时，也潜移默化地内化着其中蕴含的价值观念和民族文化特质。凝之于语言中的文化的传统、民族的因素不仅随着语用的掌握化为个体的存在背景，而且在社会历史等诸多层面影响与制约着个体精神世界的形成。个体认知能力的发展、道德意识的培养、审美趣味的提升等莫不与此相关。

其实，在语文教学的语用过程中"语言参与个体精神构成的作用，并不仅仅表现为对个体或自我的外在塑造。个体的'在'世过程，往往伴随着某种'独语'，即认识论意义上的默而识之、德性涵养层面的自我精神的净化和提升等，都包含着不同形式的'独语'"②。在宽泛的意义上，"独语"以自我为语用对象，如读和写都是语用的"独语"，可以视为无声的言说。以"思"或反省为形式，"独语"即意味着化外在的社会文化成果为个体的内在精神世界，尤以自我人格理想的实现和潜能的完成为指向。面向自我的语用"言说"或反思，每每使个体逐渐扬弃自在的形式，由存在的自觉走向自为的存在。语文教学的语用本质并非止于知识和存在世界意义的建构，而是通过语用对当前事物意义的创意性占有达成对主体自身的改造和转换，使其在自觉审视、反思、内化社会文化传统的过程中实现个体心智和灵魂的完整性建构。清王夫之曾从成德的角度肯定了这类语用"独语"的意义："圣人见道之大，非可以言说为功；而抑见道之

---

① ［瑞士］费尔迪南·德·索绪尔：《普通语言学教程》，高名凯译，商务印书馆1980年版，第43页。

② 杨国荣：《本体论视阈中的语言》，载《江海学刊》2004年第2期。

切，诚有其德，斯诚有其道，知而言之以著其道，不如默成者之厚其德以敦化也。"①对"道"，固然要以理性的方式加以把握和表述，但如果仅仅停留在"知"与"言"的层面，则依然是外在的，唯有以审思和反省的方式把见到的过程和自身的涵养结合起来，才能真正成其德。这种"独语"之于语文教学的意义正在于此。它能促使学生在语用学习过程中领会母语蕴含的民族情致和民族精神，在吸收民族文化营养和精华的同时，去反思、去探究、去建构，使自身的潜能、天赋、个性、创造力得以显现，并使自身在新的历史情境下完成生活世界和精神领域意义的把握，充分体现语文教学的语用建构性价值。

（三）语文教学的语用生态追求

我们的语言学专家认为，语言是传承载体，语用是人的一种能力，同时它还构成人的行为本身，是人的存在方式。"说话能力标志着人之为人的特性，人就基于语言之中。"②语言其实是对人的首要的规定性，"我们在语言中所感受到的并不仅仅是对我们自身和一切存在的'反映'；它是生活，由于生活而与我们相关——不仅仅在劳动和政治的具体的相互关系中，而且在构成我们生态世界的所有其他关系和依赖性中"③。从这个意义上说，我们所说的语文教学的语用生态追求，就是语用活动中给学生揭示一种特定形态的生活样式和生活态度，引导学生深入语用活动去追踪个体鲜活的生活印迹，去体认个体独特的生态体悟，特别是要通过语用活动去激活他们的智慧并引领他们敏锐地品味当下的个体生活意义，突出语文教学的语用生态价值。

---

① ［明］王夫之：《读四书大全说》。

② ［德］海德格尔：《在通向语言的途中》，孙周兴译，商务印书馆2004年版，第238页。

③ ［德］汉斯–格奥尔格·加达默尔：《哲学解释学》，夏镇平、宋建平译，上海译文出版社1994年版，第32页。

"生态"是生态学研究的一个概念。有的专家用生态学的视角透视我们的语文教学，认为语文教学是一个由多种因素构成的生态场域和系统。这个生态场域系统的营造，能促使教师、学生、教材构成的教学整体和语用场域和谐发展、共同提升，所以，有很多学校倡导并构建语文的"生态课堂"。从语文教学过程来说，依托语言对人的存在的本体规定性，在语用与生活世界之间建立起普遍而实在的联系，既是对语用特质的正确把握，也是语文教学语用生态发展的要求使然。语文课程标准要求，学生应"能具体明确、文从字顺地表述自己的意思"，具有日常口语交际的基本能力，学会倾听、表达与交流，初步学会运用口头语言文明地进行人际沟通和社会交往。语用是人学习、交际的凭借，也是培植智慧、濡染情感精神的方式。语言也好，语用也罢，显然是赋予人生活的情感和智慧的场域与手段。从另一个方面来看，语用有其特殊性，把握语言、学习语用，需要遵循一定的规律：一是语用的生态拓展，特别是语文"生态课堂"与语用思维的发展紧密相关，而语用思维的发展源于语用活动，是一种语用经验的参与；二是语用的习得必须借助于特定的生活情境和生态场域，特别是语用能力不是一种抽象的形式，它必须包含实质性的生活经验和语用体验；三是语用学习是实质性的，它的途径不应局限于语文生态课堂教学，而应面向语用生活实际和阔大的生态场域，因为生活世界的变化、生态场域的拓展，对语用学习具有直接的影响。同时，在语用活动中学生对各种文化知识的掌握、对价值观念的认同、对精神世界的体悟等方面都要求学生具有深厚的生活经验、开放的生态场域基础。这不仅提供语用学习的知识与能力，还能孕育语用的直接兴趣与心理动力，培植学生语用的基本生活态度与价值观念。因此，语用与生活互为借助、相互融浸是语文教学的语用生态追求的必然选择。

语言不单是存在世界的呈现方式和现身情态，人还以掌握语言、学习语用的方式成长并存在于世，与生活世界和生态场域相融。因为"世界本身体现在语言之中"①，"进入这种语言的解释就意味着在这个世界中成长。在这个意义上可以说语言是人的有限性的真实标志"②。洪堡特也指出："人同事物生活在一起，他主要按照语言传递事物的方式生活，而因为人的生态感知和生活行为受制于他自己的表象，我们甚至可以说，他完全是按照语言的引导在生活。"③从这个意义上说，语言就是生活世界，语用就是寻得一种独特的生活体验，探究一种人世的生态场域。就语用课文来看，无论是现代文，如《荷塘月色》《胡同文化》《雷雨》等，还是文言文，如《师说》《孔雀东南飞》《长恨歌》《项脊轩志》等，无不跃动着特定时代与历史的生活声息，潜隐着特定人世生态场域生成的情感和精神的底色，无不发掘着生活世界和生态场域的善与美、丑与恶，挚诚地与读者交流着关涉生活、社会、历史和人生的真知灼见。这些语用课文为教学主体达成自身与时代文化生态的感应提供了保证。在具体的语用实践中，无论教师还是学生，尤疑都以主体的身份参与语用过程，将自身置人现实生态世界来扩大生活感悟和人文情怀。

语言是对生活世界的投射，语用是对生态场域的敞开，这为语文教学显现了一种特定的鲜活的生态。语言是人在世的现身情态，语用是人生活的表达方式。人拥有了语言，掌握了语用，也就拥有了生活，拥有了对世界的一种态度和关系。"语言从我们生命伊始，意识初来，就围绕着我们，它与我们智力发展的每一步紧依为伴。语言犹如我们思想和情感、知觉和概念得以生存的精神空气。在此之外，我们就不

---

① 徐友渔、周国平等：《语言与哲学——当代英美与德法传统比较研究》，生活·读书·新知三联书店1996年版，第179页。

② ［德］汉斯-格奥尔格·加达默尔：《哲学解释学》，夏镇平、宋建平译，上海译文出版社1994年版，第64页。

③ ［德］威廉·冯·洪堡特：《论人类语言结构的差异及其对人类精神发展的影响》，姚小平译，商务印书馆1999年版，第72页。

能呼吸。"①应该说，这也就是语文教学语用追求的生态场域。因此，我们在学习语言、掌握语用的过程中，要将其放在生态学的背景下去思考和对待。语用活动就是人的一种生活样态，就是人与世界生态场域的联系，而语用能力就是一种基本的生活手段和生活能力。我们要认识到"教室的四壁不应成为水泥的隔离层，应是多孔的海绵，透过多种孔道使语文教学活动和学生的生活息息相通"②。我们应将语用活动的触角延伸到生活世界和生态场域的方方面面，使语用与学生的生活世界、生态场域豁然贯通。

语文教学的语用本身固有一种生态追求，即关注个体的生活世界、生态场域、人生境遇与人的发展。它能催生语用个体的生活理念，使语用成为个体生活的有机组成；能引导学生从语言的能指走向生活实践的所指，使其获得生活的智慧和实在的意义。这是因为"语言符号使得人具有不同于其他生物的超越性。'人'的'意义'在活生生的生活之中。'人'生活在'世界'之中，自从'人''有'了这个'世界'之后，'人'就'有'了'意义'，所以'人'的'意义'并不完全是自身产生出来的，不是自身'创造'的，而是从生活、从'世界'体会、领悟出来的，是'生活的世界'（而不是'概念的、对象的世界'）'教'给我们的"③。这就是说，语言特别是语文教学的语用以其阔大的生活世界和生态场域而承载的历史、文化、传统在一定层面上使它得以改造与引领人的情感心灵。从当下语文教学重在促进人的整体发展的根本取向来说，它可使主体精神与潜隐在语用符号下的文化、历史、传统等产生意义交流，从而获得生命愉悦和生活意义的全面唤醒。

---

① [德] 恩斯特·卡西尔：《语言与神话》，于晓等译，生活·读书·新知三联书店1988年版，第127页。

② 《刘征文集》（第1卷），人民教育出版社2000年版，第374页。

③ 叶秀山：《美的哲学》，东方出版社1991年版，第55页。

六　语境教学的问题及其对策

　　语境即语言环境，或指使用语言的环境、语用的场域和氛围。语文课的语境教学对语言运用具有一种限制性作用，主要表现在对词语的理解和选用上。同样一个词语，在不同的语境中表达的意思就有不同，所以要依据具体的语境才能做出准确的理解。语境，对语文教学有重要的作用和意义，无论是文本解读还是语言运用与写作，都不能离开语境。否则，语用、解读与写作都搞不好，甚至会造成教学的失误。近年来语文教学出现的问题，似乎或多或少都与语境有关。从某种意义上说，语境是语文教学的要素和命脉，它直接关系到听说读写的教学质量。但是，长期以来，语文教学一直没有解决这个问题，一直忽略语境教学，缺乏语境意识，缺少对语境的教学把握。在语文教学的过程中似乎感受不到特定的语境场域和语用氛围，而离开语境讲文本，超脱语境说语用，会直接影响教学的效果和质量。

　　我们的汉语言具有一个显著的特点，就是单独看一个词往往不敢判定它的含义，只有把它放在一个词组或句子中，才能判定它的意涵。其实，使用惯了这种汉语言的中国人，在潜意识里应该就习惯于整体观照，上下文联系，习惯于整体性揣摩及对语词运用的推敲。因为汉语言运用的这种重整体联系的特点，决定了汉语言教学的语义需从整体语境加以考察和体悟，也就是要做到"词不离句，句不离段，段不离篇"，把字词语句放在上下文中来理解，而不是抽出来做孤立的解析。如《祝福》中"祥林嫂老了"一句，如果不把它放在上下文中来考察理解，不了解中国人对"死"的隐讳的说法，我们就无法确定"老"这个多义词在此语句中的真正的含义。如同索绪尔所说的：如果不了解语词的周围环境，我们甚至无法确定"太阳"这个语词的价值。

需要强调指出的是，在阅读古今中外文学作品的过程中，我们还常常需要利用社会历史文化知识加以理解把握，也就是要从广义的语境上加以审视分析，才能够深化对文本的理解领悟。例如《红楼梦》中宝玉的一句话"我为林姑娘病了！"吓得丫鬟袭人和紫娟"面目改色"的原因，就在于在封建社会尤其是在官宦之家、诗礼之家，宝玉的话语堪称"石破天惊"，他完全无视当时历史文化语境中最强大的封建礼教的束缚，把心灵的本真状态毫无遮掩地表露出来。如果不知道"泰山"与"岳父"语境中的典故，就不可能理解杨朔散文《雪浪花》语境中的老人为什么那么喜欢人家叫他"老泰山"。在《欧也妮·葛朗台》中欧也妮之所以钟情于自己的堂弟，就是因为按照当时法国的习俗，同姓的堂兄弟姐妹是允许通婚的。这与中国古代文化语境中"舅姑"一词指"公婆"类似。上古曾经流行表兄妹通婚的习俗，男子娶舅父或姑母的女儿为妻，就女方来说，婚前的舅姑便是婚后的公婆。《礼记》中言："妇事舅姑如事父母。"《尔雅》中曰："妇称夫之父为舅，称夫之母为姑。""妻之父是外舅，妻之母为外姑。"这是中国古代文化语境中所谓交表婚制的反映。

汉语言运用鲜明的民族特点和文化特性，决定了语文课是充满感性、富有诗性的。我们不能离开特定的语境体味只重认知的理性分析，而应加强对语言的感受体悟；不应只重语用知识的传输，而应加强学生在特定语境中进行的语用实践；不能忽略文本语境而进行孤立性分析，而应结合语境加以整体观照。概括地说，要切实解决语境教学的问题，应采取的有效对策就是语境顿悟、语境体验、语境创意。抓住语境的这三个要素，就可拓开语境的教学场域。

（一）直觉与体味，加强语境顿悟性对策

有的语言专家认为，语言是一种儿童的语言，不能按照理性法则机械地分析与理解，而需要直觉与体味，加强语境顿悟性教学对策。我国传统教育是一种以汉语文为核心的人文主义教育，特别重视引导学生以"语境的直觉顿悟"进入教学文本，即"引导学生在阅读中投注到文本语言文字构成的语境中，体味语言，感悟文字，以语言文字构成的语境深度体味'化文心为人心'，力求达到古人所说'我与文化，文与我化'的阅读境界"①。这显然就是注重"时雨春风"的陶冶，讲究诵读吟咏、涵泳体味、切己体察等语境顿悟的方法，善于结合整体语境释字、句读、训诂，从文本的语境中发掘深层的意义底蕴，引导学生以语境顿悟和体味的方式去体认世界、接受世界、把握世界，力图"把文本通盘人化或生命化"，体现出重直觉、重语境、重顿悟、重体味的民族思维模式，与古人"天人合一"的哲学思想是一致的。

语言作为"千千万万个人的直觉的总结"，"只有在获得了感性的个人含义而不是单纯作为'概念'存在的时候，它才能成为个体生命活动中一个生气勃勃的细胞"，才能成为学生心灵中富有活性的生命元素。②面对着充满感觉和灵性的汉语言文字，不能靠技术、技法，只能在语境顿悟中靠心灵去感受体味。因为只有生命才能唤醒生命，任何袖手旁观式的条分缕析都不能抵达生命的真谛。而现在的语文教学却患上较重的感悟体味贫乏症。有位教师讲柳宗元的《江雪》："很多山上鸟飞光了，许多条道路上见不到人影。只有一只小船上坐着一个披蓑衣的老头，尽管天下着大雪，江水冰冷，他还是一个人在

---

① 曹明海：《触摸语文的"好课"模样——简约语文"大道至简"的教学述评》，载《山东师范大学学报（人文社会科学版）》2019年第4期。

② 参见成尚荣：《为语言和精神同构共生而教》，江苏教育出版社2001年版，第46页。

钓着鱼。"教师的认知理性的讲解和分析只是搁浅于文字表面，而诗的情感、诗的韵味、诗的境界，犹如海底世界，只有在语境顿悟体味中亲自潜入其深处才能真切把握。

按照海德格尔的说法，人在"通向语言的路上"就是要去"亲身体味"，人只有在语境的"顿悟体味"中才能领会和掌握语言的意涵。这样领会和掌握的语言不是"僵死的符号"，而是"诗的语言""活的生命"。为此，笔者曾提出"静心阅读"的语境问题，即让学生在特定的语境中静下心来阅读，走进文本的字里行间，入情入境，在语境中读出一种滋味，读出自我的顿悟感，徜徉于一种静读的境界。这种静心阅读，需要一种沉静的语境，一种阅读的心净境界。冰心当年写那些"爱的教育"的散文篇章，就是从"静心阅读"的语境开始的。在特定的语境中发挥静读的力量，就能催生顿悟灵性和纯情的美丽。这说明静心阅读的语境，是与学生读透文本而淬炼心灵情感直接相关的。所以，只有给学生营造静读顿悟体味的特定语境，学生才能与文本沟通、对话与碰撞，才能真正理解文本的真义。

有不少专家有此论述。如别林斯基曾这样断言：不用心灵去感受文学作品，比用脚去阅读还要坏。余秋雨在《阅读建议》中也说过：阅读是个人的事，字字句句都要由自己的心灵去默默感应。应该说，文字与心灵是画等号的，其沟通的路径就是语境顿悟和体味。因此，在语文教学中不能急功近利，忽略语境顿悟和体味而追求某种"达成度"。实际上，应在语境顿悟中给学生以时间和自由，让他们在语言文字构成的语境中悠游，在诵读体味中感知文本语言，并能用自己的生活积累，在语境中批文入情、涵泳体味。如果为了完成预定的教学目标，教师不顾学生的语境顿悟体味进程，过快地介入文本分析做出结论，使语境顿悟体味在匆匆间进行，在仓促间收束，学生的情思无法深入，与文本语言的对话无法充分展开，这就是一种华而不实、形式化的"虚化之域"。教师要引导学生以主动、热情、真诚的姿态遨游于文本世界的语境之中，努力调动自己的审美感受力和诗意想象力，沉入文本语境之中，感受顿悟和体味文本语境在生命中的每一丝灵动，最终达到与文本语境同构的至高境界。

（二）语用与实践，优化语境体验性对策

语境体验是语境教学的一种重要方式。过去受苏联凯洛夫教学模式的影响，我国语文教学长期把认识过程作为教学过程的本质，知识中心、智育至上成为语文教学的普遍信条。在教学的过程中重分析、概括、综合等认知能力的培养和发展，而忽略了以口语交际、日常写作等为主要内容的实际语言运用能力的培养，导致学生语言运用能力发展的畸变与失衡。如何解决这个问题？语言运用能力本质上是实践性的，这就需要采取语境体验性有效对策。它不是认识性的，而是优化语言运用的语境体验，应加强语言运用的实践活动，以免丧失语言运用能力发展的动力和内容。因此，语文课程标准把语言运用的实践性作为语文教学的重要特点，强调应加强语言感受、语境体验，着重培养学生的语言运用实践能力，而培养这种语用能力的重要途径应是特定语境体验下的语用实践。

语文教学的语用实践是由母语学习的语境体验特点决定的。我们过去基本上采用的是一个以语言知识与语用技法为本位的知识传授模式，忽略了语境体验。这种教学方式忽略了我们的母语教学所特有的语境体验性特点。其实，人类学习语言的过程是在活生生的语境交往中"无师自通"的过程。如鲁迅先生所说："他们学话的时候，没有教师，没有语法教科书，没有字典，只是不断的听取，记住，分析，比较，终于懂得每个词的意义，到得两三岁，普通的简单的话就大概能够懂，而且能够说了，也不大有错误。"[①]显然，这里描述了一种特定的语境体验，儿童语用能力的提高靠的是特定语境中的语用实践。没有语境体验，听话、说话的语言运用能力很难得到提高。只有让学生

---

① 转引自顾明远、俞芳、金锵、李恺：《鲁迅的教育思想和实践》，人民教育出版社2001年版，第457页。

投身于特定语境的语用实践中，去体验、去尝试、去冒险，他们才能逐步养成正确地理解和运用语言的能力。

有专家认为，语言是外部的生存环境，就像空气，看不到摸不着，但无处不在。每个人都生存在一个具体的语言环境中，在这个语境体验中形成自己的语言甚至独有的语言特点。由此看来，语文教学就应给学生设置和创构特定的语境，让学生进入一个优美的、典范的、充满了营养并能使其高度吸收的语境体验中。一个小孩若在菜市场长大，他就会有菜市场的语言；若在医院长大，他就会有带医药味的语言。语文教学的责任就是让孩子在典范的、优美的、充满生命活力的语境体验中学习语言运用。①苏联教育家苏霍姆林斯基特别重视引导学生在特定的语言环境下进行生活体验和社会实践，他一周两次把学生带到野外，到"词的源泉"去旅行，他把这种特定的语境称为"蓝天下的学校"。美国课程理论家小威廉姆·E.多尔所标举的后现代课程观也曾反复强调：特定语境下的语用实践是一种课程的语言，也是课程的根本特性，没有什么概念比语言环境下的语用实践更能揭示课程的本质与规律。实际上，他所强调的"课程的语言"实践就是语境体验。这就启示我们，语境体验中的语用实践是课程与教学的生命和活力所在，学生只有作为语境体验中的探究实践者，才能形成和发展自己的语言素养。在语文教学中要充分利用优越的母语环境，让学生广泛接触、积累语用材料，进行大量读写听说的语境体验实践，让学生充分感受语境，体验各种不同结构的语言，领略各种不同的语用表达形式。同时，也应鼓励学生在各种不同的语境体验中去进行语用表达。这就是说，要通过语境体验实践激发学生对母语的炽热感情，唤醒溶解在学生血脉中的母语文化，在学生心灵上建构起牢不可破、永不遗忘的"母语情结"。

当然，加强学生的语境体验实践并非淡化或抛弃语用知识教学。

---

① 商友敬：《语文老师挑剔语文》，载《南方周末》2001年6月7日。

因为"一切语言通过语境体验实践去学比通过规则去学来得容易"，"但是规则可以帮助并强化从语境体验实践中得来的知识"。①叶圣陶先生曾强调语用知识的重要性，他主张要经常留心自己的语言，经常揣摩人家口头说的、笔下写的语言，哪些是好的对的，哪些是不好的不对的，都仔细辨别，这样可以提高对语言的敏感。这里所说的"语言的敏感"，强调的显然就是语境体验的语用生成。20世纪80年代，枯燥、难学、没用是人们对语言知识的普遍认识，因此"淡化语言知识"的呼声甚高。然而"淡化语言知识"思想使语文教学呈现出这样的状况：语用知识内容过简，轻视语用教学。因此，加强语境体验实践、优化语用教学当为大势所趋。

具体来说，在语文教学中要注意把握两个最基本的对策：第一，学习语言知识应重在语境体验中的运用。语文课程标准强调，语言知识是语文素养的重要组成部分，是语用能力形成的基础。学习语言知识是为了运用，应该促使语言知识向语用能力的转化，而不是为了了解和掌握一个个语言知识点。就如同张志公先生多次强调的那样：语言知识要精要，好懂，有用。第二，不追求语言知识的系统和完整。语文教学具有语境体验的实践性特点，其目标指向应是学生在语境体验中形成的语用实践能力，而非是帮助学生掌握一系列的概念、规则、原理。因此说，语文课的语言知识教学只是语境体验中语用实践的凭借和手段，是为培养学生的语用能力服务的。因此，在教学中要正确认识培养语用能力和传授语言知识之间的关系，掌握好语言知识教学的度。只有这样，才可能将学生对语言运用的感性体验上升到理性思维的高度，提高他们理解和运用祖国语言文字的自觉性和规范性。

①［捷克］夸美纽斯：《大教学论》，傅任敢译，教育科学出版社1999年版，第159页。

（三）理解与取向，把握语境创意性对策

有特定的语境才会有创意性理解。重视并引导学生创意性理解，是加强语境教学的基本取向。当前阅读教学中存在着"偏离文本，纵容个性"的教学弊病。我们要特别强调的是，在教学中应该强化语境的熏陶感染作用，注意教学内容的价值取向。在新教材、新教学的背景下，教师在阅读教学中提倡并引导学生轻松发表自己的想法，关注学生的个性差异和不同的学习需求，保护学生的好奇心和求知欲，充分激发学生的主动意识和进取精神，这一点当然是值得肯定的。但是提倡个性化解读并不是一味地架空语言，脱离文本语境。文本是作者独特思想和体验的载体，它的价值和内涵的开掘，在阅读教学中占有极其重要的位置。因此，教师要正确处理文本的价值取向和学生的独特体验之间的关系：一方面，鼓励学生对文本进行个性化理解；另一方面，对于学生偏离文本语境、不着边际的解读应及时地加以引导，强调提升学生对文本的语境创意，加强其在文本语境下的创意性理解。萨特曾经说，阅读是一种被文本诱导的创造。这显然是强调读者在文本语境解读中的个性和主体创意性的发挥。语境创意才会是正确的文本理解，才有利于深层理解文本的内在价值取向对读者的"诱导"作用。理解，是读者与文本之间的一场私人约会，是特定语境下情感与心灵的对话。缺失了约会对话语境的任何一方，正确的理解活动就不可能完成。

因此，在语文教学中解析文本的字词语句，一方面要着眼于文本的语境整体，"观上下，审左右"，顾及上下文构成的语境，另一方面须与作者的思想倾向、作品的写作背景、作品的主人公性格及历史文化背景等要素联系起来。这样才能较为准确地理解题旨，把握言外之意。鲁迅先生一贯反对那种脱离文本语境的"摘句式"解读，认为解读须顾及作品的全篇和作者的全人。实际上在我国传统解读理论中，孟子早就提出"知人论世"的观点，著名历史学家陈寅恪也强调

指出："古人著书立说，皆有所为而发；故其所处之环境，所受之背景，非完全明了，则其学说不易评论。"[1]这与西方接受美学的观点不谋而合。接受美学理论认为，文本语境的规定性严格制约着解读接受活动，以使其不至于脱离文本的语境意向和文本结构，而对文本意义做随意理解和解释。

例如鲁迅的散文《秋夜》的开篇："在我家的后园，可以看见墙外有两株树，一株是枣树，还有一株也是枣树。"这段文字看似普通平常，不仔细体味难以察觉其妙。从文本的整体语境来看，这篇散文重在颂扬枣树。在作者眼里，枣树是在"秋夜"对奇怪而高的天空进行战斗的英雄，开篇着笔就用反复修辞格突出强调使其语境形象更为鲜明，引起读者的格外注意。同时，如果联系鲁迅当时的心境引导学生来加以语境创意性理解，就会比较深切地体会这一语用形式所折射出的作者孤独而寂寞的心绪。作者没有直接说"我家的后园有两株枣树"，而是用了类似烦琐重复实则非同寻常的表现手法，以富有语境创意张力的语言表达出主体的精神世界。如日本鲁迅研究专家片山智行就认为，如此叙述是使枣树的形象更鲜明，更具有存在感，从而引起读者的注意。同时，分别表述两株枣树，也自然地流露出作者当时的寂寞与孤立感。联系鲁迅在特定的文化历史背景下的心境，我们更可以充分认识到这种语境创意性理解的适切性。鲁迅在1925年写给许广平的信中曾谈及自己的苦闷心境，他向黑暗与虚无做着"绝望的抗战"，所以有很多"偏激的声音"。在孤立而倔强挺立的枣树的形象反复中，在一种特定语境的孤独气氛里，给人一种在"反抗绝望"中的愤激与抗战的悲剧感。[2]这显然是在特定语境创意中才能达成的理解和意义取向。

---

[1] 转引自蒋成瑀：《语文课读解学》，浙江大学出版社2000年版，第216页。

[2] 孙玉石：《现实的与哲学的——鲁迅〈野草〉重释》，上海书店出版社2001年版，第18页。

第二章
文化渗透：生命与心灵的建构

　　语言是存在的家园，是民族文化的载体，更是民族文化精神、智慧的构成。因此，语文教学具有唤醒的力量和功能，它能够唤醒学生的情感与智慧、心智与灵魂，唤醒学生生命成长的觉悟，点燃他们的生命之灯，激发学生的创造精神，引领学生建构自我世界。概括成一句话，语文能够唤醒学生的生命心魂。我们可以这样说：语文是什么？语文就是唤醒，语文就是陶冶。语文课的教学根本，就在于唤醒学生的情感、心智、价值感和创造力，唤醒其生命成长的觉悟。

一　用语文点燃学生的生命之灯

（一）以语言为切入点

　　语文是多彩的世界，满浸着人的情感与思想，蕴含着阔大的精神与智慧，它滋润着一代又一代人的心灵。在语文的世界里，一方荷塘，是人的心灵的栖息所，不仅给人以恬淡安静的享受，而且孕育着纯洁的人性；一棵小草，是一首命运的抗争曲，激励着人奋发进取，弹奏出生命的交响曲；一棵老树，是游子的归乡梦，汩汩流淌的情感，流过人们的心间，引领他们去追寻多彩的梦。有人说，语言是人类特有的生命现象，其丰富奥妙、浩瀚有如大海，其表达就是浪花，其内涵就是海水，海水的源泉是高尚的人格、广阔的胸襟、深刻的思想、浓郁的感情。真正的语文教学就是善于驾驭语言要素，在语言的大海中游泳，演绎出种种充满魅力的奇观。这种生命魅力集中体现为拨亮学生发现真、善、美的眼睛，拨动学生和真、善、美共振的心灵。

　　语文教学的唤醒价值取向与目标追求，应该说是培养学生对生命的敏感，让学生懂得去呵护生命，亲近体贴自然万物，在学生的心中鼓起生命的风帆，使他们能够在生命之河上泛舟轻游。语文教学的载体与内容是语言，我们应用富于生命的语言去唤醒学生的生命意识，让学生在语言中体会生命意识，领悟生命激情，使语文课焕发出生命活力。语文教学中的文学文本是文化智慧幻化出的结晶，其中有漂泊落魄的生存状态，有九死不悔的生命意识，有昂扬燃烧的生命激情……其中的语言是作者思想感情的沉淀，包含着作者对社会、人生、生命的看法与价值追求。这些典范的教学文本能使学生感悟和意识到自身生命的存在，更明智地审视反思自己生命的意义。我们应以语文教学中的语言为切入点来唤醒学生的生命意识，点燃他们的生命之灯，照亮他们的心灵世界。

首先，可用优美的语言熏染学生。选入语文教材的文本大都是文质兼美的佳作，词句华美，内涵丰厚，读来如含英咀华，余味无穷。沉潜浸润于其中，谛听生命的空谷足音，我们能感受到生命的涌动、情感的急流。我们生活于其中的世界充满蓬勃的生命，反映到文本中更是如此。读到"两个黄鹂鸣翠柳，一行白鹭上青天"，学生的眼前不禁一亮：鲜明的色彩对比，灵动的生命飞扬；读到"竹喧归浣女，莲动下渔舟"，学生仿佛置身于世外桃源：茂林修竹环绕的水溪中，一群晚归的采莲少女荡舟而来；接触到女儿绿般的"梅雨潭"，学生禁不住心荡神摇：闪闪发亮的潭水召唤着他们，让他们感受到绿色的宜人与纯净。这些自然景物中暗藏的是生命的潜流，跳动的是生命的脉搏，自然被赋予了人的情感、生命、意志，阅读自然就是读人。经过作家创造的"自然世界"包孕着生动活泼的万物——明朗朗的天空，清洌洌的泉水，毛茸茸的小动物……所有这一切和我们人类一样，共同生存扎根于同一个地方，接受同一片蓝天的笼罩抚慰，经历着生老病死和荣辱枯衰的生命踪迹。透过自然万物的形象表征，我们能够洞悉隐于其后的深层意蕴。

其次，可用语言的情感性来启迪学生。教育家陶行知说过，教育是心心相印的活动，唯独从心里发出来的，才能打到心的深处。文章不是无情物，"大缀义者情动而辞发"①，字里行间蕴含着作者的情感，凝聚着他们的心血和生命；"观文者披文以入情"②，阅读文本的学生也具有丰富的情感体验，在"披文入情"的阅读中以情动情、以情唤情、以情激情，文本的情感世界拨动了学生的心弦，使他们得到

---

① ［南朝］刘勰：《文心雕龙》。

② ［南朝］刘勰：《文心雕龙》。

美的享受。文学文本中负载着情感的因素，表现了人类情感的本质。如文学作品描写的人的生活经历，描绘的悲欢离合的场景，虽然彰显的是个人的"一己悲欢"，但常常以呈现人类共通的情感为指归。白居易在聆听了琵琶女的弹唱后，哀愁着她的哀愁，痛惜着她的不幸，深怀着自己的坎坷。两人相似的生活遭遇，不由引发诗人无限的感慨："同是天涯沦落人，相逢何必曾相识。"这份情感绝非独属于诗人与琵琶女，更属于作为读者的学生。学生在阅读时，文本世界的情感定能引起他们心灵的共振、情愫的共鸣。人在遭遇不幸、历经磨难时，难免会悲怆不已、泪下沾襟，作者及其文本中的人物郁结在心中的"块垒"随着语词的流动宣泄出来，也带动着阅读的学生涤荡纷繁的情感，拂去心中的杂念。《荷花淀》里的水生嫂，在民族利益与家庭利益发生冲突时，她毅然决然地舍弃小家而顾及大家，勇敢地挑起生活的重担；《边城》中的翠翠经历了情感与婚姻的波折，心里仍然固守着那一份执着的爱，凄迷美丽得让人心痛。这一切情感都是人类本身散发出的人性之光，它们照亮了人们的心灵，折射出生命的光辉，如同哈里希岛上那暖人心灵的灯光，为在命运之海中挣扎的人们指引前行的道路。学生在情感的震撼中领会作者崇高的人格、深邃的思想和高尚的情操，从中获得情感的濡染，得到精神的提升与灵魂的净化。

再次，教师在语文教育过程中可运用富有情感的语言引导学生进入感情的世界，与文本作者共同游历那一段生命情感的历程。教师的这种情感铺垫，是诱发学生情感的因子，做得恰到好处，能使学生很快进入角色，为师生敞开心灵进行对话创设有利的情境。如于漪老师在教授《诗八首》时，设计了这样的一段开场白："人们一谈到诗，往往会联想到驰骋的想象、充沛的感情、鲜明的形象、音乐般的语言，会联想到优美、动人、鼓舞、力量。诗，像种子一样，有一股顽强的爆发力。好的诗歌，破土而出以后，它的芳香会和民族精神融合，长久地滋润大地。今天我们要读的《诗八首》，有的距今已900

年，有的距今达1500年之久，然而，诵读咀嚼，仍可闻到其中的芳香。"[1]优美而富有情感的语言，把学生引领到瑰丽的诗歌王国，激发他们求知的欲望，打开了他们情感的闸门。

（二）在文本中建构自我

我们一直倡导"完整性教育"，即教育要促进人的全面发展。人要达到全面发展，必须要超越自我，达到自由发展。人作为一种存在物，是一种有限的存在。人存在的价值和意义，就在于能够超越有限性的存在，超越自我，让自我变得更美好，即完善自身，使自己有限的生命投射出无限的光辉。在我们的语文教学过程中就要唤醒学生的超越本能，激发学生的创造意识，高扬生命的尊严，即让学生用全部的身心去拥抱语言，和伟大的心灵直接对话，既建构生发丰富的文本意义世界，又充实完善自我的精神追求。

首先，在语文教学的过程中要唤起学生建构文本的意识。一个文本，在未经学生阅读之前，对于学生来说是一个无生命的文字堆积物。按照接受美学的观点，文学作品中存在着许多意义的空白点和不确定之域，对读者富有一种召唤性，即所谓的"召唤结构"。它召唤着学生去阅读体验它，从而激发起学生无穷的想象力，引领学生利用自己的已知知识、已有经验等创造性地对文本加以解读——填充空白，确定未定点。文本的意义世界在学生的阅读中得以充盈丰满。文本经由学生的阅读、参与和创造，幻化成生动活泼的生命体，获得了现实的存在。实际上，未定性与空白在任何情况下都给予读者如下可能：把作品与自身的经验以及自己对世界的想象联系起来，产生意义反思。这种反思正是语文教学中文学作品自身的"召唤结构"，引发学生无限的联想与想象，填充空白，确定未定性，赋予文学作品以意义，深深打上学生自我理解的烙印。

在语文教学的课堂上，要为学生创设思想自由驰骋的空间，以

---

[1]《于漪文集》（第1卷），山东教育出版社2001年版，第497页。

一颗理解和宽容心对待学生。只要学生的理解与阐释合情合理，就要给予鼓励，让学生全身心地投入文本世界，使学生的心灵空间与文本空间相融相合。唯有如此，学生懵懂的心灵才能被唤醒，创造的心智才能被开启。教师一个宽容的眼神，一个善意的微笑，一个亲切的手势，对学生来说，就是一片爱的海洋，一片自由的天空。学生阅读姜夔的"二十四桥仍在，波心荡、冷月无声。念桥边红药，年年知为谁生"，就会产生自己独到的理解。按照教学参考书的理解，这段话是"感时伤乱，表示对国家昔盛今衰的痛惜伤感之情"。有的学生则富有创意地理解为：年年岁岁花相似，岁岁年年人不同。风貌依旧的二十四桥与花开花落的红药，历经沧海桑田的变化而没有改变，时代的更替变革也未能给它们刻上历史的烙印；而人却饱受时光风雨的吹打，早已变得面目全非。询问人的归宿在何处，抒发的是心灵的叩问、灵魂的追寻。这是因为姜夔作为一个饱尝时世艰辛的敏感的知识分子，面对"国破山河在"的情境，不仅感叹着国家的盛衰兴亡，而且会联想到自身——没有了国家，自己的心灵归宿也无处寻觅，找不到自己安顿心灵的栖息地。这样的理解与阐发更富有个人色彩，未尝不可。这正如夏丏尊先生所说的："在语感锐敏的人心里，'赤'不但解作红色，'夜'不但解作'昼'的反面吧。'田园'不但解作种菜的地方，'春雨'不但只解作春天的雨吧。见到'新绿'二字，就会感到希望、焕然的造化之工、少年的气概等等说不尽的情趣。见了'落叶'二字，就会感到无常、寂寞等说不尽的诗味吧。真的生活在此，真的文学也在此。"[①]在这样的语文教育过程中，学生的创造力就如同一株久旱逢甘霖的禾苗，得到了滋润和呵护，茁壮成长，最终结出了创造的果实。

其次，学生在创造文本意义的同时，也完善了自身——剔除心中的尘杂，纯化自己的心灵；提升精神的追求，走向自身的完美。在语

---

①《夏丏尊文集·文心之辑》，浙江文艺出版社1983年版，第117页。

文教学中，学生阅读文本的过程，就是对自身进行反思超越的过程。文本中饱含着作者的经历、思想、认识、情致，学生阅读文本，也就了解了作者的精神世界，他会跟随作者跋涉那一段心灵情感之旅。作者爱的是否合情？憎的是否合理？学生会做换位思考，代作者回答，并审视反思自身。最终的结果是：学生跟着作者游历名山大川，眼界开阔了；随着作者经历那爱恨交织的情感纠葛，明白了何谓真爱；伴着作者去驰骋沙场，浴血奋战，知道了怎样的付出才最有价值。李白的"安能摧眉折腰事权贵，使我不得开心颜！"何等酣畅淋漓，叫人读后深受启发：官场的尔虞我诈、蝇营狗苟对于人生是多么渺小无价值，人活在世上就要放开胸襟，敞开心扉，活出一个洒脱真性情的"我"。杜甫的"无边落木萧萧下，不尽长江滚滚来"，气势博大恢宏，读来心胸豁然开朗，个人的荣辱得失于国家存亡之时已烟消云散，留驻心中的唯有民族的命运与国家的前途。

在语文教学中，学生走进绚丽丰富的文本世界，字里行间蕴含的崇高情怀如同一粒神奇的种子埋在了学生的心田，文本的精神血液培养滋润了这粒种子，使它生根、发芽、结果，最后学生自己超越了自我，趋于完善。语文教学的文化过程激起的这种超越意识，焕发出无限的生机与创造精神。学生意识到作为人的存在的状态，感悟到"人之为人"的根本在于不断超越自身的局限，进行连续的自我反思。

总而言之，语文教学的过程，就是阳光雨露、春风化雨的过程。这个过程，像灿烂的春天一样美，它能够陶冶人性，建构灵魂，促进生命个体的总体生成。

二　语文与人文素养要素的内质同构

　　人文素养，是语文课程本体构成的重要内容，是语文教学得天独厚的意义载体。中华民族语言文字蕴含着丰富的人文信息和文化底蕴，语文课程担负着传承祖国语言文化、培养和提高学生人文素养的重任。需要特别指出的是，人文素养培养与离开语文、超越语文的"泛人文化"教学不同，它是建立在语文知识与语文能力基础上生成的语文涵养，包括语文与生活、语文与情感、语文与思想、语文与生命、语文与人生等多种内容要素。人文素养是在语文课程语用训练过程中形成的，不是超越语文而外加的。汉语文具有形象性、情感性、审美性、诗意性等文化特质，学生在语用学习的同时，就会吸取文化营养，丰富情感心灵，获得人生经验，充实生命内容，提高人文素养。语文课程的人文素养内容，是语文本体固有的，是语文教学本体构成的。这就是说，我们提出的语文课程的人文素养教育内容，是语用形成的语言文字素养、情感态度和价值取向等语文的本体特质。在语义课的教学中，老师除了讲语词、语句、语段与语篇外，需对课文的语义蕴含加以阐释，让学生通过具体的课文学习获得心灵陶冶、生命营养、情感体验和正确的价值观。这里强调的"人文素养内容"，不是语文教学的泛化，而是语文本体构成的功能最大化。我们要紧紧把握和切实确定语文课程的人文素养内容，在学生语文运用过程中培养和提高其人文素养。语文是以语言文字运用为本的语用教育。把握语文与人文素养的内质同构特征、明确语文与人文素养内容的本体构成要素，是我们在这里要探讨的主要问题。

（一）语文与人文素养内容的内质同构

语文向来与人文血脉相连，语文是人文的载体，更是文化的构成。语文与人文素养内容根本上是内质同构、融注于一体的。没有语文，何来人文？

1.要充分认识到语言文字属于文化符号系统

语文是文化的载体，它作为一种最为重要的文化符号，是人类进入文化世界的主要向导。符号因意义而存在，离开意义，符号就不成其为符号。语言文字与它所承载的人文内容、文化因素形影不离。我们不可能把语文系统和文化系统断然分割开来，语言文字符号首先是文化的忠实记录者。众所周知，"语言是存在的家园"，能理解的存在就是语言，语言表达了人与世界的一切关系，人永远是以语言的方式拥有世界的。我们所感知、体认和理解的世界形式是通过我们自己的语言形式呈现出来的。从这个角度来看，不同的语言文字就代表了不同的精神风貌、认知体系、价值观念和世界观，它必然塑造不同的思维方式、情感特征和文化心理。就母语而言，造字、构词、组句、布局谋篇、描景抒情等种种看似纯语言形式的构造，实际上也深埋了民族的文化心理结构，直接塑造着民族的文化心理。

语言文字不仅仅是交际工具或符号体系，它本质上是一种意义体系和价值体系。无论谈及何种语言文字，我们都不可回避的一个问题就是它蕴含着人文内容和文化精神。特别是我们的汉语言文字不是单纯的符号系统，它有深厚的文化历史积淀和独特的文化心理特征。它虽是一种工具，但这个工具本身就是一种文化的构成、文化的存在。从语用主体角度看，语言文字运用和学习的语用过程，也是为了传承语言文化内容，获得一种人文思想和精神，即接受一种语言文化中基本的、整合的、历史发展的价值观念和行为范式。为了凸显人的生命意识和价值因素，人们通常将语言文化的教育及文化精神的提升作为语文课程的人文素养教育内容。

2. 要切实把握语文课程的人文素养内容

"人文"包含"人"和"文"。前者是关于理想的人、理想的人性的观念，后者是为了培养这种理想的人（性）所设置的学科教育与课程教学。语文课程的人文素养内容教育，一是借助语文本体的文化构成对学生进行人文的塑造，二是在语文的人文塑造的过程中促进学生的完整发展，提高学生对民族文化的理解力与认同度。这两个方面的人文素养内容要素应该交互作用，和谐统一。对此，有些专家结合语文教学实际做过概括论述：（1）接受和理解语文本体所承载的各种民族历史文化信息；（2）体验和吸收汉语文所包含的民族文化思想认识、历史文化和民族感情；（3）开掘汉语文本身的人文价值，注重体验中华民族独特的语文感受；（4）在语文世界里追求自由精神和独立意识，强调每个学生的自由与尊严，培养学生的独立思考、质疑、批判的精神；（5）尊重学生的独特性、差异性和多样性，珍视学生独特的语文感悟、体验和理解。总而言之，语文课程的人文素养教育，就是强调语文学习和运用的过程，是提高学生人文素养的过程。尊重学生语用的人文思想意识和独立精神，强化学生的语言文化感受和人文素养的个性，是语文课程人文素养教育的重要内容。

3. 要立足语用本体实施语文课程的人文素养教育

一是语文内容及语用主体对人文素养内容的理解。语文课程的人文素养教育，主要通过我们历来关注的课文内容在语用过程中来进行的，或者说是由读什么、写什么、听什么、说什么中的"什么"来确定的。二是言语内涵。通过语言（言语）本身所蕴含的"人文内质"——汉语文民族文化内容来实施人文素养教育。汉语言文字本身就是一种文化构成。一个汉字就是一个丰富的意义世界，它有情有意，有血有肉。汉语言文字能让我们感受到博大精深的文化内容。三是言语行为及言语态度。通过读写听说的行为及其态度，即怎么读、怎么写、怎么听、怎么说的行为方式（方法、技能、策略）和态度来实施人文素养教育。一个人的行为方式实际上总是折射着他的思维方式、认知方式、情感倾向及价值取向。因为语言（言语）实质上表现为不同形式和不同状态的话语，话语不单是把我们的想法和需求变成声音或文字的译码程序，还是一种形成的动力，它通过提供表达的习惯用法预先为人们安排好观察世界的方式，从而引导人们的思想和行为。一旦我们习惯了某种话语方式，也就习惯了某种思维状态，乃至生命状态。

（二）语文与人文素养内容的本体要素

人文素养是语文本体构成的重要内容，它是语文知识素养与语文能力素养生成基础上的一种升华，对应于情感态度与价值观的培养。汉语言文字背后蕴含着丰富的人文信息——情感的、思想的、科学的人文内容要素。因此，语文课程人文素养教育内容也是一种情感教育、思想教育、科学教育的多种构成要素的整合。正如以上所说，倡导语文本体构成的人文素养教育，不是语文课程内容的泛化，而是语文课程本体功能的最大化，因为语文课程的语用根本在于学生人文素养的提升。

语文是语言文字运用的教育，而语用本体不仅仅是语文工具，还是人本身，是人的一部分。人们在语文运用的同时，也是在建构自身。特别是面对汉语文本体的求真求美求善的人文精神生成性和个体生命唤醒性，我们应给予语文课程的人文素养建构以充分的认识和肯定。实质上，人文素养是语文本体构成的重要内容。真正的语文教学，需要师生共有一种植根于中华民族语文的特有的人文情怀、人生体验、人性感受，充分激活本来凝固化的语文本体，充分施展个性，使情感交融，造成一种痴迷如醉、回肠荡气的人文化情境，从中体悟语用的妙处。只有这样，学生的心灵空间和人文视野、人生的价值取向和精神指归，以及人文胸襟和审美情趣等，才能稳定和发展起来。我们要从语文构成的本体要素切入，紧紧把握语文的人文素养内容，这就是语言文化素养内容、语文审美素养内容、人文情意素养内容。

1. 语言文化素养内容

从历史和现实的综合维度来看，一个国家和民族发展的根基在于民族文化，即具有一种可以发挥创造潜能的民族文化凝聚力，一种可以不断承续传递的民族文化吸引力，一种可以沟通和影响世界的民族文化通约力。而民族文化的底座是语言文字，语言文字是民族文化的全息性存在，饱含着民族文化的精神情感，渗透着民族文化的心理积淀，蕴藏着民族文化的价值和观念，能够形成国家和民族的发展力量。

汉语文课程的文化性存在阐释了汉语言与文化血肉同构的特质。面对汉语文的文化性存在，语文课程应该进行深入的思考。语用学习的最终目的不仅仅在于掌握语文运用的技巧，还在于通过语用的过程感受民族文化，体悟民族精神，进而历练文化人格，培养人文情操，提高人文素养。在中小学教育阶段，语文在民族文化传承方面的作用及功能是其他任何学科都无法比拟的。然而，其有丰富文化内涵的语文学科却常常成为所谓"科学分析"的牺牲品。语文课中对于传统文化有两种基本态度是应该检讨的：一是一味地固守传统文化本位，坚持着保守主义的文化观；二是一概否定传统文化，把守着虚无主义的文化观。语文课程实施应把握的正确态度是继承发展汉语言文化，重视和促进中华民族文化教育，加强语文课程的人文素养教育，引导学生在汉语文的感悟中理解和认同民族文化，在语文的积累中丰富汉语言文化知识，在语言文化的熏陶中得到人文素养的提升。

第一，汉字文化素养内容。汉字是中华民族几千年文化的瑰宝。汉字蕴含着民族的文化基因、民族的文化密码。因此，语文课程要把汉字文化作为一项重要内容，让学生体会汉字在造字、流变中蕴含的文化密码和民族的思维方式。汉字文化蕴含在汉字的形体和本义之中。解释汉字的形义来源，必然涉及该字的文化特点，如方正字形、单音字位、四声字韵、内向字义、多能字容等。对于能够发掘字源识字的汉字，可以考虑运用字源识字法，让学生在对字源的"了解"中把握我国古人造字的思维与方式，把握中华民族文化蕴藏在汉字里的文化密码。汉字的形音义里都是文化，因此，在语文课程的语用教学过程中要让学生体会到汉字文化的丰富性与独特性。做到这一点，就会使学生获得对祖国语言文化的认同度和自豪感。

第二，汉语文化素养内容。汉语文化是汉字组合，即汉语的组词、造句、谋篇等各种内容构成因素，形成的独特的汉语言文化现象。汉语文化内容丰富，如实词、虚词的用法使得词语有了不同的性质；汉语具有极强的象征功能和取象思维；汉语成语四字成句，巧夺天工；汉语对联，工整对仗、言简意丰、平仄相间、音韵铿锵、虚实相对、两相呼应；汉语歇后语前有言、后有对，巧妙无比，谐音双关与语意双关，一语二意或一语多意，妙意无限。楚辞、汉赋、唐诗、宋词、元曲，无一不是汉语文化的精粹。文言文中的语法与现代汉语中的构词法、句法、篇章结构等也都各具特色。此外，汉语自由组合的能力特别强，新生的媒介语言、媒介文本（超文本）等也是汉语文化的构成部分。总之，汉语具有超越时空、沟通古今的特点。汉语文化的学习意在让学生体会汉语的魅力。语文课程的人文素养教育，应当包括这些语用内容。汉语文化的素养教育，既可以专题形式来实施，也可结合语用训练教学实践来完成。

第三，汉文文化素养内容。汉文，即汉语言文本，主要是指各类语文教材文本特别是文学类文本，即实用文章和素有定评的名家名篇。这些不同体类的文本富有深厚的文化蕴含和文化张力。解读这些文质兼美的文本特别是经典名作，在切身感受和体悟中可积淀为文学、文化素养，为学生"打下精神的底子"，"扎下文化的根基"。从时间的维度上，文本可以划分为古代和现当代两种类型。这些不同类型的文本都历经时间积淀，穿越历史时空，透射着时代与生活的思想和智慧光芒，能够给人以生命力量和精神内涵。从优秀的经典文本中，学生可学习"天行健，君子以自强不息"的精神、"地势坤，君子以厚德载物"的品德，阔大"先天下之忧而忧，后天下之乐而乐"的胸襟、"位卑未敢忘忧国"的情怀，具备"天下兴亡，匹夫有责"的担当、"横眉冷对千夫指，俯首甘为孺子牛"的品行。

2. 语文审美素养内容

语文审美教育就是借助各种语文审美媒介，注重和加强语文审美学习，培养学生的审美素养，历来被视为语文课程的重要内容。因此，把握语文本体构成的审美素养内容要素，探讨语文审美素养教育的特点和规律，无疑是语文课程的重要课题。语文课程的审美素养教育内容，是语言文字的学习和运用所形成的审美感受力、审美想象力、审美鉴赏力等多种构成要素的总和。我们要把握汉语文本身的平衡和谐的审美倾向，充分感受隐藏于语言文字精美修辞之中的深厚情感和产生于语言文字符号之中的丰富形象，以深入解读和鉴赏、把握汉语文特别是各类文学文体的审美内容。

首先，对审美感受力的培养是语文审美素养内容构成的基本要素。语文教材中的文学佳作名篇是作者对人生、生活敏锐感受的诗意描绘，是我们用以启迪学生心灵的良好材料。我们要深入发掘隐藏于文学文本背后鲜活的内心世界，体味充溢于文本字里行间的深厚感情，感触文本对语用主体心灵的唤醒与碰撞的力量。对语文审美的感受力是一个极为个性化的过程。因此，教师应充分利用语文教材文学文本丰富的审美因素，从词语的色彩格调、语言的节奏、情感的起伏等方面入手，有意识地营造氛围，让学生充分投入审美活动中。充分自由地进入情境，细致体验，并尊重学生的个性化表达。

其次，审美想象力的培养也是语文审美素养内容构成的基本要素。没有想象就没有审美，在语文教学过程中，过于清晰的理性分析会将学生的想象牢牢地束缚在僵硬的大地上。没有了想象，学生就无法体验"人闲桂花落，夜静春山空"的闲适；没有了想象，学生也无法领略"大江东去，浪淘尽，千古风流人物"的豪迈；没有了想象，学生就失去了对未来自由畅想的依托；没有了想象，学生就熄灭了对未知事物的探索之火。想象是人从现实世界达到理想世界的桥梁，是学生回归自我、体验自我的一种途径。语文教材中许多篇目都舍弃了日常生活的逻辑判断，而是按照作家的情感逻辑大胆想象，从而塑造出震撼人心的情感形象。学生在阅读时，教师必须启发学生进行想象和联想，将语言符号具体还原为带有情感色彩的画面，进行感知、理解，这样学生才能获得美感。如在《听潮》的教学中，需要引导学生从视觉、听觉、嗅觉等角度想象海潮的气势、声音、气味等，想象海潮人喊马嘶、刀枪相鸣般的场面，感受大海的伟力，品味那种吞没一切的壮美。

再次，审美鉴赏能力的培养更是语文审美素养内容构成的基本要素。鉴赏是主体对艺术作品进行感受、理解和评判的审美思维活动。它是在较为深刻、独特的审美感受、想象、体验等基础上，理性因素相对突出的高层次审美活动。同时，审美鉴赏力是个性化很强的实践能力。施教者应利用教材中的美文展开自由式鉴赏讨论，为学生自由表达自己的审美感受、理解、评判创造条件，展示学生的审美意识、审美趣味及审美理想，也为学生审美能力的发展提供基础依据。在讨论过程中，教师要淡化自己的评判权威，更多地给学生以自由，鼓励有创意的学生发表意见。学生鉴赏的角度及深度都带有他自身审美能力的特性，而审美能力本身就是一种创造能力。语文教学应引导学生在具体形象的审美感受、鉴赏中理解生活、把握人生，促进审美创造力的发展。

应当指出的是，语文审美素养的内容，还是它特有的审美视觉、听觉美感效果构成的颇具感性魅力的要素。在感叹汉语文的诗情画意中，我们也许应该认真反省时下"非语文"的现象。长期以来，语文课程对于汉语文的审美性，它的诗意本质，暗喻的功能，视觉的造型美，听觉的音乐美，以及它所蕴含的中华民族的审美智慧，都陷入一种审美麻木、心灵粗糙的状态，致使被安子介誉为中华民族"第五大发明"的汉文字在我们手中日渐颓败，远没有对待外国语那般狂热。21世纪中华民族的审美文化，必经一次汉语文审美性的再认识和重新评价。中华民族审美文化的主要载体就是汉语言文字，需要语文课程以特有的审美敏感来爱护它。汉语文审美的衰微，意味着一个民族生命力的衰退。它被轻视对待，是对中华民族语文教育的挫伤。每一个语文审美教育者，都应以把握汉语文特有的审美性为基点，发掘汉语文听、读、视、写的美学价值和审美素养内容资源。

3. 人文情意素养内容

情意素养，是情意教育和情意课程系统的概念。情意素养教育的基本内容：一是学生的态度，如何处理自己的情绪与他人交往相处，建立自我形象；二是学生的信念，如何建立价值观念和关注社会及承担责任、义务；三是学生的学习，如何学会认知、思考与生活，面对逆境中的压力提高抵抗力。概括来说，这种情意素养教育的核心内容就是"情感态度和价值观"。我国香港、台湾等地区早有不少学校开设情意课程，倡导情意素养教育。显然，这与我们探讨的语文课程的人文素养内容是一致的。在这里，从语文本体出发，笔者对语文课程人文素养内容构成的情感思想素养和科学精神素养等几个要素进行简要分析。

第一，情感思想素养内容。情感和思想素养是构成于一体的，都是语文课程人文素养教育内容的构成要素。二者又不可同日而语，具有不同的内涵和特点。

首先要明确语文课程情感思想素养教育的内涵。情感素养，是语义教学过程中学生借助语言文字的学习和运用所形成的态度、情绪、情感及信念。"情者文之经"[1]，大凡流芳百世、经久不衰的经典之作，无一不是词真意切、饱含深情的。而现行语文教材收录的文章，多是古今中外名篇精粹，蕴含大量的情感因素，可以说是一个情感的大千世界。语文课程要充分发挥课文的情感优势，既"传道"又"传情"，既"解惑"又"解情"。品味语言有助于揣摩流露在字里行间的思想感情。通

---

[1] ［南朝］刘勰：《文心雕龙》。

过品味语言揣摩作者的情感，学生才能真正"披文以入情"。语文教学就是要在学生"披文入情"的过程中，培养他们的社会性情感品质，发展他们的自我情感调控能力，促使他们对学习、生活和周围的一切产生积极的情感体验，形成独立健全的个性与人格特征。尤其要重视培育学生热爱祖国语言文字的情感，这是语文教育区别于其他情感教育的重要特征。我们要引导学生在爱语文、学语文、用语文的过程中，提升爱国家、爱人民、爱家人、爱他人、爱自己、爱自然等多种情感素养，早日成为富有爱心、对社会和生活充满热情的人。

思想素养是一个人的思想水准、意识及思维活动的状态、品性和行为等所显示的本质表征。语文教育中培养学生的思想素养，就是要借助语言文化学习和语言文字运用，使学生提高政治观、世界观、人生观、价值观、道德观、法制观等综合性素养。

语文课程的这种思想素养教育，不同于思想政治课中的思想素养教育，因为它不能脱离语言文字的学习与运用，它必须在语用训练过程中借助对语文的品味进入文本世界，感悟其中蕴含的思想内涵。特别是通过对语文教材中名家名篇的解读，理解其丰厚的文化蕴含，切身体会其文本所具有的思想智慧，为学生"打下精神的底子"。

其次，要把握语文课程情感思想素养教育的特点。情感思想素养教育是语文课程的重要内容，但它不是语文外在的附加任务，应该是通过语文的熏陶感染、潜移默化，贯穿于语文运用的过程中。语文运用与情感思想素养的有机融合是语文课程的重要特征，必须把握住这一特征来进行人文素养教育。

语文课堂不是单纯的语用技能训练的场所，还是学生体验人生的地方。有的专家就曾对语文课教学做过这样的描述：你将在有声有色有思想有韵味的语言世界里流连忘返，透过美的语言你窥见的是美的情感思想、美的心灵世界，你将在不知不觉中发现自己变了，变得更复杂更单纯，更聪明也更天真，你内在的情感与思想智慧被开发出来了，你的精神自由而开阔了，你的心灵变得更美好了。①从这种语文感受来说，语文教育其实就是为学生提供一个广阔的、自由的心灵高飞远举的精神空间，语文学习的本质就是情感世界的开拓、精神空间的建构。从语文情感思想素养内容来说，语文学习是一种陶冶性学习，是一种陶冶心灵、建构人格的过程；语文学习是一种开放性学习，"世界即课本"，它可以实现课本与生活的对话和沟通；语文学习也是一种发展性学习，即让学生既获得知识与能力，还得到情感态度和价值观的提升。所以，语文课程应当持守这样一个追求与信念：让语文点亮情感、思想与生命。

有不少学者从生命哲学的角度对"唤醒"做过阐释，认为"唤醒"能够使主体的人在灵魂震颤的瞬间感受到从未体味过的内在敞亮，使其因主体性空前张扬而获得一次心灵的解放。就语文课程来说，这种"唤醒"就是通过语文学习唤醒学生的人性与灵魂，唤醒学生生命成长的觉悟，唤醒学生的人生能力和创造精神，从而把语文学习与学生的生命成长和完整性建构联结起来。实际上，语文学习具有强烈的唤醒功能：记叙文的形象性、感召力，对学生的情感与心灵无疑具有陶冶、感召的作用，凡是好的记叙性文本，往往能使学生读来"心灵颤动"；议论文的理性美、说服力，既能启迪学生的理性智慧，又可开发学生的论辩思维，它常以不可抗拒的逻辑力量征服读者；文学性文本的形象性、情感性和感染力，对学生更具有强烈的感情冲击力，特别是文学性文本中跃动着的思想与精神、灵魂与气骨、生气与生命，都会以其强烈的艺术冲击力唤醒学生的人性与理智、情感与灵魂，唤醒学生的责任感和价值感，唤醒学生的主体性和创造力。语文学习应当充分发挥语文的唤醒功能，以涵养学生的思想与人格，建构学生的情感与心灵世界。

第二，科学精神素养内容。任何一门学科都有其特定的科学性，语

---

① 钱理群：《语文教育门外谈》，广西师范大学出版社2003年版，第3页。

文课程的科学性与其他学科不同，它不是体现在知识的有序化排列上，而是体现在对汉语文本身的人文内容感悟与独特理解上。这种特性是由汉语文象形表意的特点决定的。在语文实践中，学生学语文、用语文、学做人，既得到语用技能训练，又获得科学精神的陶冶和科学素养的提升。应当说，这也是语文课程人文素养教育内容的本体构成要素。

首先，语文课程人文素养教育对科学精神的体认。语文学科是最富文化内涵和人文精神的学科，但其从来就不否认科学精神以及科学的力量。而且，语文课程应大力张扬的就是具有人文底蕴的科学精神。如《为了周总理的嘱托》中吴吉昌满腔心血倾注于棉花事业的探索精神。这种生命不止、追求不息的韧性精神，在与旧的观念和常规的对抗中迸发出耀人眼目的生命光彩。还有语文教材中的科学教育文本，如说明文的客观性、科学美，特别是那种从客观存在中寻找真理的求实性特征，无疑有助于培养学生的求实态度、科学精神和尊重客观存在与科学真理的情感思想觉悟。语文课程人文素养教育，也正是通过这些具体的教学内容，点燃学生寻求真理的火把，唤醒学生的人文情感和心灵。

其次，语文课程人文素养教育对科学方法的把握。汉语文象形表意的形象性思维，为学生的发展提供了广阔的空间，是最能体现创造性和发展学生的文化个性的。因为语文的形象性思维不仅有利于学生思维的发展，而且还是重要的思维手段。特别是在语用实践活动中，它首先就能突破学生正在形成的习惯，使学生借助语文对生活的深刻体验和形象展示，回归到生活的原始状态，张开自己心灵的眼睛，去感受生活。其次，形象的感知有利于把抽象的概念具体化，使之在自己的知识库存中保有鲜活的生命力。只有将抽象的、固定的概念和定义转化为视觉的、听觉的形象，我们的思维才能长期处于活跃的状态，才能有效地进行创造活动。另外，形象思维也有利于开拓学生的思路，使其想象力更为丰富。且不必说我们写作要靠创造性的形象进行思维，就是在科学实验与推理过程中，也离不开形象的参与。所以，汉语文的科学精神教育是人文素养教育不可忽略的重要内容。

三　语用教学过程的文化渗透与开拓

　　语用教学过程的文化渗透开拓，即注重语用训练中的情感陶冶、精神建构和个性发展。应该说，作为人的精神自由的外化，语用教学过程的文化渗透有利于实现人的自我存在与社会存在的统一，有利于对学生进行"完整性建构"。这就是说，加强语用教学过程的文化渗透开拓，能够提高学生的整体素质，实现完整性教育。

　　语文是一种文化的存在，学习语文实际上就是学习文化。文化是一种营养、一种血液，随着语用教学文化过程的开拓与深化，它会滋润学生的灵魂，开阔学生的情怀，唤醒学生生命成长的觉悟，提升学生的人生境界。从根本上说，语用教学的文化过程是春风化雨、润物无声的过程。有人说，母语是生命的摇篮，一个人的思维是通过母语的训练而发展的。我们的语用教学作为民族的母语教育，它负载着民族的思想与感情，包蕴着独属于我们民族的精神和智慧。与其他学科相比，语文最明显的特点就表现在文化方面，它在培养学生的人文精神和人文素养上有着其他学科不可替代的优势。语用教学必须引导学生认识中华文化的丰厚博大，吸收民族文化智慧，把语用教学作为体认民族文化的过程；因为语文是民族文化的地质层，积淀着民族文化的精粹。语用教学联系着国人文化的命脉，流淌着国人文化的血液，联结着中华儿女的每一颗心。它是民族凝聚力的纽带，是民族继续生存的动力，是民族文化之根。所以，从某种程度上说，学习语用就是学习民族文化，就是学习民族的思想和精神、民族的生活和历史，就是呵护炎黄子孙圣洁的心灵和智慧的大脑。

（一）转变学习态度和语用思维模式

语文教育文化过程的开拓，要求语用教学要善于体悟语用的文化内蕴和它饱含的文化精神，不能忽视语用的文化功能。因此，语用教学文化过程的开拓，就必须充分发掘语用的文化意蕴，在语用学习中汲取充盈的人文精气。具体来说，在语用教学的开拓中，我们要注意把握以下几个问题。

1. 转变语用学习态度

长期以来，我们的学校教育往往以升学应试为中心，认为语文涉及面广，综合性比较强，语用学习无从着手，所以从心理上轻视语文，而把大量的时间花在数理化等可短期收效的自然科学学科的学习上，语文因此变成了不受重视的弱势学科。众所周知，语文的外延与生活的外延相等，一个人如果要有完善的知识结构，那么他一定不会忽视语用学习，因为语文与生活本是一体的，它不仅是最重要的交际工具，还是最重要的文化载体。文化的涵养不是一种短期行为，它不会像投资一样需要并且可以马上得到回报。我们不能只热衷于短期效应，而忽略语用对心灵和人文意识的启蒙；不应急功近利，只重视记忆性和固定格式的知识，一切为应试服务。我们应当对于那种需要经过长期的积累、磨炼、反思和陶冶方能取得的精神发展具有足够的耐心。为什么当今社会知识信息在爆炸，而文化的传承却越来越浮泛呢？因为急功近利使人们习惯了浮光掠影、杂学旁收，常常是仅凭一斑之见妄断全豹，文化丧失了它的深度和整体性。学生主攻应试技术，采用蜻蜓点水、浅尝辄止的阅读和学习态度，只抓关键词、关键句、关键段等进行分解式学习，如同庖丁解牛一般。一篇有血有肉的文章几经分割，皮是皮，骨是骨，肉是肉，可惜一条活生生的"全牛"不见了。这是一种寻捷径的急功近利的浮躁之举，对真正意义上文化素质的培养只会南辕北辙，毫无裨益。它使人们表面看来似乎都无所不知，其实恰恰使教者与学者的视野越来越狭窄，思维方式越来越模式化，缺少创新，缺少变革，这与高速发展的现代社会所需要的现代教育是格格不入的。

著名学者钱理群说，语文教育必须为学生打好"精神的底子"。他说："中小学语文教育主要应该培育学生对真、善、美的追求，对彼岸理想世界的向往与想象，对人类、自然、宇宙的大关怀，对未知事物的好奇心，并由此焕发出内在与外在的激情，生命的活力，坚强的不屈不挠的意志力，永不停息的精神探索，永远不满足于现状的批判与创造的欲求。所有这些宝贵而美丽的精神素质可以概括为'青春的精神'，它既符合青少年的生理与心理发展的特征，同时也是一个人的健全生命的基础。"[1]钱理群强调，语文教育在人的精神建构方面有着特殊的功能与意义，"这是能够用人们的经验作证明的：几乎每一个成年人在回顾自己一生的成长时，恐怕都会提到中小学语文老师对自己的影响与引导，这大概不是偶然。道理也很简单：语文教育所用的教育材料是语言文字，是各类文体的文章，文学作品又占据了很大的比重，都无一不积淀着丰富的文化内涵与人文精神"[2]。毋庸置疑，语文就应该是这样一条贴近我们的生命、融入我们的血液、流淌着我们的记忆的河。没有生命激情的语文课，能使我们学好语用吗？能使我们理解屈原、司马迁、陶渊明、杜甫、苏东坡、鲁迅等伟大作家的作品吗？我们对他们的学习、阅读会影响我们对人生的理解，影响我们一生的选择。

也许以应试为核心的教育体制，给学生形成了绝对的压迫力量。只有提供一个无功利的、有充分自由的精神空间，才有可能让学生无功利心地思考问题、感受世界，文化品格才会渐渐养成，善的观念、美的观念才会慢慢形成。常言道：欲速则不达。文化精神的涵养需要

---

① 钱理群：《以"立人"为中心——关于九年制义务教育中的语文课程改革的一些思考》，见《语文教育门外谈》，广西师范大学出版社2003年版，第3页。

② 钱理群：《以"立人"为中心——关于九年制义务教育中的语文课程改革的一些思考》，见《语文教育门外谈》，广西师范大学出版社2003年版，第3页。

系统的学识、历史的积淀和知识的融会贯通，而这些都要依赖于虚心的学习态度和文化的学习积累。文化涵养重在"养"，这是一个内功修炼的过程，是日熏月陶的过程。只有如此才能享用到灿烂辉煌的文化盛宴，而不仅仅是吃一道方便可口的快餐。

2. 转变语用思维模式

人类表达媒介的变化，改变了人们的学习习惯和方式。过去，人们以语言、文字为媒介进行表达；现在，电脑、电视的图像思维模式正逐渐代替语言文字运用的思维方式。曾经的《爱丽丝梦游仙境》像一个语言魔术，作者路易·斯凯洛是个淘气的魔术师，以其高度的语用技巧满足了人们对语言的崇尚。他故意去钻语用习惯与语用成规的漏洞，把语用颠三倒四，捏来捏去，而结果呢？竟然并不是一团乱麻不知所云，而是一个大家都听得懂的妙趣横生的故事。那是一个语言的时代，它是一本以语言制胜的书。21世纪却是一个人与语言疏离的世纪，一种以录像机为笔、以镜头为素材的新型写作方式登上了历史舞台。这种新型写作，不仅限于"剧"这一类，而且已抢占过去文字写作独占的其他领域，如新闻、摄影小说、电视散文。凡过去文字所涉及的，现在的电视、电脑都试图涉及，对文字写作产生强烈的冲击。冲击文字的记录功能，冲击文字的写作逻辑，冲击文字的应用市场和效能，冲击文字写作所产生的阅读习惯与阅读方式……它们正以十倍、百倍乃至千万倍于文字记录和表现的优越性，不断地占领义字的世袭领地，加速文字功能的退化。各种声像媒体对语言的介入，不但打破了语言的垄断地位，而且后来居上，成了人们的"恋人"。我国古代士大夫曾经"红袖添香夜读书"，这是一种美好优雅的生活休闲方式。我们可以想象得到，在无数个万籁俱寂的夜晚，弱冠士子，闺中红颜，就一盏孤灯，手不释卷，或顿足捶胸，或仰天长啸，或泣下沾襟，或掩口窃笑，打发了多少寂寞时光，写下了多少绝世篇章。无独有偶，在西方古代贵夫人的客厅里，我们也总是可以见到高声朗诵自己作品的行吟诗人和剧作家。这些就是那语言崇拜的时代阅读的兴趣与方式的经典表现。然而现在呢？我们透过万家灯火，看到的多是一个个电视机屏幕在闪烁。轻文字阅读而重图像阅读，这便是我们现在这个时代典型的阅读兴趣与阅读方式。它真实地反映了一种新的阅读兴趣正在取代传统的阅读兴趣，来势汹汹地走上"读坛"。

人们似乎习惯了影像的表达方式，直接通过图像而不是透过文字去思维，然而这两者是有很大差别的。因为文学作品中的一些内在、抽象的描写不仅是文本里非常可贵的部分，还是影像无法表现的。在语言的思维里，每一个字都有它的哲学、历史和文化的内容，这是影像所无法把握的。有些社会学家认为，在这个文字密集的社会里，我们比以往更需要具备基本的读书技巧。当今时代，尽管计算机技术日新月异，但它仍属于第二文化，它的第一位载体是语言和文字，语言和文字是第一文化。第一文化是第二文化的基础，没有第一文化就没有第二文化。所以，我们还应静下心来全心全意地学习我们的民族语言，亲近这些文化遗产，并从中汲取营养。语用学习需要主动与文本对话、与作者对话、与生活对话、与自己的心灵以及生命对话。在这个对话的文化过程中，积极地对生命进行探求，对未来进行思考，学会蔑视丑恶，悲悯苦难，赞赏崇高，歌颂成功，从中认识生活的本质，并对生活提出批评，而不只是停留在表层阶段。只有这样，才能真正涵养文化精神，增益人文素质，加厚文化底蕴。

当然，面对声像语言、网络语言的兴起，语用教学也不能无动于衷。以计算机网络和多媒体为核心，多种教学媒体已被广泛开发和应用。它们既给语用课堂教学带来了生机和活力，大大丰富了语用教学环境和教学手段，使语用课堂教学进入一个全新的时期，也给语文课堂教学带来了一系列的探索性问题，如在语用教学的文化过程中如何面对信息技术的挑战，如何及时应用多媒体技术提高教学水平和效益。

语用教学应当顺应时代的发展，我们应当及时把握语用教学的新变化、新特点，研究人们对声像语言、网络语言的兴趣与解读方式，重新建构合乎声像语言、网络语言规律的语用教学新体系。在现有基础之上，我们应积极应对由多种教学媒体带来的语用思想、教学观念、教学内容、教学过程，以及教学手段、教学模式、教学方法等方面的革命性变革，以把握住时代的脉搏，跟上时代的发展步伐。语用课堂教学手段的现代化，已为语用教学建构声像语言教学新体系做好了充分的物质准备。在现在的语用教学实践中，我们可利用多媒体教学的优势进行辅助教学。多媒体将文字、图像、声音等信息有机组合在了一起，其丰富的声像语言充分调动了学生的多种感官，激发了学生语用的兴趣，同时也拓宽了信息传递的渠道，增大了语用课堂教学的信息容量，提高了语用教学效率。它能使一些在传统教学手段下很难表达的教学内容或无法观察到的现象形象、生动、直观地显示出来，从而加深学生对问题的理解。不断变换、制作精美的画面，形象直观的阐述，丰富生动的信息，比起黑板上的粉笔字当然要活泼有趣得多。我们可以开展多种教学媒体综合运用的实验研究，研究这些教学媒体在教学中的综合运用规律，探索具有汉语言运用特色的多种教学媒体优化组合的教学模式，以突破语用课堂教学经验层次和传统教学方法，建构起以学生发展为本的语用教学文化过程，促进语文课程改革。作为一种辅助教学手段，多媒体技术的使用应以提高教学质量为宗旨。语用教学的文化过程实际上是一种情感的交流过程，是灵魂的对视过程，机器无论如何代替不了人，图像思维也代替不了语言文字思维。多媒体只能是语文教学的一种辅助手段。语文教学，关键是要从语用的角度引导学生去细细地品味文字的准确生动和文本丰富的文化内涵。

（二）发掘课内外教材文本文化资源

不可否认，离开一篇篇具体的教材文本，语用教学就没有了凭借和依据。语文教材特别是那些文质兼美的经典性文本都是人类优秀文化的结晶，如果看不到它的文化内涵，不能充分挖掘它的文化意蕴，语文教材的功能和价值就无法得以充分体现。语文教材包容了古今中外种种不同的文化形态和文化层次，牵涉到丰富的文化现象，潜藏着深刻的文化实质。语文教材所承担的这种文化价值无疑是深不可测的，它的传递与学生习得的中介便是语用教学的文化过程。所以语用教学文化过程的开拓应着眼于人的精神和人的价值，追求对学生人生的终极关怀。这实际上是对学生整体发展的关怀，它给予学生的是文化底蕴、人文素质，它使学生身心健康、个性和谐发展。在以往，语文教材的基本功能和价值就是以它为范例对学生进行语用基础训练，没有把它放在特定的社会文化背景之下来审视、观照。在这种情况下，学生的文化视野得不到扩大，文化修养得不到提升，学生掌握不了认识、分析同类的文本文化现象的方法，语用理解力、文化创造力都未能得到应有的锻炼和提高。所以，把教材文本仅仅作为一种语文训练的凭借，只看到它的知识性而忽略它的文学性、文化性，无疑是对语文教材文本资源的极大浪费。语文是一种文化的构成，语言与文字、情节与细节、匠心与技巧、风格与精神，无不透出语用的文化意蕴。语用教学应站在"文化"的基点上，既要进行语用基础训练，培养学生运用语言文字的能力，又要把文学、艺术、生活等融合为一体，吸取人类文化营养，使学生获得语用素养和文化底蕴。

1. 发掘课内文本文化意蕴，反对教学功利化

功利化的语用教学，在很大程度上是围着应试转的——应试对教师和学生来说是一个首要的任务，学生似乎没有时间与耐心去捧读什么经典名著，写作也往往更精于写作技巧的钻研和布局谋篇，明显缺少了文化的意味和底蕴。在这种情况下，语用教学成了一种应试教育，功利化教学完全抹杀了语用教学的文化过程，对教材文本的处理，无非是视之为语用训练的例子。一切教学活动的着眼点完全放在如何对付各类考试上，以纯技术性和操作性的语用训练作为语用教学

的目的指向。考什么教什么，可能考的就教，不可能考的就不教。学生在这样的语用训练过程中，以碎片代替整体，以肤浅代替深沉，精神世界相对贫乏，人文素养相对低浅，人格操守相对脆弱。

苏联著名教育家苏霍姆林斯基曾尖锐地指出："不要让上课、评分成为人的精神生活的唯一的吞没一切的领域。如果一个人只是在分数上表现自己，那么就可以毫不夸张地说，他等于根本没有表现自己。而我们的教育者，就根本算不得是教育者——我们只看到一片花瓣，而没有看到整个花朵。"①仅看到花瓣，而没有看到整个花朵，花瓣再美丽，也不是完整的。我们要改变这种现象就要彻底抛弃教育商品化的思想，转变语用教学终极价值观，用文化的眼光挖掘教材文本的文化资源，加深学生对教材内容的认识与理解，使语文的人文性特点得到应有的体现。

教学是教师和学生进行沟通的文化。教者和学者在沟通与沟通关系中进行心灵碰撞，从而提供发现世界、发现自我、相互发现的契机。在语用课堂教学情境中，教师巧妙激发学生的兴趣，吸引学生的注意，让学生产生接受的需要和欲望，学习才会有内驱力。教师通过精到的智力操作、技术手段、方法策略，让学生接受文化的熏陶与培育，享受到语用与思维、精神与思想的智慧与意义；同时要让学生学会透过文字表层对其文化内涵做深入的挖掘，以从更深层次上去解读文本的文化内蕴。在这个过程中，教师要结合教材文本构成的特点引导学生去鉴赏、感悟和把握其文化意义，使他们在文本的鉴赏中潜移默化地受到文化的感染和熏陶。需要指出的是，在这种"文化过程"中，教师和学生应注意构成一种良性互动。"互动"意味着"互为主体"，作为平等的对话伙伴相互尊重，在一种和谐友好的关系中消除误解，共同探讨语用学习的问题。如果以教师的权威代替学生

---

① 转引自曹明海：《语文教育智慧论》，青岛海洋大学出版社2001年版，第216页。

的自主选择，把语用学习变成硬性灌输的过程，必然弱化学生的自主性。良性的教学互动需要师生自觉的参与和情感的交流，需要深入开展教学对话活动，引导学生与老师对话、与同学对话、与文本对话、与心灵对话、与生活对话，在教学对话的互动中孕育心灵的惊喜与激动，获得情感的陶冶与建构。同时通过相互的语言咀嚼、细节体味、技巧鉴赏，发现语用的美，发现文化的美，发现人生的美。可见，只有通过对教材文本文化资源的深入发掘，才能真正建构语用教学的文化过程。

2. 利用课外文本文化资源，反对教育单一化

语用学习过程是文化传播、继承和创新的过程。所以，语用教学应本着"课内得法，课外受益"的原则，以课堂为主阵地，同时向课外延伸。生活积累是语用学习的基础，语用学习又是认识生活、参与生活、改造生活的手段。我们要通过对教材的引申和拓展，引导学生走入更广阔的语文天地，到社会和生活中去吸取精华的思想和文化的精神，即语用教学的文化过程要充分利用好课内课外两种文化资源。

充分开发课外文化资源，拓展学生语用学习的空间，这是基础教育课程改革和语文课程标准所倡导的一个新的教育精神。语用教学的文化过程也必然要求语用教学不能局限于教材中的几篇课文，而要利用各种课外文本文化资源，联系生活与社会，以建构开放而有活力的语文课程。有文化营养的课外读物可以开阔学生的文化视野，培植学生的文化情怀，增加其文化积累。这就是说，课外文本的文化内蕴可以吸引和感染学生，营造浓郁的人文教育气氛。课外文本材料除了纯语言经典之外，还应有声像文化和多种媒体通过多种手段组合的近似于网络的"超文本"。它们通俗明白、生动传神，能满足人的认识活动的简单倾向和好奇倾向，具有丰富的多样性和巨大的张力，有利于建构一种全新的学习模式和语用教学的文化过程。当建立在自然科学技术基础上的声像媒体等介入语用之后，语用教学便由今天的学科课程变成一定意义上的文化综合课程，而且这种综合性具有更广的综合意义。过去把语用作为综合性课程，仅仅是一种内容上的综合——语言、政治、哲学、道德的综合，而现在语用的这种综合除了内容上的跨学科综合之外，还有形式上的综合、思维上的综合，并从形式上的综合进而实现学科的类的大跨越。例如艺术和技术、文化和科学、语言表达思维和技术操作思维……网络的虚拟性打破了文化和生活的界限，营造出一个生活与文化交融乃至统一的大文化世界。互联网上丰富的信息拓宽了语用阅读教学的天地，有利于真正实现学生的自主阅读。除此之外，学生还可以利用网络平台交流语文学习的心得体会，将自己在网络中搜集整理好的文字图片等资料进行共享，这也是"语用对话学习"的一种很好的体现。这种对话学习消除了传统教学中教师"一言堂"灌输的弊端，既能满足学生语用学习的需求，又能激发学生语用学习的兴趣。学生通过网络信息资源，看到了丰富多彩的社会、生活、自然的文化内容，在广泛涉猎中受到文化的熏陶。有人说，网络是一个神奇的世界，它以其快捷的速度和无所不容的信息量征服了21世纪的现代社会。语用教学和信息技术的整合也使语用文化的内蕴融注于信息技术之中，将传统的语用学习过程重新构建为一种新的多媒体超文本的文化学习过程，而且为学生提供了一个动手实践、亲身体验的文化创造过程，有利于提高学生的文化素养和品位。文化不仅是一个名词，负载着人类迄今为止的所有精神；它还是一个动词，需要现代人发扬主体精神主动选择，优化内化，并自主创造。因此，语用教学的文化过程不仅要对文化的精华部分继承发扬，还要培养学生的文化识别力和创造力，使之成为一种接受文化、感受文化、塑造个体文化性格的过程。

（三）诱发学生文化审美的欲望与需求

语用教学的文化过程，可以说是最有生气、最富情趣的活动，它能充分激发学生的求知欲，唤起学生的文化审美需求，引发学生浓厚的学习兴趣。人本主义心理学家马斯洛把审美看成人的高级精神需要，认为在审美过程中美在自我实现者身上得到最充分的体现。所以，语用教学的文化过程要引导学生用文化审美的眼光看待语用，用美学、历史的观点去审识文化，以提高学生对文化精华与文化糟粕的辨识能力。

过去的语用教学往往忽视语用的审美功能，将语用学习的过程简单地视为对字、词、句进行训练的过程，注重的是语言结构、语法规则，摒弃了教材文本的文化资源，淡化了语用学习过程的文化特性。因此，不仅没有培养出热情活泼、喜好语用、充满幻想和人情味的学生，反而压抑了学生纯真的情感与想象，束缚了他们天真烂漫的精神生命。学生缺乏文化底蕴，感情苍白，性情浮躁，语用学习根本不能满足学生的审美心理发展需要。

事实上，语用的过程是审美的过程，语用本体就是一种美学的构成，语用本身存有许多审美因素。语用教学的文化过程，其实就是审美的过程。这个过程能够培养学生健康的美感、纯美的情感和完善的人格，可以贴近学生的心灵世界与情感世界。在语用阅读学习的过程中，学生通过阅读体验，向往美好的情境，关心自然、生活和命运，追求美好的人生理想，从中获得对自然、社会、人生的有益启示，这一文化的过程就是审美的过程。教学诗歌，是"对人类灵魂与命运的一种探讨或者诠释"；教学散文，是"对语言所浸润的情感的体悟"。学生同文本真真切切地畅谈，获得的是青春激情的勃发和对生命的感悟，其人文教化的效果是那种理性分析无法相比的。人文熏陶传递出的"相看两不厌"的效应最具有打动人心的力量，这是语用教学文化过程得天独厚的魅力。因此，我们要以审美的眼光审视语用教学，充分挖掘文本中深厚的文化内涵和深沉的人文精神，要沿着"披文以入情"的途径，引导学生走进教材文本的感情世界，让其灵魂沉浮于字里行间，让其心灵浸染着墨韵书香，使其养成含英咀华、品情尝趣的好习惯。同时通过体验、写作，进行必需的语用实践活动，以不断提高学生的语用素质和人文素养。

1. 体会文本美学意境

"文章不是无情物"，教材文质兼美的文本很能唤起学生的审美体验和审美情感。情感对人的认识和逻辑思维有一定的调节作用，情感与知识的双向交流是紧密联系在一起的。语用教学文化过程的情感因素十分突出，应做到披文入情，使学生顿感"无边光景一时新"①，从而产生一种愉悦、一种共鸣。教师在教学实践中要借助各种媒体作为审美情感的触发点，引导学生进行审美感受和审美体验。在审美鉴赏中，客体（课文）是依赖主体（学生）才成为审美对象的，没有主体的能动的审美、良好的审美态度和审美心境，客体就失去了应有的审美价值。在语用教学的文化过程中，我们一定要唤起学生的审美心理，根据美感特征激发学生兴趣。只有在学生的兴趣和激情被充分调动以后，语用课堂上"目之所及、耳之所闻"的一切才能对学生的心灵有所影响，他们才会同样充满激情地投入其中，才会体会到文本中的美学意境。在这个过程中，学生应真正潜下心来，读进去，品出味，教师绝不可越俎代庖。

第一，可采用创设情境、指导朗读、品析语言、配乐朗诵等方法进行审美教学，创造性地展现教材文本的艺术形象和艺术境界。如教学写景散文时，可用一段悠扬舒缓的音乐配着赏心悦目的画面呈现在学生眼前，并把学生带入画面之中，激发他们强烈的求知欲；也可以利用文本的美学因素挖掘教学内容本身的内在美，运用教学形式艺术化的外在美来促进学生素质的发展。我们应把理性内容与感性形式、抽象概念与鲜活形象有机统一起来，把深奥的认知学习与动情的美感体验结合起来，在强化学生的认知智能的基础上，发展学生感知美、发现美、创造美的能力，建构学生完善的审美心理结构。

第二，力求创设与文本基调相一致的审美情境，酝酿出一种与教学内容相关的审美情绪，奠定感情基调，通过动情的体验让学生迅速

---

① ［南宋］朱熹:《春日》。

进入角色，使学生的情感与文本的情感积极交融，产生强烈的情感反应。学生置身于这种特定的审美情境中，就会带着一种对"美"的憧憬和急于领略美景的审美期待进入文本的情感世界。在这个时候，教师要善于点燃学生的感情火花，增强其审美的内驱力与激动的强度，使学生从文本所表达的外显的或潜在的字里行间的感情中产生共鸣。这种情感的共鸣，可以转化为学生自觉审美的"催化剂"，使学生产生新的审美追求，主动去寻美访胜，从而深潜到文本所构筑的内部世界，领悟文本所营造的美学意境。

2. 品析文字美学内涵

我们的汉文字经过几千年锤炼，积淀了丰厚的文化意蕴，它是灵动的、感悟的、包含人性美的。对于那些洋溢着诗情画意的优美文本，学生不仅可以体会文中情景交融的意境，体味文章的意境美，同时可以开拓其审美联想和想象能力，品析文中极富艺术表现力的词语。如长河、巨瀑、清溪，活力溢满，生机充沛，与大自然万籁同心同形，活泼、明慧而有生气，可引导学生从中悟出文章深层意蕴所包含的艺术美、哲理美和情感美。"词以一字为工"，优秀的篇章遣词造句用心深郁而得天趣，跌宕起伏，断续逶迤，极富天籁自然之势。优秀的古文更是这方面的代表，其句式灵动富有弹性，措辞简洁妥帖，如生命力旺盛的浩浩活水，璀璨瑰丽。学生可从基础开始，做坚实的传统、现代双向良性构建。通过对精彩词语、句段的赏析、揣摩，学生不仅可以体味到祖国语言的丰富内涵和无穷魅力，还可以改造粗糙稚拙的语用现象。

从文化学的角度看，语用教学的过程是一种传递文化、更新文化蕴含的过程，是陶冶人性、建构人格、促进生命成长的过程。当然，我们并不是否定语用教学过程中知识的获得，因为文化是孕育于知识之中的。这两者类似于一张纸的正反两面，是两面一体的统一，永远无法分离。只有在这个层面上才能真正地把握语用的特殊性。这样，对所谓"工具"是一种深层次的理解。人之为人，就在于他能利用工具。工具性是人的存在的一部分，随着工具的不断改进，人的存在方式也在不断改进。从这个意义上说，工具是和人的文化世界、精神境界连在一起的，特别是语用，如果把它提高到人的存在方式——"语言乃存在之屋"的意义上来认识，那么，语用的人文性与工具性就须臾不可分离。相反，那种把工具性、人文性看作是分属两端的各一极，语用是工具性和人文性缺一不可地焊接在一起的"两极统一论"，对于语用的深度理解并无助益。也就是说，当我们试图去把握文本的形式的时候，内容不是外在的，而是内化在形式之中的。同样，只有与知识获得紧密联系，文化传承这个问题才是有意义的。如果我们走向另一个极端，即放弃语文学科的工具性而只注重人文性，最终结果可能是人文性也得不到有效体现。我们要做的是借助于语用——听说读写这一工具来学习语文教材文本中所承载的文化，传递这些文化，并在这个过程中去创造文化。也就是说，语用教学是一个与文化对话并丰富文化的过程，否则，整个语用教学活动就缺乏真正有价值的终极目标，而只会在低层次的平面上运转。

语用与人的文化素质、人文情怀、见识眼界、审美情趣、阅读感悟、语言表达等息息相关。语用重视其文化性，重视精神品质的增长，提高文化对人格、个性的观照，客观上反映人类创造的文明文化，主观上纳入学生的人格中。语用是人们表情达意的最基础的工具，它从文化的层面、精神意识情感的层面开始再一次回到学生精神情感中去。学习语用应该是与一些内心丰厚、情感丰富的智者对话，是模仿和崇敬高尚的品质，贬损和谴责肮脏的灵魂。从这一点上说，语用是文化之学、灵魂之学。人就生活在言语之中，人是言语的存在。从这个意义上说，语用既是物质的又是精神的，既是实际的又是哲学的。语文课是学生情趣盎然的精神家园，语用教学的文化过程是生动活泼、丰富多彩的，是具有开放性、拓展性的。进入语用织就的宝藏，能开阔视野，净化感情，品尝人生，其中快乐难以言表。学生可以在语用的民族文化中滋养自己的精神世界和人生根基，不至于在现代大众文化的狂潮面前茫然失措而迷失自我。

四　语文课程文化建构观的重建

随着语文课程改革的深入发展，人们在逐渐摆脱工具论课程观束缚的同时深刻认识到，当语文课程不再作为技术性语言训练的工具而作为文化主体而存在的时候，它承担起的是文化建构的使命。我们的汉语文课程以其特有的汉语言魅力和内在的文化蕴含及情感动力能够赋予个体生命以价值、尊严、自由和意义，赋予中华民族以向心力、凝聚力、感召力和创造力。这就要求语文课程以文化主体的自觉性建构一种生命形态的、过程性的、富有超越品质的文化运行模式，树立语文课程的文化建构观，即建构语文课程的生命形态——一种价值取向观，建构语文课程的过程模式——一种文化过程观，建构语文课程的超越品质——一种文化反思观。

（一）建构语文课程的生命形态：一种价值取向观

什么是语文课程的生命形态？生命形态是与技术形态相对而言的，它们的区别在于价值取向上的差异：生命形态的语文关注的是人的内在尺度，追求的是人的生命内涵与生命意义；技术形态的语文关注的是人的外在尺度，追求的是语文的工具价值与功利目的。生命形态的语文课程，摆脱了外在的束缚与限制，把人自身的发展作为根本目的。"只有当人们把自身的发展作为目的本身时，人类的真正主体性才开始形成。因为它意味着，人真正摆脱了对自然、社会必然性的束缚与限制，他的活动动机不再是由外在的生存的需要所施加的，而是他自身各方面的充分完美、全面的发展构成了他全部活动的目的。"[1]对此，我们可从语

---

① 鲁洁：《超越与创新》，人民教育出版社2001年版，第327页。

文课程的目标取向与内容选择取向两个方面来进行分析。

就语文课程的目标取向来看，以母语内在的文化内涵为学生打造一个精神的底子，这是语文课程的文化使命，也是生命形态的语文课程所具有的本质特征。语文课应该追求什么？应该让学生在语文课程的学习中获得什么？是系统化的语文知识（即关于那种事实、概念、原理性的东西），语言运用的技能、技巧（即一种言语形式：怎么说的问题），还是那种主观与客观相符合的思维判断活动本身（即同自然科学一样的主体认识客体的问题）？这些说法都具有一定的合理性，但也存在片面性，不能赋予语文课程以生命形态。从根本上说，语文课程具有教育学意义上的文化品格，是一种以价值判断和意义阐释为目的的价值活动或文化活动。任何将语文视为价值中立、客观存在的工具论企图，都是不符合语文课程的本质特性的。

在语文实践中，学生掌握事实性、原理性知识，学生对语言的运用，对篇章的解读，对文化事实的分析、判断与思考，都是在特定语言情境中的文化行为与文化活动。从某种程度上说，学生作为学习的主体要与他所学的内容融为一体。也就是说，学生是在一种存在论意义上理解生命、提升生命的，学生的语文学习不是那种主体认识客体的纯粹认识活动，而是在语言的世界里展现和延续自身的生命。学生学习语文，实际上就是在实践一种文化，是把外在于学生的客体文化内化为学生心灵的过程，也是把存在于学习主体的文化外化为客体文化的过程。在这种双向的运动过程中，主体文化与客体文化得以融合。此时，客体的文化作用于主体的心灵，主体的力量显现在客体文化之中，于是，彼此获得一个扩大了的文化视野。所以，语文课程的目标取向应是"文化过程"而不是"知识获得的过程"。文化的本质是人的自我生命存在及其活动，语文学习的过程也是言语实践中的生命存在及其活动，是人的生命在语言世界里自由展现的过程。语文新课程作为一种文化性存在，应把对学生进行完整性建构和发展主体精神作为目标取向，让学生在语言的领域与言语的实践中建构起自己的精神家园。

就语文课程的内容选择取向来看，要求选择主体以文化的眼光，精选具有文化内涵与生命活力的课程内容，是语文课程文化建构的重要使命。如构成语文课程内容的知识，既有以"是什么"（事实、概念、原理）方式呈现的陈述性知识，也有以"怎么做"（方法）方式呈现的策略性知识，还有以"如何做"（操作）方式呈现的程序性知识。无论选择哪一种知识，都不应是外在于学生的静态客体或认知对象，而应选择与学习主体具有内在联系的、可以体验到的、活生生的动态性知识。如口语交际中的"怎么说""怎么听"的知识，阅读与鉴赏中的"读什么""怎么读"的知识，表达与交流中的"写什么""怎么写"的知识，在语文课程中都不应作为一种死的、抽象的规则而存在，而应是与学生的言语实践、情感体验紧紧结合在一起的富有生机和活力的知识。一个人通过语言来进行表达与交流、阅读与鉴赏，实际上是在进行文化的呼吸运动：以实践方式获得的程序性知识，本身就是人的一种生命存在方式。所以说，语文知识的选择与传递是具有鲜明的文化特征的，语文学习的过程应是人在语言的世界里获得生命体验的过程。

师生作为课程内容选择的主体，是生命形态的语文课程必不可少的要素。当然，赋予某种权利，也就意味着要承担起某项责任。行使选择权的教师，要具有深厚扎实的教育理论基础与较高水平的文化素养；行使选择权的学生，要具有较高的审美意识与价值判断能力。当这种理想状态中的师生选择属于他们自己的课程内容时，他们也真正是在构建着一种生命形态的语文课程。此时，以生命为载体的新课程资源化为独具个性特色的文本、读本及以声光形式存在的电子产品。魏书生与学生一起阅读的名篇时文，李镇西与学生一起阅读的文学名著……这些带有文化特质的课程与教学内容，为学生打开了一扇扇文化窗口，让学生在体味语言趣味的同时，经受了一种精神的洗礼。袁卫星将一篇教材之外的文章《善待生命》拿给学生，上了一堂生动的生命教育课，拯救了一个学生的生命；李镇西的一堂公开课《冬天》，也不是出自公开发行的教材，而是顺手取来朱自清的一篇散文，与学生一同开启了一个"生命之旅"。这种种现象，说明教师本身就是一种生命载体的课程资源，他不再待在限定的教材里"戴着镣铐跳舞"，而是自由构建真正属于自己的生命形态的新课程。构建生命形态的语文课程，学生也要承担起相应的责任，行使相应的权利，在一种相对宽松自由的环境里，读自己愿读的书，写自己愿写的文，即在一种"原生态"的阅读与写作中，展示出作为一名言语主体所应有的本质力量。

（二）建构语文课程的过程模式：一种文化过程观

无论课程还是文化，都具有两个层面上的意义：一是静态的、客观实体的存在；一是创造的、意义生成的动态过程。我们认为，把课程、文化作为动态的、意义生成的过程来理解更能体现课程的文化本质。课程本身就是文化，文化的本质就是意义的生成与创造。作为"跑道"意义上的课程，重在"跑"的过程，而不在"道"这一物质实体的存在；教育意义上的文化，重在"化成"与创造的过程，而不是以制度、观念、物质形态存在的静态结果。语文课程本质上就是一种动态的文化建构过程。

从语文课程的实施取向来看，它追求的是课程意义的创生，而不是课程方案的忠实执行；追求的是生命的自由与解放，而不是对外在文化的顺从与追随。所以，语文课程的实施就是一种课程意义的动态建构过程，这一过程表现出生命的流动性、变通性与创造性，是一种完全有别于搬运工式的、重复课程计划及方案的执行方式。这里，我们从两个角度来透视和把握语文课程的动态意义与自主建构的特性。

一是把课程视为"文本"，即"课程文本"。文本，是一个本体论意义的概念，在当代艺术理论建构和文学解读与批评中，这一概念是以反传统的姿态出现的。传统的文学解读与研究，注重的是作家作品，认为作品对于读者来说，是一种对象性存在物，是作家思想情感和观念的客观表达；读者的意义在于把握作家的意图，探寻作品的原意。而文本概念不同，文本对作家来说具有独立自主性，它一旦形成，就脱离了作家的主观意图；而对于读者来说，文本具有多种意义解读的可能性。只有通过读者的解读，文本才能由"可能的存在"而成为"现实的存在"，因而"文本是一个开放的生产性过程"，是"把读者引入文学本体构成的过程"。[①]正是在这个意义上，我们将文本概念引进课程领域。语文课程"越来越成为一种'符号表征'（symbolic representation），越来越成为一种'文本'（text），通过这种'文本'解读建构出多元意义"[②]。我们将课程视为文本时，也就将课程实施的主体——教师与学生引入了一个创造性解读这一文本的过程之中。在这一过程中，课程的意义已经独立于课程编制者的意图，教师与学生作为课程实施的主体，参与到课程意义的理解与创造之中。由于据以理解的经验、阅历、视角、目的不尽相同，课程文本也就呈现出意义的丰富性与多元性。既然课程文本根本不存在那种所谓的终极真埋、绝对意义上的标准答案，那么，课程实施也就没有必要完全拘囿于编制者的意图和作者的原意。具有丰富人文内涵的语文课程，就如同文学文本一样，以一种隐喻性的结构、模糊而富有意味的民族语言召唤着师生的参与。可以说，语文课程实施的过程就是人与文本交互作用的过程。正是在这一过程中，作为符号表征的课程标准、教科书、教学参考书等课程文本作为一极"主体"与另一极主体——人对话。所以，文本意义上的语文课程，消解了语文课程的文化霸权与文化权威地位，让语文课程跳出了封闭的圈子，走向了实施者（师生），走进了一种动态意义的建构过程中。

二是把课程作为一种"事件"，即"课程事件"。事件，是解释学与读者反应理论的一个术语。意思是说，对文本的解读表现为一个过程，一个在读者头脑中连续反应的事件。课程事件，意即

[①] 曹明海：《文学解读学导论》，人民文学出版社1997年版，第64页。

[②] 高文：《现代教学的模式化研究》，山东教育出版社2000年版，第2页。

　　"课程不再只是一些于教育情境之外开发出的书面文件，而是师生在教育情境中共同创生的一系列'事件'。通过这些'事件'，师生共同建构课程内容与意义"①。"事件"说明，课程不是要被执行的书面文件，而是生成意义的动态过程，在这个过程中课程与教学构成了一体化的存在。语文课程教学实际上就是师生在具体的情境中共同创建"课程事件"，一个事件的结束引发另一个事件的开始，而每一个事件也具有自身展开的过程。于是，语文课程更多地从关注知识获得的结果转为关注知识获得的过程。语文课中，美文的阅读与鉴赏、真情的表达与交流、哲理的思考与顿悟，都是一种与生命的体验、人生的意义相关联的过程，这样的过程本身就是目的，而不必求助于结论或结果评价。正如彼得斯所认为的，"知识以及教育本身具有内在的价值，无须通过教育的结果来加以证明"②。由此可以看出，课程事件实际上就是师生置身于情境性活动之中创建课程意义的一系列过程，体现出师生的课程参与意识与自主、自觉的探究及创造意识。

　　我们把课程看作一种"文本"，把课程看作一种"事件"，意在说明语文课程是一个有待填补、确定的框架，是一种期待师生参与、建构的呼求，从而确定语文课程作为一种动态过程与意义生成的特性。如果以这样的眼光来思考语文课程标准所提倡的"知识与能力、过程与方法、情感态度与价值观"的整合，就会感到过程在这些因素整合中沉甸甸的分量。语文课程本身就是一个过程：语文的知识，特别是那种内隐性的缄默知识，要在过程中内化、吸收与表达，即便是外显的知识，也不能脱离内化的过程直接以结果的形式呈现；语文学习的能力，更多的是一种言语应用与实践的能力，只有在过程中才能形成和提高；语文学习的方法，只有在情境性的活动中才能领悟和掌

---

　　① 张华：《课程与教学论》，上海教育出版社2000年版，第88页。
　　② 转引自张华：《课程与教学论》，上海教育出版社2000年版，第117页。

握；语文学习的情感态度与价值观，无一不是体现在言语实践与教学过程之中。可见，抓住了课程实施与语文学习的过程，也就自然而然地整合统一了"知识与能力、过程与方法、情感态度与价值观"。

关注过程而不只是关注结果，具有重大的现实意义。过程赋予语文课程教学以全新的意义和境界，使语文课程教学的过程成为具有不确定性、不可预测性而充满生机和活力的沟通、理解与对话过程。一位教师为学生讲《斑羚飞渡》，问学生："你们喜欢这篇课文吗？"学生回答不喜欢，完全出乎教师的意料。那么，教师怎么办呢？他随机改变原来的教学方案，围绕"说出你不喜欢的理由"与学生进行沟通与对话，同样上了一堂令人叹服的好课。这就是说教学过程具有不可预测性。"在教学当中，常常是那些不稳定的、不连续的、变化不定的时刻需要某种无法计划的机智的行动。这些不稳定的时刻并不是教学中的偶然事件，它们从本质上是教学的一个有机的组成部分。"[1]这个课例说明，语文课程教学重在师生一起经历一个语文学习与沟通对话的过程，而不在于确切地达到某个预定的结果。有人说，是不是作为"过程"的语文课程教学就不存在教学的目标了？其实不然，"过程"体现的就是"无目的的合目的性"。如执教《斑羚飞渡》的那位教师让学生说出不喜欢的理由，看上去似乎是没有完成他预定的目标，其实，他已经培养起了学生的一种质疑、探究精神，而这种精神是人的生命历程中不可或缺的动力因素。因此说，语文课程教学的过程本身，是一种与人的生命意义密切相关的文化呼吸运动——一种文化的过程。

（三）建构语文课程的超越品质：一种文化反思观

鲁洁教授说："教育作为一种有目的的实践活动，它的内在就包含了超越性。因为一切实践活动的本质就是超越。"[2]语文课程的根本使

---

① ［加］马克斯·范梅南：《教学机智：教育智慧的意蕴》，李树英译，教育科学出版社2001年版，第191页。

② 鲁洁：《超越与创新》，人民教育出版社2001年版，第331页。

命在于为未来社会培养人，追求超越是语文课程的内在品质。这种超越品质主要表现在这样几个层面：就每一个个体自我发展而言，师生要超越现实的自我，追求自我存在的一种理想状态；就与课程的关系而言，师生要超越以书面文件形式存在的制度课程，从而建构一种包含自身经验与对未来构想的新课程；就师生之间教与学的关系而言，学生的学要不断超越教师的教，从而不断展示学习主体内在的创造力量；就与社会文化的关系而言，语文课程要通过反思，引领、超越现实存在的文化，从而追求一种理想的、面向未来的社会文化。概括起来讲，语文课程的超越品质在于它的"未来意义"（为未来社会培养人）与建构本质（建构发展一种课程新文化）。

语文课程是面向未来的课程，它应帮助学生获得较为全面的语文素养，以适应未来学习、生活和工作的需要，它所培养的个体应是未来文化的创造者与建构者，而不是既定文化的接受者与盲从者。也就是说，具有超越品质的语文课程必须面向未来，培养未来社会所需要的文化建设者。

在吴康宁先生看来，中国传统教育的取向具有明显的"后喻型"文化倾向——"由于强调稳定、贬抑变化，于是，忽视反思、批判与创新。人们只是'身'存于'现在'而生活于'过去'"[①]。由于对文化传统的过度依赖和因袭，我国的语文课程建设较多表现出一种被动地适应现实的倾向。就语文教材来看，课程编制者把培养目标更多地定位在学生的文化认同与文化传承上，而较少激发创新意识与启迪批判思维。如教材中《风筝》一课的练习设计：你小时候也做过许多游戏，玩过不少玩具吧？选一个你最难忘的说给同学听听。《羚羊木雕》一课的练习设计：你如果遇到类似"我"那样的伤心事，会怎么处理？说出来让大家听听。由此可以看出，教材的编制与设计隐含了一种"后喻型"的文化观念：过去的、他人的文化具有一种典范性，

---

① 吴康宁：《教育社会学》，人民教育出版社1998年版，第96页。

是立于师生之上的不可企及的"艺术标本"。也就是说，教材作为一种隐性文化给了师生这样一种暗示：课文阐发了一个多么深刻的哲理，讲述了一个多么令人神往的故事，表达了一个多么美好的愿望！那么，请你再用你所经历的事来验证一下。这种验证式的语文课程立起的是"文化权威"，学生要做的只是认同就可以了。这样的语文课程培养出来的学生"多'积累型'，少'发现型'；多'继承型'，少'创造型'"①。如果只是以对文化传统的积累、继承与保存为宗旨，那么语文课程将永远都是作为一个滞后者的角色而存在，它既不能与时俱进，也不能引领文化的创造与发展。

联合国教科文组织提交的21世纪世界教育报告《教育——财富蕴藏其中》这样说："下一个世纪将为信息的流通和储存以及为传播提供前所未有的手段，因此，它将对教育提出乍看起来近乎矛盾的双重要求。一方面，教育应大量和有效地传授越来越多、不断发展并与认识发展水平相适应的知识和技能，因为这是造就未来人才的基础。同时，教育还应找到并标出判断事物的标准，使人们不会让自己被充斥公共和私人场所、多少称得上是瞬息万变的大量信息搞得晕头转向，使人们不脱离个人和集体发展的方向。可以这么说，教育既应提供一个复杂的、不断变动的世界地图，又应提供有助于在这个世界上航行的指南针。"②

在这样一个复杂多变的世界地图之中，如果不能把握自己的方向，只能被淘汰和淹没。语文课程所提供的复杂的、不断变动的"世界地图"是什么呢？我们认为，所谓"世界地图"，那就是语文课程所内含的复杂的不断变动的"知识"——一种人文知识。这种人文性知识，在后现代知识观看来，并不是"客观的""普遍的""中立的"，而是文化建构的、价值涉入的和具有境域性的。③从本质上讲，

① 吴康宁：《教育社会学》，人民教育出版社1998年版，第97页。
② 联合国教科文组织总部中文科编：《教育——财富蕴藏其中》，教育科学出版社2000年版，第75页。
③ 石中英：《知识转型与教育改革》，教育科学出版社2001年版，第169页。

它是一种"反思性的知识",即旨在通过认识者个体对于历史上所亲历的价值实践的总体反思,呈现出认识者个体对于人生意义的体验。作为一种反思性知识,人文知识具有非常明显的"个体性"、"隐喻性"(指非逻辑非实证的人生意义体验)和"多质性"(指对于同样意义的问题会出现多种多样的体验和回答)。①语文课程所提供的能够让人在这样的世界上自由航行的指南针又是什么呢? 那就是学生的独立思考与价值判断,即一种文化反思力。在浩如烟海、复杂多变的信息世界里,失去思考与判断的能力,无异于葬身汪洋大海;在具有个体性、隐喻性、多质性的人文知识面前,企图得出终极性的结论,获得永恒性的知识,也无异于南辕北辙、水中捞月。人文性的知识不同于自然知识,自然知识需要以一种明确的、普遍性的科学教育方式来证明、验证;它也不同于社会知识,社会知识获得的主要渠道是社会教育,即通过社会现存的文化来实现人的社会化,而人文知识的获得需要的是人文教育方式,即一种"培养真正的人"的教育方式。"人文教育给予或意图帮助学生形成的是从个体的或人类总体的、历史的生活经验出发对这些实际知识、技能、态度及相应行为模式进行批判和反思的知识、技能和态度。"②这样的一种人文教育,让人超越了个体,超越了社会,从而达到人的"类特性"的境界,即"作为人类的一员真正地体会到人的尊严、人的价值、人的局限,在社会生活中肩负并实现人的使命"③。

对语文课程反思的根本目的在于一种超越与发展,只有不断地反思,才能不断地超越。构建具有超越品质的语文新课程,最重要的一项任务就是让学生得到那在错综复杂的世界地图中引领航向的指南针,即让学生拥有一种反思批判的精神,一种独立自由的人格,一种超越自我与现实的智慧。

---

① 石中英:《知识转型与教育改革》,教育科学出版社2001年版,第281页。

② 石中英:《知识转型与教育改革》,教育科学出版社2001年版,第311页。

③ 石中英:《知识转型与教育改革》,教育科学出版社2001年版,第312页。

五　隐喻与显现：语文教学诗性智慧

从语文教学来说，隐喻是一种语言修辞手法；同时，它也常是写作者在特定语境中遭遇言意困境时的一种书写策略，是他们对终极意义探寻的必经之路，是体现人类诗性智慧的存在方式。它不像现代认知论用逻辑的、分析的、说明的方式去认识、把握世界，它是描述的、体验的、感悟的，在本质上是一种开放的、生成性的结构，充分体现了语文的内在的诗性特质。较之界定性的逻辑说明只能"帮助我们更清晰地看到我们已经看到的"[1]，它可以"帮助我们看到我们所没有看到的"[2]，更能激发语文主体的内在热情和参与欲望，引发他们的对话、沟通行为，因而比逻辑更有效，也更富于语文意义创造性。

（一）悬置与开放：语文的诗意功能

语文是诗性的存在，它借助语言的表现性弥散为一种被遮蔽的意义空间，以无穷的意味和暗示召唤、约请语文教学主体积极参与意义建构。语文情境中的语言，尤其是文学语言，具有突出的表现性特征，它的运作往往是超逻辑的，遵循的是艺术表现的规律。文学的语言表达求新、求奇、求巧、求美，强调语义内涵的丰富性——不是满足于单纯指称对象的概念意义，而是注重建立在字面意义或概念意义

---

① ［美］小威廉姆·E.多尔：《后现代课程观》，王红宇译，教育科学出版社2000年版，第240页。

② ［美］小威廉姆·E.多尔：《后现代课程观》，王红宇译，教育科学出版社2000年版，第240页。

基础上的深层语义或言外之意，追求含蓄蕴藉、耐人寻味的审美效果，因而本质上是一种诗性话语。恰恰是语言的这种表现功能，成就了意义的张力结构和语文的审美空间，使语文成为教学活动中师生放飞主体情致、追寻生命意义、体现自身诗性智慧的存在方式。

语文的这种诗性特质，来源于语言的隐喻表征。从语言的起源看，它与神话同源同体，最初的语言就是神话，也即关于神话故事的隐喻。卡西尔在《语言与神话》中指出："语言意识和神话—宗教意识之间的原初联系主要在下面这个事实中得到表现：所有的言语结构同时也作为赋有神话力量的神话实体而出现；语词（逻各斯）实际上成为一种首要的力，全部'存在'皆源出于此。"①语言作为隐喻，其包含的神的故事和神性特征及沟通人与自然、聚合人与自然的形式，为后来的诗乃至整个文学艺术提供了基础。同时，语言的神性源头所展露的天人合一、人神一体的机制，体现的不是世界的混沌和鸿蒙未开，而是人的主观经验的投射和主体性的确立。正如卡西尔所说："语词，如同神或鬼一样，并非作为人自己的造物，而是作为某种因其自身而存在而有意蕴的东西，作为一种客观实在出现在人的面前。一俟电弧击穿介质，一俟瞬间的张力与情感在语词或神话意象中找到其释放口，人的心理活动便发生了某种转折：曾经不过是某种主观情状的内心激动现在消逝了，变解为神话或言语的客观形式。"②语言使人有可能超拔于自然之上，逍遥于万物之间，同时又与自然、万物精神相通，血脉相连。语言于是成为实体，成为神，成为沟通、包含自然与人的存在，也即隐喻，并成为人类思维和表达的方式。

语言的隐喻特性，为语文的诗性存在提供了思维前提。具体到汉

---

① ［德］恩斯特·卡西尔：《语言与神话》，于晓等译，生活·读书·新知三联书店1988年版，第70页。

② ［德］恩斯特·卡西尔：《语言与神话》，于晓等译，生活·读书·新知三联书店1988年版，第62页。

语文，从汉字结构来看，它是"有筋有骨有血有肉的生命单位"①，具有强烈的生命意识、形象感性，不仅体现中华民族文化的历时性积淀和交际的方式，还是一幅中华民族生活、生产、民俗风尚、伦理道德等的原生态的鲜活画卷。汉字的这种隐喻思维可在造字法上找到明证。《周易·系辞下传》曰："古者包牺氏之王天下也，仰则观象于天，俯则观法于地，观鸟兽之文与地之宜，近取诸身，远取诸物，于是始作八卦，以通神明之德，以类万物之情。"造字即古人凭着自己的感官摄取自然界或人类社会的种种感性现象，并将之衍化、概括成文字，因此汉字形态具有鲜明的形象表征和感性特质，本质上是一种意象性建构。阅读汉字可以"形入心通"，见形知义，甲骨文中几乎每一个字都是一幅生动形象的图画，给人提供了想象的广袤空间。如一个"飞"字，让人看到一种飘飘欲仙的姿态；一个"秋"字，展现了一幅稻穗如火、谷物丰收的景象；一个"笑"字，似乎让你看到一张笑吟吟的脸庞……在这个意义上，一个方块字就是一方天地，一种原始古朴的思维意象，一个包罗万象的文化世界，一份关爱生命的人文情怀，一种玄思冥想的哲理思辨。

不独如此，中国传统美学也强调含蓄蕴藉、实虚相谐的创作原则。"流连万象之际，沈吟视听之区。写气图貌，既随物以宛转；属采附声，亦与心而徘徊。"②作者往往点逗鲜活、生动的意象来表情达意、抒发胸垒，如"月亮"就是中国传统审美意识中的常见意象，"月亮悬挂在中国的诗坛上空，是人间戏剧美丽而苍白的观众，而她所知道的一切隐秘、激情和欢乐，迅速地崩溃或是慢慢地腐烂……她把远隔千山的情侣思念联系起来"③。语文教材中入选的作品《静夜思》《春江花月夜》《水调歌头》《前赤壁赋》《琵琶行》《荷塘月

---

① 宗白华：《美学与意境》，人民文学出版社1987年版，第166页。

② ［南朝］刘勰：《文心雕龙》。

③ 傅道彬：《晚唐钟声——中国文化的精神原型》，东方出版社1996年版，第41页。

色》等，无不借"月"这一独特意象隐秀地传达作者的情愫和心绪，以及个体的生命感喟、哲学之思。另外，雨、梅、兰、竹、菊、杨柳、落叶、浮云、长亭、鸿雁、杜鹃、羌笛、征蓬、梅雪松风、草长莺飞、落霞孤鹜、秋水长空、古道西风、大漠孤烟、铁马冰河……无不具有独特的意味和含义，而多种意象的组合营构就造成了文学摇曳多姿的样态和意蕴丰赡的语义张力。最典型的是马致远的《天净沙·秋思》：一个广阔的画面，一种漫无边际的情绪氛围，一种普遍的人生况味，就在整个作品的艺术营构当中，于多个独立意象连缀而成的整体意境中透露出来。可见，文学的创作在某种程度上是一种图像性表达，"诗歌语言的本质特点不是意义与声音的融合，而是意义与被唤起的一系列意象的融合，正是这种融合构成了真正的'意义的图像性'"[①]。

图像性表达了阅读行为的显著特点：悬置与开放。"一方面，意象显然是对自然现实的中性化的结果；另一方面，意象的展现就是'发生'的某种事情。意义向它不断开放并为解释提供了无限广阔的领域。通过这种意象之流，我们的确可以说，阅读就是将原始权力赋予所有材料。在诗中，向文本开放就是向由感觉解放了的想象物开放。"[②]作者通过运用比喻、象征、谐隐、双关等手法，通过意象的营构，曲折隐晦地显现象外之义、情外之旨，构成作品内在的张力联系。对于语文教学而言，采用独立分解的、逻辑剖析的方法，只能使学生获得一些支离破碎的字词的逻辑意义和字面意义，而无法让他们通达课文中组合的意象和弦所弹奏出的韵律效应和艺术之妙，自然不可能体味蕴于意象融铸成的审美空间的意义及特定情调。语文教学须重新唤起学生对于物象、情境或事件的切身感受和鲜活印象，让静止

---

① [法] 保罗·利科：《活的隐喻》，汪堂家译，上海译文出版社2004年版，第289页。

② [法] 保罗·利科：《活的隐喻》，汪堂家译，上海译文出版社2004年版，第289页。

的、抽象的语言符号活转过来，成为草长莺飞、虎啸龙腾的生气空间，成为各色性格和灵魂自由活动的舞台，成为思想和智慧率性游弋的海洋，让语文成为主体放飞想象、诗意徜徉的美的天地，成为主体经由意义的建构提升自身生命境域的所在。这一唤醒的过程是自觉的有意识的，为此要求教师为学生的意象感悟、感性体察铺路架桥，匹配相宜的辅助手段，及时创设情境。如教学《听潮》时可放大海潮涨潮落的配乐录音，教学《桃花源记》时可展示桃花源图并辅以诗意的语言，教学《最后一次讲演》时可指导学生角色体验、表情朗读，以帮助他们靠近作品中印染着作者主观经验和初感印象的物象、情境和事件，去努力体验作者在把握外物时的情感或精神的震荡乃至震撼，在此基础上体悟意象所提供的各种暗示和意绪，并使自己的生活超越庸碌而提升到诗意的层面。

（二）话语事件：语文的过程性原则

语文是隐喻的艺术。相对于科学理性所追求的逻辑、说明及由此限定的意义明晰性，语文具有更强的模糊和不确定性，为意义的衍生拓展了无限的遐想、发挥空间，因而能更有效地引发语文教学主体的对话和体验行为。"描叙性方式需要阐释。一个好的故事，一个伟大的故事，诱发、鼓励、鞭策读者去阐释，与文本进行对话。好的故事应具有足够的不确定性以诱使读者参与到对话中来。如艾斯尔所言，'是不确定性成分促使文本与读者'交流'，然后激发读者'参与'到故事之中'。"[①]从这个意义上说，语文就是主体间的话语理解、交流行为，在事件的内部无限性中发生、呈现意义。

依据解释学的理论，理解不是一种发现作者意图的心理学，不是客观事物的印证，不是一种作品解释的策略，它本身就是一个事件，

---

① ［美］小威廉姆·E.多尔：《后现代课程观》，王红宇译，教育科学出版社2000年版，第241页。

一个具有问答逻辑的对话事件，一种在话语过程中展开的意义事件。在加达默尔看来，作品是一种文本范例，它不是简单地向读者开放，也就是说，它不是客观而简单地摆在那里的一个中立的客体，而是需要在特殊的意义上进行解释的对象，是以其内在的隐喻功能对读者发出邀请、召唤的张力结构。从解释者的观点看，理解作为发生的事件，"意味着解释者并不是作为认识者寻找他的对象，他并非运用方法的手段去'努力找出'对象的真正含义以及它本来究竟如何，即使这种工作很容易受到自己偏见的阻碍和欺骗。这只是真正的论释学事件的外部因素"①。因此，理解一部作品并不只是去认知某种已经明白表达的东西，理解是一种交流事件。"真正的事件只有当作为流传物传到我们手中而我们又必须倾听的语词真正与我们相通，并且就像在同我们讲话、自己向我们显露意思时才成为可能。"②"这种事件就意味着进入表现，意味着流传物的内容在它更新的、通过其他接受者而重新扩大的意义可能性和共鸣可能性中的自我表现。通过重新表达流传物的方式，就有一些以前并不存在的东西产生出来并继续生存下去。"③

在这一理论的观照下，语文课程的观念也发生了根本性的变化：课程成为师生在教育情境中共同创生的一系列"事件"。④把语文视为事件性存在，就意味着语文不再是预设的、自明性的文件存在，而是师生在真实而具体的教学情境中发生的、参与的各种活动，一连串的体验行为，一种生成意义的动态过程。在这个过程

---

① ［德］汉斯-格奥尔格·加达默尔：《真理与方法》（下卷），洪汉鼎译，上海译文出版社1999年版，第589—590页。

② ［德］汉斯-格奥尔格·加达默尔：《真理与方法》（下卷），洪汉鼎译，上海译文出版社1999年版，第590页。

③ ［德］汉斯-格奥尔格·加达默尔：《真理与方法》（下卷），洪汉鼎译，上海译文出版社1999年版，第590页。

④ 张华：《课程与教学论》，上海教育出版社2000年版，第88页。

中，语文及其教学成为一体化的存在，师生各以自己全部的丰富明敏内心、情思、智慧去拥抱、理解课文，建构课文意义。追索、解释意义的过程也不再是分析语词、肢解段意和给出主题的枯燥乏味的定式模式，而因为师生主体性参与充满了新奇感和创造精神。具体到课文的教学，不独《阿Q正传》《致橡树》《雷雨》《孔雀东南飞》《梦游天姥吟留别》《兵车行》《走一步，再走一步》等文学作品，可以用事件来进行筹划、呈现，比如采用构思插图、改编成剧本、为人物设想心理独白、改写作品结局、变换文体、角色体验、观点探讨等种种形式，即便是一些应用文体也可以教得缤纷多彩、摇曳生姿。如教学说明文《苏州园林》，师生可以用活动结构事件：想想看，你会以什么样的角色去向更多的人推介苏州园林？学生依据自己的经验和生活储备，可能会给出导游、摄影师、招商引资负责人、软件开发商、旅游者、苏州市民等不同的身份设定和话语介绍；教学议论文《改造我们的学习》，可以用假定的采访事件来组织教学：请问主席，那时您应该讲怎样去打鬼子，为什么会讲改造学习呢？主席，我觉得您引论部分简洁干脆，立论"一、二"部分对比鲜明，可是为什么还要在"三"部分再来反复对比？是否显得累赘？教学《向沙漠进军》，与学生一起以声响与文字描绘狂风肆虐的景象；教学《爱莲说》，以多种感觉来体味、表达莲的风姿、神韵。以活动结构教学，以事件筹划过程，语文一扫过去死寂、暗淡的气氛而成为学生喜闻乐见和积极参与的活动，流溢出无限的生机和活力。

从语文学习的本质看，它就是一种事件，一种过程。对事件的重视，恰恰表征了语文新课程改革中整合知识与能力、过程与方法、情感态度与价值观的教学新理念。而且，这个过程不是预设好的、特定的行为组织，而是一个未经预设的、充满不确定因素的事件，一个开放的教学空间与未竟的活动过程。按照加达默尔的观点，"谁进行理解，谁就总是已经进入了一种事件，通过这种事件有意义的东西表现了出来",而"理解是一种游戏","我们在美的经验以及理解流传物的意义时所遭遇的事情确实具有某种游戏的真理"。① 理解天然地带有游戏的本质规定性,即动态性、生成性和非预设的特点。这样一来,"每一个语词作为当下发生的事件都在自身中带有未说出的成分,语词则同这种未说出的成分具有答复和暗示的关系。人类话语的偶缘性并不是其陈述力的暂时不完善性——相反,它是讲话的生动现实性的逻辑表述,它使一种意义整体在发生作用,但又不能把这种意义整体完全说出来。一切人类的讲话之所以是有限的,是因为在讲话中存在着意义之展开和解释的无限性"②。可见,用事件来表征语文教学的特点,就赋予语文一种挑战和冒险精神,由此让语文的教学过程步入险象环生而又引人入胜的境界。在这里,"雪融化了是什么?"这一问题的答案变成了开放性的结构,是春天,是柳枝,是花苞,是回家的燕子,是草长莺飞,是孩子手中的风筝,是农民伯伯播种的匆匆脚步,是人们一年之计在于春的筹划……而不再限定于"水"这一唯一性和确定性的回答。语文真正成为主体放飞想象、张扬个性的场所,成为他们开放、自由地进行意义理解与建构的空间。这样的语文教学,是学生语文能力和情感、智慧同步提高、发展的有效教学,也是师生生命意识觉醒与个性精神始终出席和畅意彰显的过程。

(三)语境的设置:沟通当下与存在的鸿沟

语言的意义无论是指称性,还是作为话语事件,都会隐秀地表现出语言的隐喻功能和语境特征,即它不是明晰、确定的文件说明,而是动态生成的理解和表达,是语词与意向经验的相互作用。有不少专家认为,词没有一个确定的意义,它是变色龙,它不仅有不同的意

---

① [德]汉斯-格奥尔格·加达默尔:《真理与方法》(下卷),洪汉鼎译,上海译文出版社1999年版,第625页。

② [德]汉斯-格奥尔格·加达默尔:《真理与方法》(下卷),洪汉鼎译,上海译文出版社1999年版,第585页。

味，而且有不同的色泽。日常语言追求语词意义的稳定性，借助于语境的限制使原本边界模糊、意义闪烁的词变得清晰、明确；而文学语言则竭力避免语词意义的固着，竭力打破它的稳定性，不断赋予语词新的意味、新的色泽、新的暗示，而这种新意的创造恰恰充分利用了语词与语境相互作用的张力。语文教材编选的多为文学作品，这内在地对意义的语境考察提出了教学的要求。

意义，作为哲学研究的亮点，对它的探讨一直存在，且把握角度与方式各有不同，因此，意义表现存在多层面性的特点。秦光涛在充分占有研究材料的基础上，将意义的不同层面归纳、概括为：（1）语言的层面；（2）文化的层面；（3）存在的层面。"语言是意义的最直接、切近的揭示者和表达者"；文化层面的意义"既有文化行为者有意表达的意义，也有文化产物或行为者本身存在所具有的意义"，它"已不能由行为者单独提供，而是要由解释者与之共同努力才能完成"，这种意义"可以在更深的层次上和更广的范围内揭示出文化活动的社会、历史背景"；存在层面的意义比文化层面的意义范围更广泛，"它不仅探索人的文化活动所显现的意义，而且也探索人的各种存在对人所显现的意义"。①从这个角度出发，语文教学中对语词或整篇课文意义的理解和建构，就不是纯粹的语言层面的问题，还要放到文化的，甚至存在的层面上，在更宏阔的背景中进行。恰如弗思所言："一个词的意思是其语境之和，既包括文本中的语境（有人称之为'同一文本'），也包括文本之外的环境条件。"②此处，"文本语境"指课文内确定语义的上下文和任务的个性内涵、场景变化、心理活动等多种因素的复杂内涵；而"文本之外的环境条件"指意出课文之外，但与课文内在意义表达有密切关联的因素，多

---

① 秦光涛：《不同层面的意义学研究》，载《吉林大学社会科学学报》2000年第4期。

② 转引自韩加明：《试论语境的范围和作用》，载《杭州大学学报（哲学社会科学版）》1997年第4期。

为课文指涉到的社会历史背景、文化传统积淀等文化语境。至于存在层面的意义，更多地指向语文主体的自我理解，是生命个体基于语文意义的理解和把握而达成的对自身生存意义的建构。

以意义的多层面性为据，语文教学主体对意义的把握须从语言入手，不是凭工具书按图索骥，机械地照搬词条义项，而是把语言置于上下文语境中去品味、揣摩、感悟。因为一个字或词，在词典中无所谓高下优劣，而一旦进入语境，即使是用得熟滥了的词，有时也会发出精妙的光彩、声响和芳香。如"闹"字本平淡无奇，而"红杏枝头春意闹"之"闹"就光彩四溢，境界全出。再如"大漠孤烟直，长河落日圆"之"直"字和"圆"字，"犀箸厌饫久未下，鸾刀缕切空纷纶"之"久"字与"空"字，"月分蛾黛破，花合靥朱融"之"破"字和"融"字，单独拿出来毫不起眼，但嵌入诗内却立刻显得既新鲜又奇颖，收到了很好的艺术效果。从这一点来看，语文教学中无论是解词教句还是对词义的理解，不能就词论词，就字解字，应把字词句段放到具体语境中体味其细致幽深的意义和深婉曲折的情致。如《"友邦惊诧"论》中讲："因为'友邦人士'是知道的，日兵'无法劝阻'，学生们怎会'无法劝阻'？"单凭整体的初感和印象，学生或许会一时无法区别这两个"劝阻"，但联系上下文有关语句对照分析，就不难理解，前者指"抵抗"，而后者则是镇压之意。及此，学生就会茅塞顿开，悟出作者模拟"友邦人士"的口吻引电文中"无法劝阻"的话做的议论，正是为了揭露国民党反动当局对内残酷镇压、对外屈膝献媚的丑恶嘴脸。

此外，把握语词或课文的深层含义还需联系其文化语境。萨丕尔认为，"语言有一个底座……语言也不脱离文化而存在，也就是说，不脱离社会流传下来的、决定我们生活面貌的风俗和信仰的总体"，而且"语言和我们的思路不可分解地交织在一起，从某种意义上说，它们是同一回事"。①由语言符号所形成的语境总会或多或少地折射

---

① ［美］爱德华·萨丕尔：《语言论》，陆卓元译，商务印书馆1985年版，第186—194页。

出一定社会、民族特有的文化传统和文化心理，对这种文化背景的体验和阐释会影响学生对语境乃至整篇课文意义的把握。这要求教师采取多种方法引导学生借助想象、联想融入特定语境中，感其所感，悟其所悟，使学生已有的文化心理与语境特有的文化背景相契合，从模糊的感知体验走向强烈的情感共鸣，最终获得澄明透彻的意义理解和真挚深沉的情感领悟。鲁迅小说《孔乙己》中有这样一句话："孔乙己是站着喝酒而穿长衫的唯一的人。"学生初读可能觉得这句话毫无出奇之处，教师应引导学生把话语置放到社会时代、历史文化的大系统中来考察、诠释，了解在封建社会里服饰是分等级的，穿长衫意味着尊贵，着短衣、站着喝表示地位卑贱，孔乙己穿长衫而又站着喝这一"反常"现象预示着悲剧即将发生。再如《雷雨》中周朴园称年轻时的侍萍为"梅家小姐"，《故乡》中闰土称"我"为"老爷"，都包蕴着超出于语言字面的深刻、丰富的意味。

在语文教学中，学生对语境的把握、对意义的理解和建构，都会因自身生活阅历、阅读经验的不足而出现不平衡、轻浅乃至偏误现象，甚至有时很难深入语境。教师应该注意营造民主、平等与宽容的课堂心理氛围，引入、制造或创设与理解内容相适应的良好教学情境，以帮助学生入情入境，体之察之，更好地理解和把握语词或课文全篇的意义。但对意义的语言层面、文化层面的考察、理解，最终要指向主体对自身存在意义的追问和建构。这正是语文教学的超越价值和目标指向。在这个意义上，语文教学展开的各种语文活动就是对教与学的自身生活状态的体验与审思，对课文意义的追索、领悟就是对自身情感智慧、生命价值的倾听与叩问，斟酌语词、写作表达就是对个体生命存在意义的理解和建构。这就是说，语文教学中这种对意义的探问即沟通了当下与存在的隔离，直接指向生命自我关怀、自我超越与实现的境域，体现了语文教学之于生命个性、情感与精神的抚慰、滋养的价值和意义。

第三章
教学考察：语文课改的新境域

　　我们怀抱着一种期待和冲动，走进语文教育与课程改革理论前沿——这里是思想的天地、智慧的原野、理性建构的领域。在这里不再以原有的教学框架模式作为课改思考的逻辑起点，而更强调新鲜的课改思想和教学思维新秩序，强调以新的理论方法、思维方式与认识视角去发现语文教育和课程改革活动内在的尚未发现的真义，强调对语文教育与课程改革活动的诸多方面的关系做出更为简洁和合理的概括描述，强调在大胆的创新探索中实现语文教育理念与智慧、语文课程理论与方法、语文教学思路与秩序的新建构。在这个具有开放性、召唤性和充满生机活力的理论前沿领域中深入考察，我们获得的是心灵的警醒和理性的沉思。

一　语文课改理论的前沿性考察

众所周知，我国的语文教育与课程改革理论研究，特别是从20世纪90年代中期以来，热烈地呼应着当代的人文主义精神，以理论观照和实践探索的方式追问着语文教育活动和课程改革过程的人文价值，赋予语文教育与课程改革活动新的存在意义，从而使中小学语文教师在新的课改理论与实践成果中获得建构意义的颖然领悟。尤其是随着基础教育课程改革的深入发展，新的教育精神与理念、新的课程理论与方法、新的教学思维与智慧，逐渐地构出了语文教育与课程改革理论前沿的新空间，也表现着对语文教育本质与课程改革真义的更热切的追问和肯定。而且，这不仅体现在已经完成的课程与教学的"显性成果"中，还表现在它逐渐地促成了一种"隐性结构"，这就是一大批富有创造智慧和生气活力的老中青专家学者与语文教师的研究探索正在当代创新型社会文化精神的影响下，超越过去的研究视界，致力于语文教育与课程改革活动中的颠覆与重建，在综合研究与实践探索的更高层次上获得了对语文教育与课程改革本质、特性和规律的重新认识，从而给我国语文教育与课程改革的研究与发展带来了勃勃生机。应该说，他们在语文教育与课程改革的理论前沿，以其新鲜性思想、创见性观点、独到性论述、开阔性思辨和深层性透视，多层面地开拓了语文教育与课程改革理论前沿新领域，以宽阔的理论视野和全新的思维秩序，给我们提供了富有唤醒性、对话性和启示性的新课程教学理论智慧。

作为语文教育与课程改革理论前沿领域的研究，自然要立足于语文教育与课程改革的宏观视野和重要的基本理论问题与本质规律的探讨。所以，我们在这种理论前沿领域的考察中，从不同的角度、不同的视点和层面出发，发现了几个全新的理论研究领域，即语文教学解释学与语文教学本体论研究、语文陶冶性教学与新课程教学论研究、语文教育观新构建与语文唤醒教育论研究等。应该说，这几个理论研究领域构出了语文教育与课程改革理论前沿世界的绚丽风光。

（一）解释学理论：解读基点的转移与意义的建构

语文教学解释学理论的研究，是一个开创性的新课题，主要是以哲学解释学理论为基点，打破过去的概念化阐释模式，建构全新的语文教学解释学的理论与方法，旨在为语文教学提供新思维、新视点、新思路和新方法。这是广大语文教师在教学实践中早已触摸到的一个牵动着语文教学生命的课题，它直接关系到语文教育与课程改革的功效和成败；因为语文课程与教学要确立正确的价值观、创新观和方法论，就离不开解释学的理论和方法。按照解释学原理来说，解释学并非只是简单的认识论问题，而是人的基本存在方式，也是语文教学文本解读活动的内在特征。以解释学为基本方法，对语文教学文本解读活动、文本阅读教学现象做出具有主体立场的解释，这是语文教学理论建构与创新的一个基本途径。所以有人说，解释学方法是语文课程与教学理论研究与实践探索的第一方法，语文教学解释学是语文教育与课程改革理论前沿领域中一个有着重大意义的研究课题。

语文教学解释学主要是研究教学文本的理解与解释，所以它主要借鉴和运用的是文学解释学的理论方法。而在当代影响很大的文学解释学，与西方源远流长的哲学解释学有着极其密切的关系。近代以来，解释学经历了以施莱尔马赫为代表的"认识论解释学"、狄尔泰为代表的"方法论解释学"、海德格尔和加达默尔为代表的"本体论解释学"的发展过程，即解释学从一种认识论、方法论迈进到本体论的层次。解释学由于经过了这种哲学层次的跨越，才拓展出了它的各个分支领域，也催生了富有交叉性、边缘性的文学解释学。我们所着力研究的语文教学解释学，就是用这种文学解释学的理论方法探讨语文教学文本解释的原理，把解释本体视为文本意义的审美生成过程，将读者的解读作为寻求理解和自我理解的活动，即既建构文本的意义世界又建构自我世界。这种解释学理论方法，摒弃传统的解读研究只注重作家—作品的单向性模式，而把解读研究的基点转向文本—读者，即立足于探讨解读过程中读者与文本的双向交互作用，将解读作为一种读者与文本的对话，视读者的解读为作品的本体存在，把解读活动作为文本构成不可或缺的本体层次。也就是说，这种解释学理论的探讨是从作品本体到读者本体，是以文学本体论的两个重要维度——作品本体论和读者本体论作为理论基点进行研究，它建构在本体论现象学和读者反应理论的基础上，是由重视研究作家—作品转向注重研究文本—读者的一个重大转移。

有不少专家指出，这一基点的转移开辟了文学解读研究的新时代。这是因为从文学的全过程来看，作家创作出来的作品只是一种由心理现实凝成的审美现实，这种未被读者解读的作品中的审美现实，还是一种睡眠状态的、潜在的艺术世界，处于向多种解读开放的未定之域。要把这种睡眠状态的、潜在的艺术世界转化为苏醒状态的、现实的艺术世界，还必须经过读者的解读活动。文本中的审美现实只有在读者的解读活动中才能实现为有生命的审美现实，文本的审美意义只有通过读者的解读方能生成，它只存在于读者的理解意向结构之中。对此，接受美学家姚斯就曾明确指出："一部文学作品，它更多地像一部管弦乐谱，在其演奏中不断获得听众新的反响，使其从物质形态中解放出来，成为一种当代的存在。"[1]这就是说，读者的解读活动是文本意义生成的不可或缺的基本要素，是与作家的创作同等重

---

[1] ［德］H.R.姚斯、［美］R.C.霍拉勃：《接受美学与接受理论》，周宁、金元浦译，辽宁人民出版社1987年版，第158页。

要的文学的实现过程，是将文本从静态的物质符号中解放出来而还原为鲜活生命的唯一可能的途径。只有通过读者的解读和接受，文本才能"实现由无生气的意义痕迹向有生气的意义转换"，才能使文本的意义及其审美存在的方式得到一个"被展现的过程"。①这种"被展现的过程"，即被读者解读的过程，才是文本意义生成的实现。

从存在论解释学的理论视角来看，世界上任何事物都具有两种存在方式，即"物质形态"与"观念形态"。作为语言艺术的作品，同样也具有这两种存在方式，这就是"物质形态"的作品和"观念形态"的作品。前者即为客观存在或者说是作品的物质性存在，如印刷的铅字书页、编排版式等。这种白纸黑字的存在方式只是一种物质的媒介者，而非真正的解读审美对象。只有解读主体即读者对这一物质媒介所反应和生成的知觉系列的总和才可构成观念形态的作品（解读审美对象），它是客观存在和人的意识在主体的文本解读和接受过程中形成的主观存在——这是一种更真实的存在。可见一个作品要成为真正的审美对象，化为生动的审美现实，必须经过读者的解读和接受。萨特对此有过明确论述："文学对象是一个只存在于运动中的特殊尖峰，要使它显现出来，就需要一个叫作解读的具体行为，而这个行为能持续多久，它也只能持续多久，超过这些，存在只是白纸上的黑色符号而已。"②如果说解读前的作品尚处于死寂状态的话，解读便是激活它全部因子的活性剂，它使作品成为它想成为的东西——一个审美对象，一种跃动的意识和意义的无限生成。"从这个意义上说，读者有权怀有某种骄傲，因为他把作品提升到了它的真正存在。"③

---

① ［德］加达默尔：《真理与方法》，王才勇译，辽宁人民出版社1987年版，第151页。

② ［法］萨特：《为何写作》，见伍蠡甫主编《现代西方文论选》，上海译文出版社1983年版，第193页。

③ ［法］米盖尔·杜夫海纳：《美学与哲学》，孙非译，中国社会科学出版社1985年版，第158页。

这种解释学理论方法，把文本—读者作为文学存在的本体层次，使之成为文学本体构成的重要部分。它显然不许可只专注于作家作品的单一性阐释，而更加注重读者的解读活动——探讨文学本体构成的读者世界。可见，语文教学解释学理论的这种前沿研究，特别是有关从作品本体到读者本体、读者解释与接受的主体性建立、解释形态与文本意义的多元理解，以及读者寻求理解与自我理解的活动、视野融合与阅读解释学原理等论题的探讨，会使这种新的解释学理论方法在语文课程与教学改革实践中获得深层的智慧启示，从而开辟语文教学文本解释与建构的全新之域。

（二）本体论智慧：教学深层的醒悟与思维新秩序

语文教学本体论的研究，是一个前沿性的新课题。在这里我们无意于考察形而上的概念性思辨，只是着眼于具体探讨语文教学的本体问题。我们认为，语文教学的本体，即语言本体或曰语文本体。毋庸置疑，语文本体的构成与存在原理——包括语文与世界、语文与文化、语文与主体、语文与生命、语文与存在、语文与意义等，是语文教学本体论所要探索的基本问题。语文本体论是关于语文自身的学问，它要阐释和描述语文的生成构成与存在形态，可以说是语文教学的基础和根本。因此，深入研究语文教学本体论原理，建构语文教学本体论视点和思路，从根本上变革语文教学的思维与秩序，打通过去我们将语文与世界、语文与文化、语文与主体、语文与生命、语文与存在、语文与意义隔离的鸿沟，把语文作为主体生命的形式来把握，视一个语言形式为一个生命形式，把语言作为存在世界的现身情态来对待，视一个语言形式为一个存在世界，这是一个全新的语文本体观的建构，也是一个从根本上重建语文教学思维和秩序的重大变革。

有不少专家指出，本体问题或存在问题是和语言紧密交织在一起的。"自柏拉图起，关于在语言中指陈非存在物的问题就一直困扰着西方哲学；从中世纪起，关于唯名论与唯实论的争论就十分激烈，一直到当代也没有解决。安瑟伦关于上帝的本体论证明是从语言中使用某种谓词而推出实在的典型，直到康德才证明这种推论是荒谬的，而康德的关于'存在'不是谓词的主张在当代语言哲学家那里有热烈争论。当代语言哲学家认为，利用现代语言分析手段，可以一劳永逸地解决本体问题，对古已有之的问题给出崭新的、确切的答案。"[①]语言哲学界的这种认识分歧与争论，引发了我们多方面的思考和深层的醒悟，使我们深刻认识到语言和本体原本就是紧密交织而同构于一体的，本体即语言，语言即存在，谈本体就不可能不谈语言。本体和语言的这种交织同构的关系，决定了近年来对语文教学本体的研究大都注重以下几个方面：

第一，语言的人文视界与本体论阐释，包括语言与人的意义世界的构成、语文本体世界的哲学透视等。这个方面重在探讨语言作为人之表征，是人的生命的呈现，是人的基本生存方式。生命的冲动，生命的激荡，生命的困顿，生命的觉醒，生命中所有的悲欢离合、阴晴圆缺都投射在个体的语言之中。言语的生命状态就是人的直接现实与存在方式。一个语言形式就是一个生命形式，它表征着一个独特的生命个体精神的投射、心灵的律动、情感的宣露，是一个生命本相的展现。所以，语言即人，只有在语言里，人的内在生命才找到它的完整、透彻而且客观的理解和表现。同时，语言作为世界的尺度，它又是存在世界的现身情态。存在世界是在语言中现身和留驻的。语言的界限就是世界的界限，世界其实是人类语言的命名，没有语言，存在世界的现身情态就难以得到描述和说明，这就是说，是人类的语言描述和说明呈现了存在世界的风貌。此外，语言还是民族精神的外化，一个民族从诞生之日起所经历的漫漫历程都深刻在语言中。民族的语言就是一个民族筚路蓝缕以启山林所走过的斑斑足迹，也是一个民族栉风沐雨辛勤耕耘所结出的累累硕果，它包蕴了民族生存与发展的辉

---

① 徐友渔、周国平等：《语言与哲学——当代英美与德法传统比较研究》，生活·读书·新知三联书店1996年版，第94页。

煌业绩，所有的民族文化精神与传统都保留和持守在民族语言里。在语文教学本体论研究中，对语言与世界、语言与主体、语言与生命、语言与存在等所做的具体的探讨和哲学透视，多维化地揭示了语文本体构成的特征及其存在原理。语文教学的主体是人，人与世界不可分离。世界是人的生存居所，而语言是人与世界的本质关系。所以，语文教学一定要充分认识语言与人和世界的同构性。一个语言形式就是一个特定的生命形式，一个语言形式就是一个特定的存在世界。学习语言也就是拥抱生命、投身世界，而绝非单纯的、枯燥的知识灌输和技术操练。因此，语文教学必须拓开阔大的人文视界，在语言构成的生命主体与存在世界里去体验、去感悟，徜徉于语言所铺设的雕栏玉砌的小径，去聆听经典文本世界的黄钟大吕，去静观时尚文本世界的小桥流水，进而揭示语言世界的精彩，把握语文运用的规律。这样，语文教学才能找回诗意的本真的自我，也才能算是"真语文"。

第二，语文的文化性存在特质及其本体的文化阐释，包括语义的文化性构成探究、文化语文论与诗性语文的分析等。这个方面重在研讨语言的文化性构成与存在的特性和规律，揭示语言的生成和发展与文化所具有的密不可分的联系，说明文化作为人类物质活动的产物和精神活动的结果从一开始就与语言结下不解之缘。语言不仅是文化的载体（文化的符号载体），也是文化的传播手段和创造工具，这是与人类语言和创造人类文化的主体——"人"密切相关的。语言是由人创造使用和发展的，离开了人就无所谓语言。人作为"象征符号的动物"，语言作为"人性之本源"和"人类理解的世界形式"，决定了语言具有文化性，成为一种文化性存在。因此，从这个意义上说，语言是"文化中的文化"，或者说是文化中的"特殊文化"。因为其他文化都是单义性的，而语言作为人类交际、思维及信息的载体和工具，不仅记录和传承着其他文化，其本身就是一个色彩斑斓的文化构成世界，所以又可以称其为"符号文化"。语文教学本体论研究对语言的文化性构成与存在原理的阐释，应该说给语文课程改革与教学实践以多方面的警醒与启示。实际上，把握语文的文化性构成与存在特质，对语文进行文化阐释，是语文教学改革与发展的内在要求，是"诗性语文""文化语文""真语文"的回归与召唤。我们知道，语文新课程标准有一个显著的特点，就是把语文作为一种文化的构成，揭示了语文课程的文化特性和文化功能，强调语文教育不仅仅是知识获得的过程，也是陶冶人性与情操、丰富情感与精神、唤醒心智与灵魂、促进生命成长的文化过程。在语文教学中要实现这一过程，最重要也是最基础的就是对语文的文化性构成与存在特质进行具体分析和透视。只有把握语文的文化性构成与存在特质，才有可能深入推进语文课程改革，并获得富有"语文味"的有效性教学成果。

第三，汉语文本体构成美学与审美性存在的考察，包括汉文字的美感特质透视、汉语文本体的审美特征分析等。这个方面重在从美学的角度揭示汉语文审美性存在的特质及其内在结构，以加强汉语文本体的审美性教学与研究。汉语文特别是汉文字以象形表意为基本特征，以其意象结构直接体现着民族文化的内涵，与民族思维方式和文化精神融为一体，是中华民族思维和交际最重要的书面符号系统。汉文字独特的结构体现出中华民族看待世界的样式，因而汉文字具有独特的文化解读功能。在语文教学中充分认识和把握汉文字的象形表意特征，重视和加强汉文字的审美和汉语文本体的审美性存在的教学探讨，透视汉语文所蕴含的感性美、科学美、文化美及其本体构成的音乐美、构图美、伦理美、意象美和情韵美等，就会拓出汉语文教学一个新的美学境界，使学生接受汉语义审美的熏陶与感染，达成语文教学的审美理想。长期以来，我们的汉语文教学仅仅把汉文字作为听、说、读、写的工具，仅仅注重形音以及表面的含义，使汉文字教学成为语文教学的细枝末节，而且走向枯燥化。这不仅使学生运用汉文字表情达意的水平下降，而且造成语文教学的人文性缺失，不能很好地实现语文教学认知、审美的复合功能。因此，我们应当从中吸取教训，在教学中加强对汉文字审美性存在特质的把握，重视引导学生去触摸和感悟汉文字所蕴含的审美因素，培养学生对汉文字审美的特有感受力，即以汉文字审美性存在为切入点，进行汉语文教学的审美设计，以从更高的美学层次上理解语文的内涵，优化语文教学的效果。语文教学本体论研究中有不少这方面的探讨，能够启发汉语文教学的审美智慧。

（三）陶冶性追求：主体生命的关怀与完整性建构

应该说，语文陶冶性教学的研究，既是一个传统的老题，又是一个鲜活的新题。说它是个"老题"，是因为自古以来，我国的语文教育就持守着陶冶的传统；说它是个"新题"，是因为长期以来我们只是单纯强调语文的工具性功能，忽视并冷落了语文的陶冶性作用。所以，在语文教育与课程改革理论前沿研究中对语文陶冶性教学的探讨，就是寻求语文陶冶性的回归，即从汉语文本体构成的文化特性和文化功能切入，揭示汉语文教学的陶冶性本质，重启语文教学的陶冶功能，大力倡导语文学习的过程也是陶冶学生心灵、淬炼学生性情与人格、建构学生情感和精神世界的过程。简而言之，这种陶冶性教学研究就是把语文训练的过程视为陶冶生命的过程，倡导在语文教学中对学生进行完整性建构，即从一个全新的视角说明：语文的世界是一个陶冶的世界，语文教学活动是对学生进行陶冶的完整性建构的活动。

日本教育家小原国芳曾经说："国语教学不只是简单的文字或字母用法和段落或句读的问题，除此之外，更重要的是内容问题。"①可以说，语文是人类川流不息的生命的摇篮，是人类生命活动的记录和标示。在语文教育与课程改革研究中倡导语文陶冶性教学，就是从语文这个文化特性出发，关怀生命的成长，以人的生命陶养和完整性建构为指归，提升人的生命境界，给人以安身立命之本。以此为基本出发点，近年来，在语文教育与课程改革研究中，有不少专家、学者和语

---

① ［日］小原国芳：《小原国芳教育论著选》（下卷），由其民、刘剑乔、吴光威译，人民教育出版社1993年版，第109页。

文教师对语文陶冶性教学做了多层面的探讨，包括语文陶冶性教学价值观及其基本理念、陶冶性读写教学的生态化建设、陶冶性教学状态的审美化追求、诗性语文的陶冶性教学设计、生命语文的陶冶性教学追问、审美语文的陶冶性教学建构、经典语文的陶冶性教学探究、绿色语文的陶冶性教学实验等。

在语文陶冶性教学研究的考察过程中，我们常常被有关的陶冶性教学论题所陶冶而处在一种感动状态。如关于生命语文的陶冶性教学追问，有些专家和语文教师对语文作为生命符号的阐释，对语文教学活动中生命体验与生命互动过程的透视，对唤醒生命意识、关注生命情怀、拓展人生疆界、丰富生命内涵、提升生命质量、实现人生超越的教学价值取向分析，都给人以揭示语文教学真义的感动。特别是关于"语文课堂生命陶冶场"的探讨，使我们在困顿中猛然窥见了语文教学的一片新的天空。这一片新的天空，跃动着生命的活力，洒满了陶养生命的阳光雨露。应该说，对这种生命语文陶冶性教学的呼求，并非一种心血来潮，而是语文教学原本就具有这样的陶冶性意义。当我们认识到语文课堂教学是师生生命陶冶的一段重要过程，并且作为陶冶过程将对师生生命的成长产生深刻的意义的时候，我们也必然伴随着另一个清醒的认识，那就是以往的语文教学也以它习惯了的方式渗透为师生的思想观念，长期影响着师生们的存在状态。它已经不只是在理念上枝繁叶茂，而且在实践中开花结果，成为师生习惯了的生存方式。面对一个崭新的时代，特别是在构建和谐社会的过程中，我们再也不希望面对着那些不健全的果实而痛心疾首、追悔莫及了。这就需要我们认真审视这个生命成长的过程，真正以人为本，关怀生命，陶养性灵，建构一个有利于生命成长的教学生存空间。这就是在语文教育与课程改革中倡导生命语文陶冶性教学的出发点。

注重陶冶性教学是我国语文教育的一个传统。早在春秋时代，孔子就开启了以"兴、观、群、怨"为价值取向的诗教源头——"小子何莫学夫诗？诗可以兴，可以观，可以群，可以怨。迩之事父，远之事君，多识于鸟兽草木之名。"①与其他形式的教育相比，诗教更体现出潜移默化的效用，使学生在阅读的陶染与感化中，身心得以涵养，精神得以澡雪，人格得以升华。此后，这种诗教传统历经数代而不衰，滋润着一代代人的民族气质，涵养着一代代人的人生品位，且承载着东方文化精华世代传扬。但是，在中国古代的传统教育中，教育家多半将陶冶作为自发因素，很少有人把它上升为理论阐释，使其理智化和目的化。在建构和谐社会的今天，我们应继承中华民族的语文教育传统，系统深入地研究陶冶性教学，充分发挥语文教学中特有的陶冶功能，以促进学生的生命成长，实现对学生的完整性建构。

正是因为有这样一种教学价值观的追求，所以，针对语文教学中普遍存在的只注重语文的工具性功能现象，有不少有识之士大声疾呼"语文教育要通过'立言'来'立人'"，也有不少有思想创见、有责任感的教师通过自己的执着追求和努力，诠释着语文的文化意义和陶冶价值，精心守护着一块块充满诗意的语文教育的芳草地。因此，有人提出："中国文化的根本秘密正在于中国诗学之中。"关注中小学语文教学的北京大学教授钱理群便是发出这一呼声的代表人物。他在《呼唤"诗教传统"归来》一文中写道："不仅是中国，世界许多民族，特别是希腊、印度这样的古老民族，都有一个'诗教'传统……诗教'不仅适合儿童的天性'，而且在保护与开启、培育儿童的自由想象力方面能够发挥特殊的作用。儿童心灵自由的保护与培育，是'生命中最伟大的事件'，这不仅对于儿童个体的终身发展，而且对于民族精神的发展，都是至关重要的。"②

从小学语文教育到高中语文课程改革，很多语文教师把诠释诗意语文、构建诗意课堂当作自己追求的目标，在课程改革过程中充分发挥语文教学的熏陶感染作用，陶冶学生的情感和精神世界。如北京清华附中

---

① 《论语·阳货》。

② 钱理群：《呼唤"诗教传统"归来》，载《教育文汇》2005年第10期。

赵谦翔老师在"语文教育与人的发展"课题研究中，以"人"的发展为核心，观察社会体悟人生、培养人文精神是其教学实验的精髓，陶冶情感、启迪悟性是贯穿其中的两条主线。山东青岛的苏静老师在"学生个个都是诗才"教学理念的指引下，在小学大胆尝试诗化教学，创立以古典文化为基点、诗词诵读为特色、构造诗化生活为目标的班本课程，引起了教育界的强烈反响。诗意语文的积极倡导者——杭州市语文教师王崧舟，探索能够实现"价值引领、文化传承、精神诉求、生命唤醒、感性复活、个性高扬和智慧观照"的诗意语文教学，用诗意的语文来点化和润泽学生的生命。从这些教学探索中，我们会发现一个重要的趋势，这就是语文教学正在回归传统、超越传统，正在追求一种真正的陶冶性教学。事实上，如何继承并超越传统实施陶冶性教学，早已是语文教育与课程改革前沿研究的重要课题。

（四）新课程叩问：语文沟通理论与教学范式转型

语文新课程教学论是一个正在重建的理论新结构，它包括新课程教学价值论、新课程教学功能论、新课程教学结构论、新课程知识教学论、新课程教材建构论、新课程教学与学习方式的变革等一系列重要论题。近年来语文新课程教学论的研究，大都重在从颠覆与重建的角度进行语文新课程教学理论结构的探讨，即从语文的本质特性出发，深入探讨语文教学与沟通理论、语文教材的文化建构与人本化探索、语文教学范式的转型与发展性教学、语文体验式读写教学与活动性学习原理、语文发展性学习与教学情感智慧等一系列新的命题。我们在考察中发现，其中有三个方面的理论探讨富有启示性和警醒的意义。

第一，新课程教学与沟通理论的阐释。这是钟启泉先生开创的一个理论建构。由于汉语文具有形象性、情感性、审美性、召唤性和对话性的文化特质，所以这种沟通理论对汉语文教学富有启迪真义和智慧的唤醒作用。从沟通理论的角度来说，汉语文课程就是一种沟通课程，汉语文教学就是一种沟通教学。可以说，沟通理论从一个全新的视角揭示了汉语文课程与教学特有的一种"沟通"新质。沟通与语言的问题，是近些年来在所有的生活领域与科学领域均受到特别关注的问题之一。钟启泉先生把它作为一种学科教学现象加以分析："教学的重要本质就是一系列沟通"，"所有的学科教学都是一种有组织的社会性沟通现象，都是语言教学。没有沟通与语言的学科教学是不存在的"。[①]因此，我们必须从教学中的沟通与语言的视点重新审视语文课程与教学理论，以求得语文教学理论的范式转换。同时，这种教学沟通理论告诉我们：课程与教学的改革，从本质上说是一场"沟通革命"。所以，我们必须以教学的沟通与合作为基本事实，转变教学理论的范式。

第二，新课程学生观的建构与"为生命而为"的价值追求。语文新课程学生观的建构，表现出对学生生命成长的关怀和完整性发展的关注，即不再只把学生作为接受的"口袋"，而是将学生作为生动活泼的生命主体，视学生为体现着独特个性的生命、在现实生活世界中生动成长的生命、自然生命和价值生命完整建构的生命。这种新课程学生观体现着语文教学"为生命而为"的价值追求。具体来说，新课程学生观的重建大致包括三个方面：一是新的学生本质观。从生命成长的角度来理解学生的本质，将学生视为不断走向个体完善的独立的生命存在、在语言中栖息和生成的生命存在、在文化中浸润和丰富的生命存在。正确的学生观建立在对学生本质属性的正确认识的基础之上。新课程学生观对学生本质属性的认识，体现了新的教育理想和价值追求。二是新的学生发展观。语文教育是"人"的教育，新课程教学必须重视语文学习在学生生命成长中的基础作用，即强调要立足学生发展的终身性，为学生的完整性发展奠基。同时，要增强学生发展的自主性，激发学生的创造潜能，力求实现学生发展的个性化，促进每一位学生的发展。三是新的学生角色观。与传统教学把学生视为被动的知识接受者不同，语文新课程教学强调学生生命主体的能动性，将学生视为言语活动的实践者、平等交流的对话者，即"真正的语文学习的主体"。同时，新课程还确立了

---

① 钟启泉：《学科教学论基础》，华东师范大学出版社2001年版，第246页。

学生的课程评价主体地位，以促进学生全面和谐的发展。这种新课程学生观不是把学生视为"一个需要填满的罐子"，而是把他们视为"一颗需要点燃的火种"。语文教育必须建构这种学生观，点燃生命的火种，真正将学生视为在语言中栖息、在文化中浸润的鲜活的生命存在，真正尊重学生，关注学生的生命成长，引领学生走向生命的不断丰富和完善，促进学生"生命个体的总体生成"。

第三，语文教学范式的转型与发展性教学理论。首先，新课程学生观的建构，促进了语文教学范式的转型和发展性教学的探索。应该说，整个语文教学都在面临着深刻的转型，即由传统的授受范式向对话范式转变。对话理念支持下的教学已成为新课程改革的一大亮点。没有教学范式就不会有严格意义上的学术积累和进步。为使语文教师更深入地认识教学范式的存在，建构语文课程与教学的新思维和新秩序，有不少专家从理论和实践的结合上研究从授受到对话这种语文教学范式的转型问题，揭示了语文教学对话范式的本质，对语文新课程教学实践富有深刻的启示性意义。其次，着眼于学生的完整性建构的发展性教学，从后现代课程观的视角透视语文教学活动，认为语文教学过程是一个自组织的过程。对我们来说，这种自组织的概念是非常新鲜的。因为长期以来语文教学似乎与自组织无关——我们的教学是明确的、确定的和有序的，我们尽量回避问题和干扰的出现，以使学生能够完全接受我们已经设定的对课文单一的、确定的解释及理由；而且，我们的教学很难让语文课体现出多样性的、充满疑问性的、富有启发性的内容，更不能形成一种宽松的、促进探究的课堂氛围。为此，这个论题的探讨立足于语文教学的实践，提出了语文新课程发展性教学和实施发展性教学的基本途径。过去语文教学更多地把学生固定在理性的世界里，缺少对学生生活世界的关注。要改变这种教学现状，就必须实施发展性教学，关注学生的整个精神生活，赋予教学以生活的意义和生命的价值。这种发展性教学理论对语文新课程教学改革颇有思维与智慧的警醒性启迪意义。

（五）教育观重建：语文文化过程论与唤醒教育观

随着语文教育与课程改革的深入发展，语文教育观在各种教育精神、课程理念和教学智慧的碰撞与融合中不断地得到新建构。在语文教育与课程改革的前沿领域，毫无疑问，应当深入探讨语文教育观新的建构与发展，以开启新时代语文教育思想和智慧的大门，传达当代教育生活的信息，把握当今时代教育精神的内在律动。钱理群的"以立人为中心"的语文教育观、王富仁的"大语文"与"小语文"论、童庆炳的"语文教学认识论与存在观"、潘新和的"语文教育：走向表现与存在"、韩军的"重建与反思：新语文教育论"等，从不同的角度和层面揭示了语文教育观建构的新内涵，我们从中可以获得语文教育观建构的真知灼见。此外，关于语文工具观的整化建构、语文生活观的思想发展、语文教育文化过程观的本质、语文课程唤醒教育观与文化建构观的内涵等方面的前沿性研究，也都会给我们以深刻的思想启示。应该说，这些不同层面的探讨有助于语文教育观的多层建构。

在重建与反思中建构的新语文教育观，是秉承五四新文化精神的教育，是建筑在"语言即人，即存在"的哲学观上的、以"说真实的个性的话"为价值论、以"用语言立人的精神"为语文教育终极目的和本体论、以"举三反一"为语文教育的总体操作论的语文教育观。韩军用梁启超的话对这种新语文教育观的本质进行了揭示：欲新一国之国民，必新国民之精神，欲新国民之精神，必新国民之语言。新语文教育的原理是向着精神着意，向着语言着力，必从能力得益。韩军对这种新语文教育观的建构，能引导我们重新认识和深层把握语文教育的新质。

同样，在语文教育走向表现与存在的过程中，潘新和提出的"言语活动乃是人的一种精神建构，是人生价值的自我实现"的新语文教育观，也透射出语文教育新质的光亮。他以此为立足点，以"言语生命"作为语文教育的核心概念而建立的"言语生命动力学"理论，拓出了语文教育观的新视界。他认为，人本主义在语文教育中体现为言语与人的生命的血脉相连。人的言语要求，既外在于生命，又内在于生命，归根结底是内在于生命的。因此，应内（生命）外（生活、社会）同致，以内为本，以言语生命意识的培育为本。同时，他还强调语文教育应从重言语技能训练转向重言语动机和人格的养育，从重语文素养的培养转向重言语生命本性的养护，从重阅读转向重表现、重写作，发现并关注每一个个体的言语生命潜能、才情和天性，顺应言语智慧的自生长，扶助言语生命的成长，引领言语上的自我实现，促进每一个言语生命的最大发展。这种语文教育观的建构，破天荒地提出了发展学生言语生命意识的命题，使我们耳目一新。

为深化语文课程与教学的改革，笔者在《语文教育文化过程研究》中提出了语文教育文化过程观的建构命题，认为语文教育不只是一个单纯的语文技能训练过程，还是一个陶冶性情、建构精神、促进生命成长的文化过程。语文教育文化过程观的建构，旨在打破长期以来视语文教育为"知识获得的过程"和"语言技能教育"的理论，即以文化来整合工具与人文，开拓以人的发展和完整性建构为主体的理论新视点。具体些说，这种语文教育文化过程观的建构，包括两个层次的理论创新：一是语文教育不只是语言训练的过程，也是一个文化传承的过程；二是语文教育不只是训练运用语文的技能，也是陶冶人性、涵养心灵、促进生命个体总体生成的过程。显然，这种语文教育文化过程观，不仅有助于我们从理论上重新认识语文教育的本质与功能，而且有助于我们从实践上深化语文课程与教学的改革。

语文教育作为一个文化过程，它在训练学生的语言技能、提高其语文素养的同时，又能使学生吸收文化营养、陶冶性情、唤醒灵魂、建构情感与精神世界。人与文化是语文教育的两个维度，在语文教育过程中人与文化通过互动实现着双向建构。语文教育的终极追求在于实现人的发展，语文教育过程中人与文化互动的最终指向也是人的发展生成。法国文化教育学家斯普格曾经说过：教育的对象是特定文化环境中具有思想道德情感的精神主体，教育的根本任务就在于传递文化、体现文化价值，并培养具有文化创造力的人。作为我们的母语教育，语文教育的文化过程在陶养灵魂与人格、建构情感与心灵世界、促进学生生命成长方面，毫无疑问，担当着尤为重要的责任。因为母语是人在婴儿期和幼年间自然学到的第一语言，它强烈地决定着人对周围事物的认识。人对"真实世界"的认识是建立在人的语言习惯上的，不同的语言反映人们不同的世界图景。如生活在海边的民族的语言中"鱼"相关的词汇非常丰富，而生活在寒带的人的语汇中则多是对"雪"的描绘。人的意义世界就是语言的世界，人要认识世界、发展自身就必须借助于语言。人从呱呱坠地就身处母语的世界中，并在母语的萦绕下长大成人。因而，母语对人的生命成长有着非同寻常的作用，这就是语文教育文化过程观建构的基础和依据。

语文课程的唤醒教育观与文化建构观，也是语文课程与教学改革关注的重要课题。唤醒教育观重在强调语文教育之为教育，就在于它是一种生命、人格与心灵的唤醒，并认为这是语文教育的核心所在。语文教育的目的并不在于单纯传授或接纳某种外在的、具体的知识、技能，而是要从人的生命深处唤起他沉睡的自我意识、生命意识，促使其价值观、生命感、创造力的觉醒，以实现自我生命意义的自由自觉的建构。这种唤醒教育观强调，语文教育的过程不仅是要从外部解放成长者，而且要唤醒成长者的人格和心灵，解放成长者的内在创造力。这就是说，语文教育的功能在于唤醒生命成长的觉悟，促进生命个体的总体生成。因此，语文教育的本质就是一种对人的唤醒的过程。

二　陶冶性教学：语文课改的新路

语文课到底怎么上？语文教学如何走出应试教育的困境，让学生在扎扎实实的语文训练过程中，既学好语文又得到情感与心灵的陶冶，切实提高语文素养和整体素质，以真正实施语文质素教育？这是长期以来广大语文教师一直在痴心地追问而至今并未得到答案的问题。在新课程改革中人们依然满怀着期望探寻着这个问题的对策，但是，语文课改却又走进了另一种误区：语文课没有"语文味"了，语文课堂热衷于"搞活动"，看起来很热闹，但一堂课下来学生连文本是什么模样也不清楚，根本不是学语文，也根本学不好语文。还有课堂教学虚化的"伪对话"、花里胡哨的"玩方法"等，使语文教师在"伪语文""非语文""去语文化"的"课改的痛苦"中又热切地呼唤着"真语文"的回归，期待着"真语文"教学出路的开拓。对此，有人认为，语文课改需要来一场彻底的"颠覆与重建"的革命，即颠覆语文应试教育的教学模式，打破纯语言技术训练的教学怪圈，重建语文课程新理念和语文教学新秩序。虽然这种主张并没有什么错，但似乎把问题大化、空化了，使人摸不着头脑，不知从何处下手。有些老师"新理念"背了一大筐，教学中却不知所措。从语文课改实际的可操作性上来说，笔者认为，这个问题的解决需要简单化、具体化，其关键是要切实把握语文本体的特性，真正实现技术性语文教学到陶冶性语文教学的根本性转变，即打破技术性语文教学的应试模式，探索陶冶性语文教学的新秩序。也就是说，探索陶冶性教学是语文课改的一条新路。

（一）陶冶性教学的特性

语文的世界是一个审美的世界、陶冶的世界。语文教学的过程不只是知识获得的过程，也是一个审美体验和陶冶的过程。只有在认知教学的同时注重和加强陶冶性教学，才能体现语文的本体特性，从根本上提高语文教学的质量。新颁布的初高中语文课程标准指出："工具性和人文性的统一，是语文课程的基本特点。"语文教学既要重视语文技能的训练，让学生学会使用语文这一工具，又要注重丰富和发展学生内心生活、心灵世界，对学生进行审美与陶冶教育，开拓其情感的空间，建构其精神世界。因此，把握语文的审美特性，加强陶冶性教学，符合语文课程与教学改革的方向，有利于突破单一性认知教学模式的窠臼，消除单纯进行技术训练的弊端，改变静态阐释、知性肢解的概念化教学局面，使原本就有血肉、有情感、有意味的语文教学更加充满生机与活力，使语文教学的过程成为学生审美体验和陶冶的过程。

深入探索陶冶性语文教学，是切实打破技术性语文教学模式，真正实施有效性教学，提高学生语文素养的重要途径。可以说，只有探索陶冶性语文教学的新路子，建构陶冶性教学的新秩序，才会使语文素质教育的实施成为可能。那么，何为陶冶性语文教学？简单地说，它是与单纯的语文技能训练教学相对而言的，它注重的是从汉语文的特性出发，让学生在扎扎实实学好语文、训练语文能力的过程中，同时得到汉语文所特有的情感性、形象性、审美性、诗意性、象征性等文化蕴含的体味、领悟和感染，获得情感和心灵的陶冶、精神和人格的建构，使语文训练教学的过程成为情感陶冶、心灵淬炼、精神建构的过程。这就是说，陶冶性语文教学的追求，是在教学的过程中既训练学生听、说、读、写的语文技能，又陶养学生的性情和人格，以切实提高学生的语文素养和整体素质，促进学生"生命个体的总体生成"。

需要指出的是，这种陶冶性教学与旧时代的教化教育不同。虽然陶冶和教化在教育内容和形式上都具有隐蔽性和渗透性，即注重熏陶和感化，以期得到"随风潜入夜，润物细无声"的效果，但陶冶注重的是人自身的品性、气质、情感、心灵、精神、人格及人生境界，而教化则是一种政治和道德教育有机结合的"统治术"。董仲舒看到秦灭亡的教训，认识到"圣人之道，不能独以威势成政，必有教化"①。此外，陶冶是一种身心自由的状态，而教化有时则带有一定的强制性，甚至是通过某种掌控和硬性手段来实现的。教化是"治人"，陶冶则是"为人"，它更强调主体的主动性。杜工部诗中如是说："陶冶性灵存底物？新诗改罢自长吟。"②可见，陶冶的过程是一种注重自我体验、自我感悟和自我建构的过程。还需要明确的是，陶冶性教学与德育陶冶法也不可同日而语。虽然陶冶和德育陶冶法有相通之处，如都具有耳濡目染、潜移默化的特点，但是陶冶法的概念是德育的范畴，其目的指向仅限于学生的思想品德，这与陶冶性语文教学所指向的语言、文化、情感、精神不相同。从本质上说，语文教学的陶冶性有两重含义：一是指语文本体是一种文化的构成，它具有陶冶人的情感与精神、濡染人的心灵与品性的特性；二是指陶冶是语文教学的一种特有功能，即它能使学生在语文学习过程中陶养性灵，为学生打好文化底蕴，打下精神的底子，给学生以安身立命之本。陶冶性语文教学不同于单纯的技术性语文技能训练，它是在语文的世界中让学生去感受体悟情感和精神世界的美，于"春风化雨""潜移默化"中把语文训练落到实处。因此，陶冶性教学应是语文课程追求的最佳境界，是语文教学实现人文关怀、抵达语文课程终极目标的必由之路。

语文课改的实践说明，语文教学的过程不只是语言技能训练、知识获得的过程，也是一个情感和心灵陶冶的过程，只有在语文技能训

---

①［西汉］董仲舒：《春秋繁露》。
②［唐］杜甫：《解闷十二首·其七》。

练的过程中注重和加强陶冶性教学，才能体现语文的本体特性，从根本上促进有效性教学，提高教学的质量。

考察过去的语文教学活动便可发现，陶冶性教学被应试训练消解了，应试教学取代了陶冶性教学。在应试教学面前，陶冶性教学显得虚弱无力，本应充满人性陶冶之美的语文教学演化为枯燥无味的语言技术训练。值得欣慰的是，这种现象在进行课改和加强语文核心素养教学的强烈呼声中得到了一些遏制。近年来，语文课改不断深入，陶冶性语文教学受到愈来愈多的重视。语文课标中不仅提出了"核心素养""陶冶情趣""感受语文形象"等陶冶性教学理念，还特别强调要在语文教学过程中让学生在主动积极的思维和情感活动中加深理解和体验，有所感悟和思考，受到情感熏陶，获得思想启迪，享受审美乐趣。这充分说明了进行陶冶性教学的重要性，为深化语文课改指出了方向。

（二）陶冶性教学的生成

从根本上说，语文教学的陶冶性是由语文的文化特性决定的，即陶冶性语文教学生成于语文的本体世界。因为，语文本体是一种文化的构成，语文的世界是陶冶的世界，语文教学的过程是陶冶的过程，语文学习活动是一种陶冶性学习活动。语文既富有形象又富有情感，既富有诗意又富有智慧。在我们汉语文世界里，每一个汉字都有形体，有情意，有思想，有精神。如汉字的象形特征就是对它所指意义的一种形象性提示或象征性暗示，它对学生的语文学习提出了悟性的要求。在教学中应着力引导学生进入汉字本身所提示的情境中去感悟、体味它的意义，以使他们感受到汉字中所蕴含的生命状态和情感活动、智慧活动。汉字的形体结构凝注着各种人的情感、思想、行为和生活经验，在教学中需要引导学生感受和体悟其蕴含的情感、思想、生活经验和特定的意义。汉字的形体结构和它蕴含的情感与意义世界是相融同构的。如"愁"字，我们在这个字的形态结构中不仅要体味到某种生活的困苦或心灵的忧郁，而且还应感悟到秋的肃杀、秋风秋雨的萧瑟和凄凉。这样的教学，才能使学生学好这个字，会用这个字，并得到情感和心灵的陶冶。

所以，要实施陶冶性教学，我们必须要把握汉语文的这种文化特性。应该说，汉语文构成的基本元素——汉文字的结构形态具有鲜明的形象表征和感性特质，本质上是一种意象性建构。汉语文教学可以见形见义。一个方块字就是一个富有人情意味的阔大天地，一种人的生活姿态；一个方块字就是一个跃动着生命和灵性的形象世界，一种宽厚的人文情怀。因此，汉语文的教学过程无疑是陶冶的过程，学生的汉语文学习过程不可能只是技术性语言文字训练，它还是一种情感和心灵的陶冶活动。只有把语文训练和情感陶冶融合在语文教学过程中，才能取得切实的教学效果。

此外，语文教学中的每一个文本都是一个特定的形象世界、情感世界和意义世界。如文本的语言组合具有音韵和谐的节奏特征，即骈散交错、长短相间、抑扬顿挫、悦耳动听的律动感。文本的这种律动美，为陶冶性教学提供了得天独厚的条件。如："两个黄鹂鸣翠柳，一行白鹭上青天；窗含西岭千秋雪，门泊东吴万里船。"这首诗读起来朗朗上口，有一种韵律美；听起来优美和谐，有一种节奏感。前两句写出了动态，后两句写出了静态。全诗有声有色，动静结合，时空呼应，意境新奇，充满着感染力，在教学中会像春雨润物般滋润学生的心田。教师借助汉语文这种独特的音律之美，让学生在读中悟，在悟中读，使其置身于诗作意境之中。文学性文本还具有形象性、情感性等特征。如孙犁的《荷花淀》，用诗意的笔触描绘了白洋淀水乡的生活场景，表现了战争中特有的人性美和人情美。作品中对水生嫂月夜织席场景的描写，对白洋淀水乡风光的描写，对荷花淀战斗场面的描写，都充满诗情画意。表面看是轻描淡写，实际却蕴含着情感的波澜，给人的感觉是诗意盎然，意味深远。人性美和人情美与整个水乡环境的自然美融为一体。作者笔下的荷花淀风景："那一望无边挤得密密层层的大荷叶迎着阳光舒展开，就像铜墙铁壁一样。粉色荷花箭高高地挺出来，是监视白洋淀的哨兵吧！"这既是写景，也是写人，更是写情。字字句句，如诗如画，令人神往。在教学中引导学生深入文本的这种形象和情感世界，领略其绚丽的风光，无疑就会使其在文本语言的品味中得到情感和心灵的陶冶。

记得语文名师王崧舟在谈"什么是语文"的时候，曾做过这样的描述："盈盈一水间，脉脉不得语"，是语文；"咽不下玉粒金莼噎满喉，照不见菱花镜里形容瘦"，是语文；"路曼曼其修远兮，吾将上下而求索"，是语文；"天尽头，何处有香丘"，是语文。这种富有文学味的描述，虽然把语文说得玄了些，虚了些，但也道出了语文的陶冶性，说明语文教学不可能只是一种单纯的语言技术训练，而应是一种有情有意、有血有肉、跃动着生命和灵性的陶冶性教学。它能够丰富学生的情感，陶冶学生的心灵，拓展学生的情怀，提升学生的精神境界。也就是说，陶冶性语文教学是一种在语文训练中用语文特有的陶冶性，注重学生的情感陶冶和心灵建构，全面提高学生的语文素养和人文素质的"真语文"教学。这种陶冶性教学，不是把语文教学作为一种单纯的语言技术训练，而是把语文教学的过程作为情感陶冶活动的过程，不仅要让学生掌握语文知识和技能，还要把语文学习和情感陶冶联结起来，让学生在语文训练的同时得到情感与心灵的陶冶，使语文教学的过程成为语文训练与情感陶冶有机结合的过程。语文课程自身的特点决定了这种陶冶性教学形式存在和发展的必然性。语文不仅是交际工具，还是一种文化的构成。从本质上说，语文的世界就是一个情感的世界、陶冶的世界。凡是好作品、好文本都是以其特有的形象世界、情感世界和意义世界的构成而存在的。一个文本的教学过程，应当是在语言品味中感受形象、体悟情感和意义的陶冶过程。

（三）陶冶性教学的功能

语文教学的实践和经验，说明在语文训练中重视和加强陶冶性教学，既可以丰富学生的情感、净化学生的心灵、开阔学生的视野、培养学生的高尚情操，又可以促进学生智力结构的改变，发展其智力。人的智力结构主要包括观察能力、思维能力、想象能力、记忆能力和实际操作能力等五种要素，对人的成长有着决定性的作用。进行陶冶性教学，可以大大提高学生的观察能力和思维能力，丰富学生的想象力，强化学生的记忆力和实践能力，使学生的智力结构向着有利的方向发展，从而促进学生整体素质的养成。但仍有人认为"一手难抓两条鱼"，语文教学应当着力于听说读写技能的训练与培养，强调什么陶冶性教学，只能造成语文教学顾此失彼，无助于语文教学质量和效率的提高，这是对陶冶性教学功能的一种偏执认识。它的偏颇就在于把语文训练和陶冶性教学分割开来，对立起来。其实，语文训练和陶冶性教学并不是两条鱼，二者是一个整体中的两个方面，是有机融合的。鱼有两鳍，鸟有两翼，车有两轮，去掉其一，鱼不能游泳，鸟不能飞翔，车不能启动。只有在抓语文训练的同时进行陶冶性教学，把语文训练和陶冶性教学有机地结合起来，才能有助于学生语文素质的培养，真正提高语文教学的质量和效率。

语文训练与陶冶性教学有着难解难分、血脉相承的特别关系。正如上面所述，我们的汉语文具有形象性、情感性、审美性、象征性等特征，语文教学义本也大都是依照美的法则创造出来的、文质兼美的佳作，是集中反映自然、社会、艺术、语言等客观美的结晶。它们不仅是陶冶性教学的丰富矿藏，而且决定了陶冶性教学与语文训练一样，是语文课本身所不可推脱的分内任务。尤其是在文学性文本的教学中，陶冶性教学不仅是其特有的教学本分，而且它和语文训练的关系更是互为依傍、不可分割的。教学文本精美的语言，展示出美的艺术境界；而美的艺术境界本身，又丰富并加强了语言的艺术表现力。

在教学中教师一方面可抓住精彩传神的关键性字词语句，把学生引入文本所展示的优美境界，使他们在美的艺术享受中得到陶冶；另一方面，又可以抓住使人心灵颤动、令人迷醉的意象、情景和形象，引导学生反转过来去深入体味、领悟文本中高超的语言艺术技巧，提高其运用语言、表情达意的能力。不言而喻，这种所谓"披文入情"的教学过程，也就是语文训练和陶冶性教学密切融合、有机同构的过程。这样把语文训练和陶冶性教学熔于一炉的教学，才是高质量、有生命力的"真语文"教学。

语文教学有着不同于其他学科的复合功能，它融语文训练和情感陶冶于一体，二者是不可割裂的。也就是说，陶冶性功能不是外加的，而是与语文训练融注同构的。如"月亮"的"月"字，在这个字笔画结构的教学训练中，它或许使学生看到"朗月高悬"的天体景观，感受到"花好月圆"的人间美景，或许使学生获得"明月夜，短松冈"的孤独品味，生发出"举头望明月"的思乡愁绪，它能给学生传达多种情感内容和意义信息。汉语文的美，是其内在的情感美、意蕴美、生命美的外化。在语文训练中引导学生领悟汉语文的美，就是领悟情感的美、意蕴的美、生命的美。如果把语文教学作为一种单纯的语言技术训练，割裂语文与情感、语文与意义、语文与生命的同构关系，就会大大削减语文教学的成效。语文的世界不仅仅是语言符号，它还是鲜活的生活画面，跃动的情感、思想和生命。语文能直接影响学生的思想，陶冶学生的情感，触动学生的心灵，使学生认识生活的真谛，体悟生命的意义，得到灵魂的唤醒。实际上，在语文训练中，唯有当学生在语文世界里动情动容的时候，唯有当"学生的小脸红了"的时候，才会取得最佳的学习成效。也就是说，学生动情动容、"小脸红了"的陶冶状态，是学生学好语文的最有效的状态和最佳境界。读一篇课文，只有在动情的时候，产生情感共鸣，才能对文本理解得好；写一篇文章，只有在动情的时候，一吐为快，才能写出好文章。无疑，这就是语文训练与陶冶性教学的同构性特质。

就普遍的语文教学现象来看，陶冶性教学能够强化语文训练，二者互为依托、相互促进。如诗歌《望天门山》中的意境美："两岸青山相对出，孤帆一片日边来"，气势开阔，意境高远。散文《我与地坛》中的意象美："地坛"与"我"的同构与融会。小说《荷花淀》中水生夫妇的形象美。议论文《崇高的理想》中的说理美：逐层论证，说理透辟。说明文《蝉》中的情趣美：在说明中兼用文艺笔调，风趣形象。在教学中，从这些不同的角度、不同的层面，引导学生深入地分析和理解，既可以使学生得到情感的陶冶，又有助于学生对文本从表层性的体味感知发展到深层性的领悟理解，从而深化语文训练，提高语文教学的效率和质量。总之，语文训练和陶冶性教学是一家之亲，它们不是对立的，而是统一的。陶冶性教学对语文训练有多方面的促进作用。

第一，陶冶性教学能够使学生对语文学习产生肯定性的、积极的情绪、体验，诱发学生自觉或不自觉地热爱语文、探索语文未知世界的强烈欲望和热情，激发他们学习语文的主动性和积极性。学生的学习态度及与之相应的学习行为，属于心理学中"意志行动"的范畴。依据心理学原理，任何意志行动总是由一定的动机引起的，而构成意志动机的，除了理性的认识因素之外，还有非理性的感情因素。一般地说，那些在语文学习中表现出极大热情、善于克服各种阻力的学生，大都与特定情感的强大推动力分不开，并非仅仅出于对学习目的的理性认识。语文训练的实践证明，加强陶冶性教学之所以能够激发学生学习语文、探索语文未知世界的兴趣和积极性，就是因为语文训练中的陶冶是一种富于情感的精神活动。作为学习主体的学生，在语文学习的陶冶过程中，语文的情感性、形象性等必然会激起他们学习语文的欲望和热情，从而使语文训练收到事半功倍的效果。同时，陶冶性教学的审美情感，有助于提高学生对"真"和"美"融注的审美认知水平。如散文教学中关于随意赋形、语言密度等有序性形态的审美分析，能使学生学会散文鉴赏。其他文本体类的审美性教学，都能把"真"的知识所固有的"美"的形式充分表现出来，具有把握语用美的重要意义。

第二，陶冶性教学能够使教与学双方沟通心理意向，产生相互理解、相互信任的情感，密切师生关系，从而创造和谐的教学氛围和富有生气的教学环境。师生关系对语文教学的积极或消极作用是人所共知的。良好而融洽的师生关系有赖于师生心理情感上的沟通，而师生双方对知识的共同审美感及其所生成的陶冶性，是实现师生心理情感沟通的必不可少的条件和渠道。这是因为审美与陶冶感能使师生产生心灵上的共鸣与和谐，把师生之间日常形成的鸿沟化为平地，共同进入文本所描绘的形象、情感和意义世界。在文本的这种特定的世界里，学生能够徜徉于轻松愉悦的精神活动中，个性能得到最大限度的张扬。这样，在教学中师生之间就会随着情感和精神上的隔绝的消除，产生和谐的教与学的情绪氛围，进而打开学生思维的大门，使教学在愉悦中取得最佳效果。

语文教学的实践表明，要对学生进行这种切实有效的陶冶性教学，使学生在语文训练中生成陶冶感，教师就必须首先要有这样的陶冶感。在语文训练中，教师的陶冶感会以各种形式表露出来，产生强烈的感染力，打动学生的情弦，激起他们对语文学习的浓厚兴趣。语文教学经验充分证实，凡是学生有兴趣的语文课，学得扎实的语文课，如于漪的情感语文教学、王崧舟的诗意语文教学、熊芳芳的生命语文教学等，几乎都是教师倾注了强烈情感的陶冶课。所以，语文教学过程中师生的情感交流，在很大程度上是在语文世界的陶冶中生成的美感交流。这种交流以语文为纽带沟通了师生双方的感情，密切了师生关系，使师生双方自然萌发出相互理解、相互热爱、相互信任的情感。这种情感又反过来强化了师生对语文学习的兴趣，形成语文训练过程中的良性循环。

三 语文教学系统与教材构成的特质

新时期初以来，语文教学的变革和发展、更新与创造，每一个行程都无不昭示着广大语文研究专家和教学一线语文教师的教学创新实践。尽管应试文化的喧嚣干扰着教学心灵的净化，语文课改出现困惑甚至不知所措的教学状态，但不少语文专家、教学一线语文老师仍然痴心探求着"教学的真义"，执着于语文科研与教学的实践探索。

长期以来，一直致力于语文课程与教学论研究的朱本轩教授，就是语文教育研究队伍中一位执着而富有教学科研个性特色的专家。他是教学科研的领路人，也是同甘共苦的同事。年轻时，我们一起去西安、成都、重庆、上海等地考察听课。他既有语文教学实践的丰富经验，又有语文教育研究的理论底蕴和实践视野，是我们山东师范大学语文学科的顶梁柱之一。朱老师学问好人也好，为人真诚、清正、温和，他那种智者的厚道风度和对教学科研认真扎实而精于授业解惑的态度和精神，一直让我倍加敬重。他最近出版的《朱本轩语文教育论稿》，读来感到特别亲切，有意味，有启迪，有厚重感，蕴含着他对语文教学独到的思考和见解。这本书来自他多年来对语文教学的潜心研究和教学一线的实践感悟，是教学科研过程中深切的自我体验和研究积累，是教学科研实践中生成的理论和经验智慧，有着引人思考和透视语文教学研究深层的思想启示性，颇有语文教研实用性价值。

作为一种理论和实践相结合的探索，朱本轩老师旨在从多层面、多视角探讨语文教学活动，立足于探讨语文课改实践的实用性规律，揭示语文理念与教学智慧共存共生的血肉关系，透析语文教学本体的意义生成观与教学实践的语用原理。

（一）语文教学系统论思想与整体性教学智慧

对于语文教学系统论的构成与发展，朱老师明确指出，它是语文教学理论不断更新、整体调节的过程。就像波浪对堤坝的冲击总是在最薄弱处打开缺口一样，每一个新的科学发现和经验总结，都对既有的学科逻辑体系产生冲击力，显现出后者的逻辑破绽，推动特定学科的结构更新。所以语文教学系统论具有现代科学理论的两个基本的特征：一是与实践检验相联系，就是具有客观真理性；二是与形式结构相联系，就是构成严密的逻辑体系。这两个特点相互作用、相互补充，意味着系统科学理论可以反映语文教学现象的本质。系统科学解释是有许多层次的，小到对一篇课文、一节课、一个语段和一个教学环节的解释，大到对语文教学整体系统及其本质的解释。所有这些解释，在最本质意义上可以归结为四个基本类型：一是因果解释，这种解释试图找出制约某些语文教学现象发生、某种教学规律存在的原因。二是概率解释，它试图解释语文教学遵循着怎样的统计规律，如语文教师的智能结构、素质结构及创造力的统计联系等。三是结构解释，这是系统分析最重要的方面之一，它阐明语文教学系统的结构，揭示语文教学系统各要素之间的联系，用结构解释语文教学系统的某些属性、行为和结果。四是功能解释，这也是系统分析的重要方面，它把语文教学系统的某个因素看作整个系统发挥正常功能的必要条件，通过阐明由这个因素所实现的功能帮助我们增加对语文教学系统整体的认识。

应该说，朱本轩老师探讨的语文教学系统论，实际上是一种教学系统论智慧，是多维系统因素构成的复合体。它呈现的是一种动态性的生成系统结构，是多层次、立体性的。从其生成与发展的基础层次来看，朱老师的论述对知识整合系统和教学能力系统具有重要的启示性意义。

知识整合系统，即教学主体习得、积累、整合而成的知识结构。知识整合系统是教学主体智力智慧生成的基本条件。朱老师论述的启示性主要是三个方面：一是人文知识信息储存，即教学主体所具有的人文知识结构。如政法、经济、哲学、历史、科技、艺术等方面的人文知识。广博的人文知识是教学主体智力智慧生成的基础。人文知识信息储存越丰富、充实，教学的思路与视野便越宽阔、开放。二是专业学科知识基础，即教学主体所具有的专业学科知识结构。如古代汉语、现代汉语、古代文学、现代文学、文学理论、文艺美学等诸方面的专业学科知识。深厚的专业学科知识是教学主体智力智慧赖以生成的主要凭借。专业学科知识越深厚，智力智慧的发展就越有潜力。三是教育理论知识素养，即教学主体所具有的教育理论知识结构。如现代教育学、教育心理学、课程教学论、中国古代教育理论、西方现代教育理论等方面的教育理论知识。扎实的教育理论知识素养是教学主体智力智慧赖以生成的直接依据。

教学能力系统，即教学主体所必备的和在教学实践中体现出来的各种智能与技能。教学能力系统是教学主体智力智慧构成的重要因素。朱老师的论述启示性主要在三个方面：一是听说读写能力。语文教学的基本目标，是培养学生的听说读写能力，因而教师本身必须具备更强的听说读写能力。如果教师本身的听说读写能力不过关，那么，培养学生听说读写能力的智力智慧就无从谈起。二是语文教学能力。它包括驾驭教材的能力、教学设计能力、教学管理能力、教学表达能力、教学考核及评价能力等。三是教学发展能力。它包括教学总结能力、教学自修能力、教学科研能力等。教学能力系统在教学实践中是相互贯通、渗透互动的，但在功能、性质上又各有侧重和不同。

另外，朱老师的系统论探讨也说明，语文教育活动作为人类生存与发展的基本方式之一，不可能脱离教育主体的道德伦理、意志品性和灵魂人格。因为真、善、美的完美统一和完满实现，是一切教育教学活动系统所追求的终极目标。教学主体的道德智慧系统主要由道德模式、道德情操与品质、道德理想与信念、道德行为与品格，以及教学的使命感、价值观和目的性等系统因素构成。教学主体道德智慧的系统整体特质在于以教学创造为社会、生活和人类寻求实现道德理想的途径和培养高尚人格品性的策略，以完美的人格境界、高洁的情操品质来唤醒生命与人性、理智与心灵，开启生命成长与灵魂提升的大门。可见，教学主体的教育道德智慧，就是一种"安身立命"的学问，一种生命与灵魂的系统建构工程。

（二）语文教材研究的原则与方法

1.语文教材研究的原则

朱老师认为，语文教材研究的原则主要包括：（1）整体性原则，是指语文教材研究中要有整体意识，即依据中学语文教学大纲总的要求，从整体上把握教材。作为教师，只有从整体上了解并把握教材，才能做到胸有全局、整体理解、整体把握，使教学活动科学有序。（2）独特性原则，即教材研究要注意解决个性化问题。如果说整体性是对教材一般的全面的把握，主要是解决共性问题，那么独特性主要是对一类或一篇课文具体的重点的把握，即解决个性问题。（3）创造性原则。它不仅要求研究者把注意力集中在作者身上，即研究作者在文章中提出了什么，是怎样提出的，以及是怎样论证或记叙、说明的等，而且要求研究者把注意的中心集中到读者身上——学生的实际和教师的感受，对教材做纵深或横向研究，从而发现新意，使学生了解文章更深刻的内蕴，使其阅读能力得到更有效的训练。（4）实用性原则，即研究应真正适应教学的实际需要。教材研究不同于一般的文章分析，更有别于文学评论，而是要依据教学大纲的要求、教科书编者的意图及学生的实际基础来展开。它并不要求把研究的全部结果完全传授给学生，而是要根据教学的实际要求认真筛选，灵活处理。

　　朱老师对这四项研究原则的论述，从不同的层面揭示了语文教材的特质，说明语文教材既是独立的结构形态，又有超越、选择的特性和教育品格，从根本上对语文教材进行了研制设定，赋予它一种教学主体地位，使其具有教学的属性和品格，对语文教材的研制和建设具有重要的启示性价值。对此，我们可从三个方面来分析。

　　其一，朱老师的论述说明，语文教材是在教育语境中使用的语言文本，它应当体现教育的品性，具有超越性的特质。这种超越性特质，意味着语文教材是一种着眼于人的生命成长而富有培育性特点的语文教本。它的意义、价值与旨趣在于人的内在的超越性精神、意识、品质及能力的形成与升华，体现了以人的发展与建构为最终指向的教育的根本内涵与使命。语文新课标对此也做了规定，要求语文教材编制应"符合学生的身心发展特点，适应学生的认知水平"，"教材要有开放性和弹性"，"符合语文能力形成和发展的规律"。朱老师特别强调，教材的编写体例和呈现方式应充分考虑学生的年龄特征、兴趣特征和认知水平，以利于激发学生的求知欲。具体到语文教材的编制，其超越性的文化品格突出表现在教材的组织形式和呈现方式上。也就是说，语文教材的编排及内容呈现既应符合汉语言文化的特点，又应符合学生学习汉语文的认知图式和情意发展的文化心理规律。这就是说，语文教材必须加强人本化的建构，注重语文教材对促进学生语文能力和文化素质的发展所具有的内在的动态有序性，发掘语文教材应有的文化灵性和弹性向度，以体现语文教材建构的特性和品格。

　　其二，朱老师的论述说明，语文教材要还原为生活的经验，加强生活化教材的研制和建设。所谓生活化教材，就是力求与学生的生活相联系，贴近学生的生活，贴近学生的情感，贴近学生的心灵，让学生在生活中学习语文，即建构语文与生活相联系的教材新模型，注入生活内容，创设生活情境，倡导生活化学习，使学生在学习语文的同时学习生活，体悟人生。它能够突出语文教材的情感性、开放性和整合性特征，有助于学生进行高质量高效率的语文学习。所以，语文新课标指出，要让学生在生活和跨学科的领域中学语文，用语文，"留心关注生活，丰富生活经历和人生体验"，"以适应现实生活和学生自我发展的需要"。这显然就是要求语文教材的编制必须注意密切联系学生的现实生活和言语实践活动，注重从学生的经验和生活实际出发，选择学生最喜欢的、在学习中最有乐趣的文本和其他材料，设计学生主动参与的新鲜、活泼、有创意的生活化语文学习活动。

语文教材作为一种文化性构成，应与学生的生活有着内在的一致性。丰富多彩的生活其实是语文教材的源头活水。生活既能为学生的言语交际活动提供直接的经验和基本的动力，又能为学生言语交际活动设置特定的对话情境，激发其交流的欲望，使学生的言语交流获得一种持续的稳定的内驱力。所以朱老师强调，作为母语的语文教材，应具有直接贴近学生生活的可能性。听说读写活动就属于学生的生活形式，其本身就是学生情感活动、生命活动、心灵活动的主要渠道。这种生活的听说读写可与语文教材中的听说读写合而为一。只有这种与生活密切相联系的语文教材才能唤起学生自主学习、自我探究和发现的原动力，促进学生的主体性发展。

朱老师指出，学生语文学习的内在规律也要求语文教材必须根植生活。这主要表现在三个方面：一是语言的发展与思维的发展紧密相连、相辅相成，而思维的发展是一种经验的建构过程，起源于生活中的动作与活动；二是语言的习得必须借助于特定的生活情境，语言能力不是一种抽象的形式，它必须包含实质性的生活经验与价值体验；三是语言的学习是实践性的，它的途径不应局限于课堂教学，而应面向生活实际，因为生活的变化对语言学习具有实质性的影响。这三个语文学习基本规律，决定了语文教材必须贴近学生的生活。

其三，朱老师的探讨告诉我们，语文教材的研制要将静态结构化为动态结构，加强活动化教材的研制和建设。所谓活动化教材，就是以学生的活动性学习为主线，将教材的知识型静态结构化为自主性学习活动的动态结构，体现教材结构的活动性和动态化，使教材结构与活动性学习融为一体，让学生在活动中求得发展，建构活动与发展型教材新体系。传统的语文教材以学生掌握静态的知识为目标，采用知识型体系进行编制，忽视学生的活动性学习设计。语文课标明确指出，新课程教材必须打破这种忽视学生主体发展的知识型体系，建构有利于学生形成语文素养、促进学生学习与发展的活动性教材新模型，即把学生的探究学习活动、体验学习活动、审美学习活动、参与学习活动、实践学习活动、应用与创新学习活动作为教材编制的基点。这就是说，语文教材的编制要以学生活动性学习为主线，以活动性学习为中心编制教材结构，倡导体验活动、感悟活动、对话活动、探究活动、鉴赏审美活动、应用与创新活动等多元化的活动性学习方式，让学生在多元化的活动中学习语文，从而使教材结构与活动性学习融为一体，建构以学生为主体的活动与发展型教材新体系。

建构这种以学生为主体的活动与发展型教材新体系，是当代课程改革与发展的一个必然要求。朱老师认为，就活动性学习的价值而言，并非只局限于活动课程中，而要体现在所有的课程形态中，体现在整个教学过程之中。要让学生在活动中求得发展，就必须将活动性学习引入课程，引入教材，引入教学过程，使课程、教材与活动性学习融于一体，实现课程的活动化、教材的活动化、教学的活动化。

2. 语文教材研究的方法

朱老师认为，语文教材研究的方法，如同教学的方法一样，"基本问题是选择"。一般来说，教材研究的对象不同，研究的方法也应有所不同。如有一套书的研究方法、一本书的研究方法、一篇课文的研究方法，以及一类课文的研究方法等。但最基本、最关键的是一篇课文的研究方法，它是教材研究的基础，是教材研究的起点与归宿，也是教师教材研究能力的具体体现。（1）通读。从头到尾、逐字逐句地阅读全文，是研究教材的第一步。目的是对课文的全貌有一个初步的、轮廓式的、完整的认识，为进一步分析理解课文打下基础。人们认识事物，总是要经历一个由粗到细、由略到详、由模糊到清晰的过程。教师对教材的认识，也有一个逐步深入的过程。通读，就是认识教材的初级阶段，而且是不可或缺的一步。（2）精读。这是教材研究的核心问题。它指逐字逐句，精读细研，以达到对教材的充分理解。对教材的精读，以掌握课文内容为核心，是一个由形式到内容，再由内容到形式，在循环往复中逐步深化理解的过程。（3）品读。品读是以品评体味课文选词用语、艺术构思和表情达意之妙为目的的阅读方式。这种阅读，是在通过精读对课文有了全面理解并做出一般评价之后进行的。品读，需要反复阅读，仔细品味，深入体会课文在语言、构思、内容方面的精妙之处，从而领悟其语言美，体察其构思美，想象其意境美，感受其思想美。（4）参读。参读是指教师为更加深入准确地理解教材而参阅有关资料的阅读方式。它不同于扩大阅读范围、培养学生参读习惯与能力的参读，而是指引学生以精读课文为出发点，参阅相关的读物以增加阅读量，来比勘、印证、补充和扩展精读。这里说的"参读"，是专指教师在独立地研究课文，对其内容、形式有了基本的理解，甚至有了独特的见解之后，再参阅相关的资料，以扩展或提高个人已有的认识，或者受到新的启示，产生新的见解，进而对课文理解掌握得更全面、更准确、更深刻。朱老师对语文教材研究方法的规律性探究和概括，对广大语文教师研读教材具有重要的可操作性实用价值。

（三）作文能力的构成与发展

朱老师对作文教学的探讨是多层面、立体性的，其重点是对作文能力构成与发展的深层探讨。他认为，从作文的基本过程和作文活动的心理因素来看，有两种能力是贯穿全过程的，这就是认识能力与表达能力。因为作文是现实生活的反映，而想认识生活必须具有一定的认识能力，反映生活则需要一定的表达能力，所以作文能力应由认识能为和表达能力两个方面构成。

1. 作文认识能力的构成

朱老师认为，作文认识能力构成的要素有三：一是观察力。它是一种特殊的、发展水平较高的知觉能力，是智力的窗口、思维的触角。观察是获得作文材料的重要途径，通过观察可以获得亲身体验，积累丰富的表象材料，为作文提供大量的素材；还可以获得某些写作灵感，触发写作的动因。二是思维力。它是认识能力构成的核心因素，是运用分析、综合、比较和概括等思维方式，对事物获得本质的和内部规律性的认识能力。从观察到审题立意，到选材组材，到表达方式和语言运用，到修改定稿，都离不开思维。三是联想力。它是依据事物之间的内在联系，由一事物想到另一事物的思维能力。它有助于开阔思路，获得更多的作文素材，丰富文章的写作内容。对认识能力的构成，朱老师强调它属于智力因素。培养学生的认识能力，是语文乃至所有学科教学共同肩负的任务，而作文教学具有其特殊的意义与作用。

2. 作文表达能力的构成

朱老师认为，作文表达能力包括审题、立意、布局谋篇、遣词造句、运用表达方式等多种能力。其构成的要素有三：一是审题能力。它是对题目的书面语言的分析综合能力。审题具有定向、定位、定重点的作用。因此，审题能力应是作文的首要能力。二是立意能力。它是确定文章主旨的能力。意，是文章的灵魂。古人说"凡为文以意为主"[①]"意犹帅也"[②]，立意是作文第一义。学生作文与作家创作的立意能力有所不同，应注意加以区别。三是布局谋篇的能力，即根据文章主旨的需要，对材料加以分析、比较、筛选，给予恰当的组织安排。这是一个复杂的、细致的、富有创造性的思维过程。遣词造句能力，包括感知和理解词语的能力、迅速恰当地选择和运用词语的能力、准确地修饰

---

① ［唐］杜牧：《答王充书》。

② ［清］王夫之：《姜斋诗话》。

和修改词语的能力，具有较强的炼句、炼字的能力。

3. 作文能力发展的规律

朱老师对作文能力发展的探讨，是一个颇具作文教学启发性的创新点。他认为，任何事物的发展与演变都是有规律的，而规律是客观事物必然的本质的联系，研究事物的发展过程就能发现其必然联系，从而认清其规律性。作文能力的发展有一个过程，也是有规律可循的：一是从积累到倾吐。学生作文，就是用语言来表现社会生活的智力活动。没有较多的知识、思想、语言的积累，就不会有倾吐的内容，作文能力的形成与发展也就无从谈起。二是从模仿到创造。学生作文，一般应从模仿入手。模仿是作文训练的一种有效形式。如何模仿？古人的主张是模仿名家名篇，吸取其所长，即所谓走"正路"。同时，朱老师强调模仿应切实注意融会贯通，而不是抄袭，应做到由简单到复杂、由单一的模仿到综合的模仿。

很显然，朱老师对作文能力的构成和发展，是从理论和实践的结合上进行的深层探讨。从作文本身来说，它是一种很强的个人化活动。因为作文的过程离不开学生对生活的积累、体验、感悟和思考。所以，朱老师提出并强调"从积累到倾吐""从模仿到创造"的实践命题，他要求引导学生回到生活，在生活体验中学会写作，学好写作，真正实现学生自主作文的目标。但从目前的作文教学实际来看，积累体验式作文教学还缺乏理论上的深入把握。为此，我们有必要对朱老师有关作文能力发展的论述加以具体分析。

首先，体验与生活。朱老师特别强调"作文，同一般写作一样，是生活在头脑中的反映"。这就是说，体验对生活与主体关系的把握不单是认知把握，更为重要的是一种内心的感受和情绪的把握，需要情感的介入。如果说学生主动积累体验，发现生活的多姿多彩是他们获得生活体验的前提条件，那么，学生投入浓浓的情感，对生活进行"移情别恋"才是他们获得生活体验的关键。生活展现在学生面前，如果他们不投入情感，那么生活就不会进入他们的内心世界。只有把外物与学生内在的感情连接起来，触景生情，睹物生情，情景交融，才能产生丰富的内心体验。所以刘勰在《文心雕龙·物色》中指出："写气图貌，既随物以宛转；属采附声，亦与心而徘徊。"对生活投入浓浓的情感，学生会对之产生一种强烈的趋近，形成与生活同步的心理倾向，从而揭示和发现生活对于自我的意义。在体验中引导学生作文，关注学生的情感体验，这是朱老师的作文能力发展论述给我们的重要启示。

其次，体验与积累。朱老师的论述说明，作文是体验积累的表达，没有体验积累，或体验积累不够丰富，学生是难以喷薄为文的。高中语文课标提出的"留心观察社会生活，丰富人生体验，有意识地积累创作素材""珍视个人独特感受，积累习作素材"等，都强调了积累体验的重要性。学生有了丰富的积累，才能有丰富的体验，所以引导学生积累体验是搞好作文教学的重要途径。体验的过程就是积累的过程。首先，体验作为动作历程的结果，是可以积累的。体验者在其体验活动的历程中，"物"与"我"的距离缩短乃至最后消失，进入"物我统一的境界"。对象进入体验者的生命中，甚至成为体验者生命的一部分，体验者加深了对对象的理解，对象对体验者生发了意义，所以体验者在其体验活动中所收获的结果或许是意义、印象、感情、感受、感觉、经验等。正如有的心理学家所说：体验活动的结果总是一种内部主观的东西——精神平衡、悟性、心平气和、新的宝贵意识等。它们正是丰富的、活跃的、感性的创作素材。其次，体验不是一次就能完成的。体验作为对此在生活的超越，实际上是一种无限循环的中介。通过它，同类体验的无数过程才得以凝聚、沉积，内化于心。体验的这种无限循环的特质更符合柏拉图所举过的蜜蜂采蜜的例子，像无数次的采蜜才能酿出蜂蜜一样，无数次体验的积累才有可能靠近那终极境界。真正伟大的诗作，必然是从这种体验的循环中汲取源泉的。

应该说，对朱老师有关作文能力发展的论述，我们要重视把握四点：其一，让学生认识到积累体验与生活的关系，认识到生活着即是体验着，引领学生自觉地学会积累体验，主动地参与生活、感悟生活、体验生活。其二，认识到积累体验是瞬间的、稍纵即逝的，作文教学要引领学生及时感受、把握与捕捉生活中的瞬间体验，并随时随地记录下来，不断积累，养成作文的积累习惯。其三，认识到积累体验具有个体生活的独特性，作文教学要让学生表达个体的独特体验。其四，认识到积累体验的人文价值，积累体验是主动而非被动的主体的生命活动，它直接指向意义的生成。作文教学，要引导学生在积累体验中不断丰富自我的生活和情感世界。

四 完整性建构：语文教学的追求

　　于漪，当代语文教育家。长期以来，她一直辛勤耕耘在语文教学的改革前沿，始终与时代同步。她从语文教学的特性出发，在教学实践中不断探索，锐意创新，在扬弃和开拓中逐步形成了以"人的完整性建构"为主要目标和价值取向的，具有求实性、创新性和发展性特征的语文教育观。

　　于漪老师的语文教育观，在批判中继承了过去，在创新中开辟了未来，为21世纪中国语文教学的改革打开了新的局面，提供了宝贵的实践经验。纵观于漪老师的教育人生，其中不乏磨难，尤其是在风雨如磐的"文革"岁月，然而，她却凭着乐观的精神和顽强的意志走了过来。她怀着对理想的崇高追求，凭着对人生的坚定信念，怀着对教育的满腔热情，释放着她的全部能量，燃烧着她的整个生命；她就像闻一多笔下的红烛，将脂膏不息地流向人间，培出慰藉的花儿，结成快乐的果子……于漪老师曾深情地说："教育事业是系统工程，是魅力极强的交响曲。几十年来，我把我的一切都献给了教育事业，三尺讲台，是我一辈子钟情的地方。生命是有限的，事业是常青的，教师的生命是在学生的身上延续的。教师把人类创造的精神财富通过自己的创造性劳动传给学生，使学生成才。做一个铺路石，让学生一届又一届地从自己身上踏过去，这就是生命的意义和价值所在。"[1]她

---

　　[1] 全国中语会青年教师研究中心编：《于漪语文教育艺术研究》，山东教育出版社1999年版，第3页。

就是这样执着地在一条实实在在的路上从不间断地走着，实现着她的人生价值，这在本质上显然就是"真"，是"爱"，是"奉献"，是她一生最简单也最传神的写照。

（一）完整性建构：语文教学的理想与追求

任何一个成功的教育家都是理想主义者，因为这种理想和对理想的追求构成了教育目的，它向航标一样，指导着教育发展的进程。教育需要激情，这种激情就出自对理想目标的追求。于漪老师对教育事业就充满激情，她对教育目的有自己独到的见解，她创造性地实践了"人的完整性建构"的目的观。

1.确立"人的完整性建构"的目标

"人的完整性建构"绝不是一个笼统的目标或者一个空洞乏力的口号，而有着实实在在的内容。所谓"人的完整性建构"就是全力提高学生的素质，发展学生的智力和能力，提高其人文修养，完善其人格，让他们学会做人，学会生存，使他们成为一个拥有健全个性的完整的人。

于漪老师"人的完整性建构"的目的观得以确立，是因为她牢牢把握住了两个方面。

第一，目中有人，注重发展个性。于漪老师常说，教育事业塑造的是一个个活生生的人，教育工作者要做好特殊的雕塑家，塑造完整的人，就必须首先做到目中有人。

美国教育家杜威有这样一种观点，即教师在教学过程中若心里没有学生，就像没有买主就没有销售一样，谈不上什么教学。于漪老师深刻领会到这一点，她说，教语文的目的，在于塑造学生的心灵，要有效地塑造就得了解他们，洞悉他们的内心世界，把握他们在成长过程中的发展与变化。教师应是教育学生的高度自觉的人，应在了解学生、认识学生方面处处做有心人，经常地持久地注意观察学生，站到学生的世界之中去聆听、去感受，不仅要认清学生的共性，而且要审视学生之间的差异，把握各自的个性，保护和调动各类学生的积极性。

"早在两千多年前，孔子就说教学生要'观其所以'，即观察学生的日常言行；'观其所由'，即观察学生所走的道路；'察其所安'，即观察学生的意向；'退而省其私'，即观察学生私下的言行。现代教育对学生个性之间的差异应更加重视研究。"①

于漪老师讲："在每个孩子最隐秘的一角，都有一根独特的琴弦，拨动它就会发出特有的音响，要使孩子的心同我讲的话发生共鸣，我自身就需要同孩子的心弦对准音调。"②和学生的心弦对准音调，理解他们，研究他们的发展变化，是促使他们健康成长的必要条件。

要做到"同孩子的心弦对准音调"，必须注意两点。

一是在发现上下功夫。教师和学生接触，随时随地都要开放自己的感官，去观察、发现学生，让学生的思想、个性特长、心理特征、知识构成、性格特征等各种信息进入自己的脑中，分别储存起来。

学生是千差万别的：有些学生的性格是开放型的，教师容易发现他们的内心活动；更多的学生心里某一角藏着奥秘，教师如果没有精细的态度、敏锐的目光，就很难找到那根"独特的琴弦"。有眼力的教师看学生总是巨细不漏，越是细微之处，越不让它在眼皮底下溜走，从一些细微的表情、动作，就可窥见学生心中的那"一角"，窥见他们对某些问题的所思所想。对学生有所了解，才能更好地引导、培养学生，完善其个性。

于漪老师在实践中创造了"一看二听三问四查，并进行材料跟踪"的科学方法，既深入了解学生共性，又细致了解其个性，有的放矢地培养、塑造学生，使学生从心底深处感到了被尊重被塑造的舒畅和满足。

二是在理解上动真心。一个教师要做到真正理解所教的每个学

---

① 于漪：《识质与雕塑》，载《语文学习》1985年第1期。
② 《于漪语文教育论集》，人民教育出版社1996年版，第91页。

生，就不仅要讲究科学，而且要颇讲点艺术性。学生有学生的内心世界，他们的许多想法、做法在成年人看来是幼稚的、粗糙的、鲁莽的，甚至是可笑的。教师不能以成人的想法、做法来框定，要多设身处地为学生着想，理解他们的心情、愿望、欢乐、忧愁，少下禁止令，多做正面引导，积极为他们出谋划策。知心才能交心，师生之间有共同语言，那根"独特的琴弦"才能发出美妙的声音。

学生正处在青少年时期，知识日益增长，智力不断被开发，思想、性格、兴趣等都处在变化之中。教师应以变化的眼光看待学生，不应停留在某一点或某一阶段，要完整、发展地去理解学生。于漪老师在她的教学生涯中，总是力求练就一双慧眼，精心雕造可爱的学生，努力把学生建构成为"完整的人"。

第二，高瞻远瞩，始终与时代同步。于漪老师语文教学探索的可贵之处，就在于她始终站在时代的前沿放眼未来。她的"人的完整性建构"的目的观正是建立在时代的需求之上的。

"教育是一项面向未来的工作，它要求教育工作者根据社会的发展趋势，根据未来的需要，去教育和影响青少年，用人们所憧憬、所希望、所追求的美好理想来塑造新一代。"①于漪老师也深刻地认识到了这一点，并指出："育人不是泛泛而谈，而是应放在特定的历史条件和社会环境中认识，有针对性，有时代的特征。教在今天，想到明天，以明日建设者所需要的素质和能力，促进今日语文教学的实践和语文教学改革的深入。"②现今的中学生是21世纪各个建设领域的后备军，培养塑造他们，不仅需要研究他们今日的心理特点、学习能力，还要认真考虑他们明日应有怎样的思想道德素质和科学文化素养。于漪老师结合语文学科的特点，认为语文教育的目标就是培养具有现代

---

① 卓晴君、方晓东：《教育与人的发展》，教育科学出版社1995年版，第102页。

② 于漪：《素质·能力·智力——我的语文育人观》，载《语文学习》1988年第12期。

人素质、思想活跃、富有理想、自学能力强、善于吸收各种信息、能不断更新自己的知识结构、勇于改革创新的现代化事业的建设者。她从时代和社会的需求出发，指出语文教学应为实现这样的培养目标而努力，引导学生在素质、智力、能力等方面扎下深根，培养他们成为现代的文明人，有良好的习惯，有奋发的精神，有追求真知的旺盛的求知欲，有克服困难、锲而不舍的意志与毅力，有健全的个性与人格。

于漪老师深刻反思了语文教育培养目标在实施中发生偏差的现状，切中应试教育的时弊，尖锐指出当今语文教学"急功近利，舍本求末，忽视对人的全面培养"，警示人们"应试教育已使教育工作走入歧途"，大声疾呼"我们要培养的是有志气、有抱负、有民族精神的跨世纪的新人"，要"着眼于让学生在求知的过程中学习做人"，"要在语文知识教学、语文能力训练中贯彻人文精神，以培养学生健全的人格"。

于漪老师对语文教育目标的探索和思考，体现了其教育思想的宏观性、超前性。"人的完整性建构"的教育目的观是富有创造性的目的观，对21世纪语文教育具有一定的理论和实践的导向性。

2. 实现"人的完整性建构"的途径

完成"人的完整性建构"，培养完善的人，绝非朝夕之事，而是长期的系统工程，要循章而为，注重方式方法。综观于漪老师的教学思想，可归纳出两条有效途径。

第一，以拓展思维为核心，提高学生素质。于漪老师认为，学生语文能力的培养和提高有赖于思维的发展，这是由思维在语文学习中的特殊地位决定的。

首先，学生的思维能力决定着学生的语文能力。思维是由语言承载的，思维和语言密不可分。人们交流思想的过程又表现为听说读写的过程。一个人在思考问题的时候，他是凭借着内部语言进行思维加工的，而要把思维结果告诉别人，就需要把其转化为外部语言信息表达出来，表达的方法是说和写。从信息接收者来讲，如果接收的是说出的话，就靠听；如果面对的是书面文字，那就靠读。听和读获得的信息传入大脑，大脑再对语言信息进行处理，从而理解对方的思想。听说读写中交流思想的过程，也就是在语言和思维的交叉作用下信息转化的过程。

人们运用听说读写进行思想交流的过程，就是语文的理解和表达过程。这个过程既离不开语言，也离不开思维。从语文能力的内在本质来看，运用语言进行思维的能力决定着听说读写的能力。正如陶本一先生指出的："什么是语文能力？过去把它总结为听、说、读、写四个字，然而这四个字，我认为不能包括语文能力的全部内涵。听、说、读、写只是一种外部形式，核心在于培养学生运用语言文字这种工具进行思维的能力。"[①]可见，学生的思维能力决定其语文能力。

其次，思维决定了思想的形成，它是提高学生素质的根本。语文学科的人文特点，决定了它在提高学生素质方面所担负的重大责任。学生在学习语文的过程中，必然会受到文质兼美的文学作品中人文内涵的熏陶、感染，从而形成自身的情感态度、气质性格、思想修养和心理品质等。而为学生素质的形成与提高提供了充足养料的人文知识本身就是思维的结果。人们在实践中遇到需要解决的问题，大脑就会以语言为工具对知识经验进行思维加工，形成思想，思想必须通过说、写表达，通过听、读接受，否则便毫无意义。学生在吸收语文学科丰富的人文内涵、提高自身素质的过程中，还进行着一个对信息的分析、综合、判断、取舍的思维加工过程。可以说，正确的思想形成于科学的思维方法，思维训练是提高学生素质的根本。

---

① 全国中语会青年教师研究中心编：《于漪语文教育艺术研究》，山东教育出版社1999年版，第1页。

既然学生语文能力的培养和素质的提高离不开积极的思维，并且，学生在学习期间不可能学会他们在日后投入社会生活、参加现代化建设所需的全部知识和能力，因此于漪老师认为，在训练学生听说读写能力的同时，更要紧的是培养他们会学习、会思考的本领。正如苏霍姆林斯基所说："在学生的脑力劳动中，摆在第一位的并不是背书，不是记住别人的思想，而是让学生自己去思考。"①

语文教学中，如果不认真进行思维训练，学生读就有口无心，看便浮光掠影，说也不得要领，写亦内容干瘪、词不达意。孔子说的"学而不思则罔，思而不学则殆"②，深刻地揭示了学思结合的重要性。子思的学习过程五阶段说——"博学之，审问之，慎思之，明辨之，笃行之"③，也是以"思"为核心，"学"和"问"离开了"思"会一无所得，只有"慎思"才能"明辨"和"笃行"。

于漪老师对此深有体会，她认为："教学过程实质上就是教师在教学大纲的指导下，有目的有意识地使学生生疑、质疑、解疑、再生疑、再解疑……的过程。"④语言训练与思维训练相结合的原则，虽不是于漪老师的独创，但她在教学中贯彻这一原则时开辟了广阔的途径。她用科学的方法探索出了在语言训练中培养学生创造性思维能力的规律，从理论上丰富和发展了语言训练与思维训练相结合的语文教学原则，从而为全面提高学生素质，培养思维敏捷、具有创新能力的人提供了有效的途径。

---

① 蔡汀、王义高等译：《苏霍姆林斯基选集》（第2卷），教育科学出版社2001年版，第337页。

②《论语·为政》。

③《礼记·中庸》。

④ 于漪：《素质·能力·智力——我的语文育人观》，载《语文学习》1988年第12期。

第二，把"教文"纳入"育人"大目标。要建构完整的人，光"教文"是不够的，更重要的是"育人"。教学生"文"，对学生进行严格的语文基本训练，使学生正确地理解和运用祖国的语言文字，当然是语文教学义不容辞的责任。与此同时，还必须高度重视培养学生的思维素质、道德情操和文化素养，完善他们的人格，让他们学会生存，学会做人。

于漪老师早就提出："语文教师应树立鲜明的'育人'目标，'教文'要纳入'育人'这个大目标。只见'文'，不见'人'，充其量只在鸡虫得失上兜圈子，很难成为学生生活的导师、道德的教员。认为'教文'是语文教学的硬任务，'育人'不过是招牌或幌子的看法是不可取的。""离开'人'的培养去讲'文'的教学，就失去了教师工作的制高点，也就失去了教学的真正价值。"①

于漪老师多次强调，在训练学生基本功的同时，要培养他们做人的品质。于漪老师认为，语文教学要着力培养学生良好的习惯，指导他们多读好书，宣传语文学习积累与实践的重要性与必要性，培养他们学语文的韧性，培养他们孜孜以求的精神，在"教文"的过程中教给他们"做人"之道。

语文教学要通过"教文"春风化雨般地对学生进行熏陶感染，从而达到"育人"的目的。于漪老师指出，教学中所选的"文"必须精美，虽然"教材无非是个例子"，但这个"例子"必须是精美的范例。于漪老师的"育人"，不是简单地对学生进行思想教育，而是使学生的思想得到启发，情感受到熏陶，个性得到健康发展，聪明才智得以充分自由挥洒。她认为，不促使学生个性获得发展，育人就相应地失去光泽。可见，她的"育人"是对人的一种立体观照和完整建构，是对人的全面唤醒，是全新的"育人"。

---

① 于漪：《素质·能力·智力——我的语文育人观》，载《语文学习》1988年第12期。

（二）与心灵接触的情感教育：语文教学的灵魂

情感教育是与心灵相接触的教育，是一种在感化、陶冶中使学生的素质和品格得以升华的教育。没有了情感，语文教学就会因失去灵性、灵魂而变得苍白无力。语文情感教育观是于漪语文教育思想的重要组成部分。她认为教育事业是爱的事业，语文教学重在熏陶、感染、塑造心灵，用兴趣去激发学生的求知欲。没有了情感，语文教育的价值就得不到体现。

1. 教育事业是爱的事业

教育事业是爱的事业，是心灵与心灵相沟通的事业，是以精神养育精神、用生命呵护生命的事业。有不少专家认为，爱是统摄其他一切感情的核心，也是人性统一的核心。所谓心、脑、手协调发展，也就是爱和智力的协调发展。只有爱才能使"知"和"行"统一起来。爱和智力结合构成核心力量，使人成为人。教育中没有爱，任何努力都将事倍功半。于漪老师对语文教育事业倾注了满腔热情，对学生倾注了深深的爱。

第一，对语文深深的爱。"请将你的脂膏，不息地流向人间，培出慰藉的花儿，结成快乐的果子！"①于漪老师正是以这种红烛精神，怀着对语文炽热真挚的爱，在语文教苑辛勤耕耘，并收获了累累硕果。

于漪老师说，一个语文教师对所教学科和所教的学生要满腔热情满腔爱，并认为这种"爱"应包括对祖国语言文字的爱，要了解汉语言文字的悠久历史，广泛阅读流传下来的丰厚的民族文化遗产，培养热爱祖国语言文字的感情。教师只有自身拥有这份情感，才能够在语文教学中饱含感情地引导学生欣赏祖国语言文字，才能激发学生强烈的民族自豪感和深厚的爱国主义感情。于漪老师由于对语文爱得热烈、深沉、执着，因而在教学中能有效地激发学生的这种感情。语文教师就要怀着春风化雨般的热情，在培养学生理解和运用祖国语言文

---

① 闻一多：《红烛》，人民文学出版社1981年版，第5页。

字能力的同时，以美好的事物、高尚的情操熏陶感染他们，在他们的心灵深处撒下美好的种子。

于漪老师对语文一片深情，她把教中学语文作为终生从事的高尚职业，并为此感到无上光荣与自豪。她对语文教学事业的不断探索与创新，正源于她对语文深深的爱。

第二，对学生满腔的爱。马克思说："人同世界的关系是一种人的关系，你只能用爱来交换爱，只能用信任来交换信任……如果你想感化别人，那你必须是个实际上能鼓舞和推动别人前进的人。"①于漪老师正是"用爱交换爱""用信任交换信任"，对学生倾注了满腔热情满腔爱并鼓励和推动学生不断前进的。为此，有人把于漪老师的语文教育称为"爱的教育"。

她常说："热爱是教师的天职，是做好教育工作的基础。没有这个基础，师生就缺乏共同语言，感情就不能融洽，教育就难有成效。"②爱学生，就要给学生爱心、耐心、信心，以自身的人格力量感化学生。爱是教育成功的基石。爱拉近了师生的感情距离，爱使学生增强了求知欲望和信心，爱的情感带来的鼓舞促进了教学高效率的实现。教师只有倾注满腔爱，全身心投入，才会取得具有自身风格的高水平的教学业绩。

"爱是一种情感，它必须在教师和学生的实际交往中，通过人与人的相互接触，实实在在地感受到教育对象的可爱之处，才能引发真情实感。"③知之深，爱之切。一个重要的问题便是如何认识自己的教育对象。这就需要教师正确看待学生，善于发现学生身上的可爱之处。于漪老师非常好地认识到了这一点。她说，学生正处于身心发展之中，具有正处在社会化过程中的个性，很容易讨人

---

① 马克思：《1844年经济学哲学手稿》，刘丕坤译，人民出版社2006年版，第146页。

②《于漪文体教案选》，陕西人民出版社1984年版，第201页。

③ 卢家楣：《情感教学心理学》，上海教育出版社1993年版，第255页。

不喜欢，教师要自觉地、有意识地去了解学生，细致入微地去发现学生的可爱之处。她还说，每个学生都是一个生动活泼的"艺术品"，要精心雕琢，不能怕麻烦，要有"幼吾幼以及人之幼"的精神。只有对学生丹心一片，才能与他们心心相印。

于漪老师深知，人类生活需要在爱的孕育中充实和发展，学生渴望在充满爱的环境中成长。母爱和师爱是人类最伟大的爱，它最有渗透力和感染力，无坚不摧。对学生的爱，难就难在"荡漾"二字。"荡漾"的要求：一是自然和谐，讲究真切；二是细雨润物，讲求透彻；三是涓涓细流，讲求持久。这些话说起来容易，做起来难；一时体现爱心容易，长期永葆爱心很难；爱优秀学生容易，爱发展有明显缺陷的差生很难；爱自己的孩子，表达亲子之爱，容易，推亲子之爱到学生身上，甚至为了爱学生而牺牲亲子之爱，更难。然而，这一切，于漪老师都做到了。

正是因为于漪老师对语文教育事业，对学生有绵绵不尽的爱，才有了她语文教学中春风化雨般的情感。

2. 熏陶感染塑心灵

应该说，教师不仅是活的知识宝库，不仅仅是一个专家——善于把人类的智力财富传授给青年一代，并在他们心中激起求知欲望和点燃热爱知识的火花，而且是塑造一代新人的雕塑家，是不同于其他雕塑家的特殊雕塑家。于漪老师说过："教师不是工艺师，而是塑造人类灵魂的工程师，教师塑造的对象是青春年少充满活力的学生，任务是塑造他们的心灵。"①

于漪老师认为，"情"是语文教育的根，语文教育不仅是认知教育，还包括情感教育。语文教师要披文入情，以情激情，为学生创造一个溢满哲理和情致的情感世界，对学生进行熏陶感染，细水长流地

---

① 于漪：《识质与雕塑》，载《语文学习》1985年第1期。

进行滴灌、渗透，塑造他们的心灵。[①]

第一，披文入情，发掘文章蕴含的情愫。自古至今，一篇篇名诗佳作，之所以传诵不衰，常读常新，就是因为作者的笔墨饱蘸着自己的思想感情，甚至凝聚着心血和生命。好文章必然是作者情动于中、言溢于表的产物。语文教师要深刻体会作者的思想感情，就要首先做到"披文以入情"，认真研读教材，深入理解语言文字所传达的情和意，挖掘作品的思想内涵，根据作品中的具体形象，或展开想象，或唤起联想，或联系自己的生活经验、生活知识来丰富和补充作品中的形象，真正把作品寄寓的情思化为自己的真情实感，然后启发引导学生步入文章所蕴含的那个至真至美的情感世界，使之受到熏陶感染。

于漪老师说："情忌外加，忌矫揉造作，忌滥。情是文章内在的、固有的，贵在咀嚼语言文字，深刻领悟。教师只有自己真正动情，才能以情感染学生，这种情是真挚的、高尚的。"[②]"披文入情"的过程，有赖于教师整体人格结构、知识结构、审美理想的全部参与，是教师个人知、情、意三方面整体的体现。只有如此，教师才能真切地把文章所蕴含的情愫转化为自己的真情实感，才能先燃烧自己，再撒播感情的火种给学生。

第二，以情激情，唤醒学生内心的情感。情感具有感染力量和迁移功能，因此教师要以情激情，唤醒学生内心的情感，从而将认知教育与情感教育和谐地统一起来，使整个教学过程情趣盎然。有了教师的教学激情，才会有学生的接受热情，才会有课堂上师生双方如痴如醉、物我两忘的教学境界。于漪老师说："传之以情，以情激情，文字就有血有肉，不是枯燥的符号，文中所描绘的景和物、人和事，所倾注的情和意，所阐发的道理就会叩击学生的心灵，

---

① 于漪：《识质与雕塑》，载《语文学习》1985年第1期。

② 于漪：《兴趣·情感·求知欲——阅读教学艺术谈》，载《语文学习》1989年第2期。

在他们的心中引起共鸣。"①于漪老师善于传情激情，她的一笑一颦、一挥手一投足，都是一种传递感情的符号。她能使学生着魔一般地跟随她渐入文章佳境，与种种高尚的思想接触，跟诸多高尚的人物对话，在不知不觉之间，思想情操、意志品格受到熏陶和感染，完美地达到"随风潜入夜，润物细无声"的艺术境界。

情感容易在一定的情境中产生，因此要让学生真正把书读到心里去，让他们的思想情感和课文中人物的思想感情融为一体，与作者的喜怒哀乐发生共鸣，教师应创设与教学内容相应的情境，使学生身历其境，耳濡目染，受到熏陶，得到滋润。于漪老师正是以饱满的教学热情，用巧引、美读、情讲、趣溢等手段创设情境，开启学生心智，塑造他们的心灵的。

语文教师要善于运用多种教学手段调动学生的感觉和思维，唤醒他们的内心情感，引发他们心灵的震颤。

第三，情感交融，塑造学生美好的心灵。情感教学要使教材情、教师情、学生情这"三情"合一，融为一体，才能弹奏出优美的教学乐章，也才能真正塑造学生的心灵。

教师尤其要把握好自己的感情。教师是生活在复杂社会关系中的人，生活中各种不尽如人意的地方必然影响教师的教学心境，阻碍教师教学情感的形成。教师教学时，一定要抛开一切影响教学心理的不愉快因素，纯净心理，进入角色。由于教材的固定性，教师经常在作品所描写的情感世界里遨游，时间一长，感情就淡化、冷漠了。教师要善于克服这种心理定式，时刻以全新的认识、亢奋的情绪去感染学生。

教学中要唤起学生的情感，还要不断增强学生的主体情感参与意识，使之与教师的情感进行交融。"亲其师，信其道"，融洽无间的师生关系有利于师生的情感交流。于漪老师善于把教师情、学生情和教材

---

① 于漪：《兴趣·情感·求知欲——阅读教学艺术谈》，载《语文学习》1989年第2期。

情这"三情"合一，使它们相互交融。她心中充满阳光，并能将阳光播撒到学生心中，照亮学生的心灵。

3. 兴趣激发求知欲

现代心理学之父皮亚杰说："所有智力方面的工作都要依赖于兴趣。"①兴趣是一种学习动力，是一切精神活动的先导，是学习知识、发展智力的首要条件。兴趣能激发浓郁的求知欲。

古人说："知之者不如好之者，好之者不如乐之者。"②"教师在教学过程中需着力启发学生'好之'，初则萌发热爱的情感，继则求知的欲望在胸中激荡，终则进入徜徉于佳文美什之境，咀嚼品味，乐在其中。"③于漪老师就是以她渊博的知识、真挚的感情、完美的人格为学生编织了一个充满情趣、美趣，且又极富实效的兴趣世界。她让学生在这个世界里健康成长，收获知识，收获美德，收获成功。

有人说，兴趣是一种精细而淘气的东西，形象地说，是一枝娇嫩的花朵，有千万条细小的根须在潮湿的土壤里不知疲倦地工作着，给它提供滋养。这说明了兴趣培养的艰苦性和复杂性。一个优秀的语文教师，一定要善于发现和利用每一寸培养学生兴趣的"潮湿的土壤"。于漪老师把学生学习语文兴趣的激发和培养放在教学的重要地位，抓住青少年"好奇""趋新""感奋"等心理特点，提出了一整套行之有效的措施和做法。她将培养学生课外阅读的嗜好作为培养学生学习语文兴趣的突破口，将课堂教学当作培养学生学习语文兴趣的主战场，用智慧和情感的火花去点燃学生潜在的求知欲。

---

① ［瑞士］皮亚杰：《教育科学与儿童心理学》，傅统先译，文化教育出版社1981年版，第161页。

②《论语·雍也》。

③ 于漪：《兴趣·情感·求知欲——阅读教学艺术谈》，载《语文学习》1989年第2期。

五 唤醒学生的语用智慧和生命心魂

语文课堂是学语文、用语文的活动场域。唤醒学生的语用智慧，从语言文字构成的文本中体验语言运用的文化意蕴和它饱含的文化精神，使学生得到语用智慧的陶冶和心灵的涵养，是语文课堂点燃学生生命之灯的精要所在。本人有机会听过东北师范大学附属中学孙立权老师的两次课，每次课都使我动情动容，让我不禁自语："精彩，好课！""这才是真正的语文课！"他的课以文本为本，以语用为要，教师着眼于"语用"实实在在教语文，学生着力于"语用"扎扎实实学语文，别显一种特有的教学美质。应该说，孙立权老师凭着语言文学的深厚功底，自在驾驭着课堂的教学场域，昭示出一颗"教学大心"，展现的是语文的大气灵动和"我即语文"特有的教学风度，他深层地触摸和追求着本真语文的教学完美和语用真义。就《愚溪诗序》教学来说，整个课堂营构的教学场，真切而充满语文情味，学生浸润在文本语用的领悟中理解课文，透视和把握文本，尽情享受语文。

（一）《愚溪诗序》这堂课，敞开了教学的"对话场"

开讲从"贬谪文学"的解释切入，对《愚溪诗序》的体裁特点进行了例析，使学生精确地掌握了古文体知识。随即解读文本中有关语词，如对愚溪、愚丘、愚泉、愚亭等"八愚"，以及"智者乐水""无以利世"等词句的解析。然后通过学生的"散读"，对文本进行"愚溪不愚"的比较审美解读，揭示了文本的"同构"特质和作者写愚溪的价值意义。教学思路是一条主线贯通，教学节奏明快，对愚溪的解读富有韵律感。很显然，这堂课的整个教学活动，营构而成的是一个富有生趣和意味的语文享受"对话场"。在这个"对话场"中，学生探究着丰富阔大的文本意义世界。如通过贬谪文学《愚溪诗序》解释的对话，"赠序、书序（诗序）"等古文体裁的对话，诗题"愚溪"与有关的愚丘、愚池、愚沟、愚岛等"八愚"的对话，特别是"无以利世"逗号运用与查证教材错误的对话，对愚溪之景的鉴赏，同是"天涯沦落人"的感慨，还有与《小石潭记》《陋室铭》《我的地坛》等文章多层面比较分析的对话等，显然都是"对话场"的精彩构成。这个"对话场"是"寻求理解和自我理解"的交流过程，学生获得了有关语言和文学的语用知识，既深入理解了文本意义，也建构了自我世界，赋予课堂对话以生气与活力。应该说，这个课堂的"对话场"，是教的主体与学的主体两个生命的相遇，是认知的交流、理解的沟通、思维的碰撞、审美的融汇。所以，这堂课"对话场"的教学特别生动、扎实而富有活力。尤其在对话过程中，教师、学生、文本都是平等的主体。一个文本就是一个自足的世界，就是一个有血有肉的生命。当教师和学生都用关注的眼光透视文本时，文本的生命和自我的生命便在这种关注透视中生发出思维的碰撞、智慧的火花，文本理解与自我建构便得以重新生成。《愚溪诗序》这堂课的"对话场"，或是借助教学话语本身的显性对话，或是"不立文字"的隐性对话，都是孙立权老师以自身特有的教学功力和对文本独到的解读把握营构的教学匠心，更是让学生在课堂对话场中确认自我理解、确证自我建构的教学创意。

（二）《愚溪诗序》这堂课，以"语言"为教学切入点

孙立权老师着眼于学生的"语言建构与运用"，刻意唤醒语用思维的敏感，让学生去启开语用心智，在语言生命之河上泛舟轻游，用"语言"引发学生的语用理思。《愚溪诗序》这个文本是文质兼美的佳作，词句精美，内涵丰厚，读来如含英咀华，学生品味深潜浸润于其中，能感受和触摸到愚溪静美的景境形态及其内在含蕴。学生在课堂上品赏读透这段文字——"溪虽莫利于世，而善鉴万类，清莹秀澈，锵鸣金石，能使愚者喜笑眷慕，乐而不能去也"，眼前会不禁一亮：这里的"愚溪"不仅视感风景美丽，而且它漱涤万物，陶冶观者的情操。同时，孙老师接连引导学生体悟文本的描述语言，感受愚溪景致的美和文本语言的美，使学生"赏心悦目"，把握其美的底蕴。随即又由景及人，以愚溪自比，用愚溪自慰，让学生在语言中品评二者"同病相怜"的意味。愚溪是沦落的土地，柳宗元是沦落之人，学生在文本语言中品味到了同病相怜之感。在此基础上，孙立权老师还延展开去，进行不同文本形象——白居易的《琵琶女》、刘禹锡的《陋室铭》等语言描述的比较审美分析，揭示了文本"主体间性"形成的"同构"问题。特别是这些文本语言的描述，"或许作者表面上是用一种非常轻松淡定的语气来说的，但实际上饱含着对现实社会的一种愤恨和不平情绪，而且有的情感基调是非常凄凉的"。对此，孙立权老师还特别强调说明："在这美丽的文字背后，是凄凉，是悲情，是悲愤，是悲剧精神。这就是为什么方才上课开始老师说贬谪文学是中国文学的重要组成部分。如果没有它的存在，中国古典文学将黯然失色。……这文字底下的悲情，我们能够看到。那么这样的作品，当之无愧是伟大的作品。"随即要求学生带着这样的理解，再细读品味全篇。

应该说，孙立权老师的《愚溪诗序》教学深层触摸了作者对"愚溪"语言描述的真义，揭示了语言文字运用的奥秘。学生在语言品味中不禁心荡神摇：美丽的愚溪景境的召唤，让人感受到愚溪之美的丰厚意涵。而愚溪的景境中暗藏的是生命的潜流、跳动的脉搏，负载着作者的情感、生命、意志，阅读愚溪之景就是阅读人和生命。经过文本语言营构的"愚溪"世界所包孕的各色景物——愚溪的天、愚溪的水、愚溪的景境……所有这一切和人一样，共同生存于同一块土地，接受同一片天地的笼罩抚慰，经历着荣辱枯衰的生命轨迹。透过语言描述的愚溪景物形象表征，学生能够洞悉隐于文字背后的深层意蕴。黑格尔曾说："意蕴总是比直接显现的形象更为深远的一种东西。"①这种"深远的意蕴"给予我们明确的启迪：语言是生活世界和生命形态的呈现，语言是存在的家园，语文课堂必须要把语言建构与运用作为教学的基本点和出发点，因为它是语文课堂的根与本。这就是孙立权老师的《愚溪诗序》教学给我们的启示。

（三）《愚溪诗序》这堂课，善于拨动教学的吁情性

孙立权老师很善于用语言的情感性来启迪学生的心智。教育家陶行知说过：教育是心心相印的活动，唯独从心里发出来的才能打到心的深处。课堂教学文本的字里行间饱蘸着作者的情感，凝聚着他们的心血和生命。在课堂阅读活动中，教师与学生以情动情，以情吁情，以情激情，文本的情感拨动了学生的心弦，使他们得到美的情感享受。文本中负载着情感的因素，表现了人的情感的本质。显然，《愚溪诗序》中反映的作者的生命经历、描述的悲欢离合场景，虽然彰显的是"一己悲欢"，但常常以呈现人的共同相通的情感为旨归。如孙立权老师在课堂上例举的白居易聆听了琵琶女的弹唱后，哀愁着她的哀愁，痛惜着她的不幸，深怀着自己的坎坷，两人相似的生活遭遇，不由引发白居易无限的感慨："同是天涯沦落人！"这份情感并非独属于白居易与琵琶女，更属于课堂上作为读者的学生。学生在课堂阅读时，文本语言饱含的情感引起他们心灵的共振、情愫的共鸣。人在遭遇不幸、历经磨难时，难免会悲怆不已、泪下沾襟。作者及其文本中的人物郁结在心中的"块垒"，随着语词的流动宣泄出来。孙立权老师的教学也就带动着课堂阅读的学生涤荡了纷繁的情感，拂去了心中的杂念。这一切情感都是人的本身散发出的人性之光，它照亮了人们的心灵，折射出生命的光辉。这显然也是孙立权老师课堂教学营构的特有境界。

---

① ［德］黑格尔：《美学》（第1卷），朱光潜译，商务印书馆1979年版，第167页。

（四）《愚溪诗序》这堂课，启开了学生的理解智慧

孙立权老师在课堂上为学生创设思想自由驰骋的空间，以一颗理解和宽容心对待学生。只要学生的理解与阐释合情合理，孙立权老师就要给予肯定，促使学生全身心地投入文本解读，让学生的心灵空间与文本空间相融相合。唯其如此，在这个课堂上学生懵懂的心灵都能被唤醒，创造的心智也能被开启。教师一个宽容的眼神，一个善意的追问，一句亲切的鼓励，对课堂上的学生来说，就是一种领悟的启迪，一种思维的智慧，一种自我理解与意义建构。有的学生读着柳宗元描写的愚溪——"嘉木异石错置，皆山水之奇者"，生发出了自己独到的理解，深感到愚溪景致的美别有价值，即它被抛掷到这么偏远的蛮荒之地，就像有才华、有抱负的人贬到这里一样。有的学生还有独自的创见：刘禹锡的《陋室铭》和这篇文章一样，都是把物冠一个名字，这篇是"愚溪"，那篇是"陋室"；但是作者通过描写陋室的美景，还有室内的人，最后得出一个结论——"陋室不陋"，而这篇的愚溪也就是"愚溪不愚"。显然，这些都是思维的碰撞、理解的叩问、智慧的火花。学生这样的理解与阐发更富有解读的个性美质。在这样的语文课堂上，学生的理解创造力就如同一株久旱逢甘霖的禾苗，得到了滋润和呵护。无疑，这也是孙立权老师《愚溪诗序》教学的一个精彩点。

六　简约语文"大道至简"的教学探索

近年来，在所谓新理论、新方法的喧嚣中，语文课越教越复杂，越教越花哨。那么，语文课到底教什么，怎么教？如何真正落实和践行语文核心素养？应该说，简约语文的教学实践找到了答案。众所周知，"简约语文"是近年来与语文名师丁卫军的名字联结同构的语文名牌。南通语文名师丁卫军工作室，也是在全国语文界特别耀眼的标志。简约语文倡导的就是基于核心素养的简洁、精约的"好课"教学，既是一种简约的教学理念，也是一种精约的教学策略。以语用为本，以文本为本，以学生为本，简简单单教语文，实实在在学语文，扎扎实实用语文，是简约语文基于核心素养的"好课"教学之道。正如不少专家所说，在简约语文的课堂上，没有那种表演式花哨热闹的教学浮华，即借学生做助演而实则是用心于"自我表演"的功利语文。简约语文的"好课"简约之美能够驱逐当下这种有害语文的浮华和功利性，让学生学到语言文字运用，感悟到汉语文的内蕴和真义，既能提高学生的语用能力和语文核心素养，又能使之得到情感和心灵的建构。从某种意义上说，简约语文是一种语用性教学、精约性教学，是"大道至简"的教学智慧，是汉语文教育生生不息的教学传统。

（一）简约语文"好课"模样的生成

多年前，丁卫军上的一堂课被称为"免检"的好课，由此诱发他思考"好课"的模样。那么，"好课"是什么模样呢？丁卫军最初的理解是，要观察学习名师课堂，并把教学观察与自己的课堂教学结合起来，尝试着模仿名师的语文课，改变自己的课堂教学，想象着"好课"的模样。可是当时讲的公开课却是"糟课"，并没显出"好课"的模样。语文课五彩斑斓，但到底教什么，怎么教？在痛定思痛中，他蓦然发现，把名师语文课搬到自己的课堂上，终究水土不服。无"我"的课堂虽有骨架，却没有灵魂。"我"的"好课"在哪里？其实就在文本里，在学生中。教师没有对文本的自我解读，没有对学生主体的切实把握，没有自己对"教什么，怎么教"的精准预设，语文课的模样自然不美而没有魅力。

为此，丁卫军决意要上出属于"我"的好课来，探寻"扎根语文本体"的教学实践之路。经过苦心探究和反复践行，他深入醒悟到切实搞好文本解读是一个语文教师打开"好课"大门的钥匙，是上出"好课"的重要法宝。所以，他从文本解读切入建构属于"我"的好课模样，并提出了"简约语文"的教学主张，开始了"简约语文"理念关照下的好课教学探索。通过数年的探索践行，他总结并出版《简约语文课堂》《简约语文公开课》等书，初步完成了简约语文的实践建构，"我"的好课模样也在心中不断清晰地呈现出来。

简约语文的"好课"教学到底是什么模样呢？简单地说，简约语文"好课"教学模样有五个关键词：一是问题。问题取决于一堂课的目标，主要有两个取向，即文本的核心教学内容与学生的需要。在文本细读中把握教学内容，根据学生的需要确定适当的教学目标，设计课堂的主题。二是活动。学生主体活动充分与否，是考察一堂课是否有效的关键要素之一。因此，教师要树立学生活动的设计意识，以智慧的设计为基础，力避课堂教学的表面热闹，真正落实好自主学习活动。要授之以渔，教给学生可用、实用的语用智慧。三是表达。表达是简约语文"好课"教学的主要活动内容，也就是课堂的说和写。要读写结合，实现读写共融。四是倾听。倾听是当下课堂常被忽视的问题。其实，只有师生有效地倾听，才能实现启智生成，在倾听中彼此质疑，锻炼批判性思维能力。[①]五是评价。评价内容着眼于澄清学生对问题模糊的认识，以提升其思考问题的认识能力，触发学生的深度思考。不仅如此，简约语文的"好课"教学还有这样的新走向：

1. 不断走向生本的更近处

在简约语文"好课"的教学中，丁卫军越来越笃信一节课有两个起点：一是文本的核心内容和价值，一是学生主体的需要。认识学生比关注学生来得重要。很多时候，我们总是以为已经给学生做了很多，已经全身心地付出了我们的智慧。可是事实上更多的是忽略了学生的需要，是锦上添花，很多时候是在"好心办坏事"，而未能走近学生主体，认识他们。只有走近了他们，弯下腰，蹲下身，离学生更近些，我们的课堂也许才会呈现出别一番景象。简约语文的"好课"应该是教师用自己的才情、智慧激活学生才智，引导学生"向青草更青处漫溯"。一句话，简约语文的"好课"就是以学生为本，焕发学生的生命活力，不是教师"显能表演"的所在。

2. 不断走向"语用"本源处

语文是一门学习语言文字运用的综合性、实践性课程。语用，就是语言文字运用。学习和运用祖国的语言文字，着力于提高学生语言建构与运用的语文核心素养，是语文教学的根本任务。叶圣陶早就明确指出，学语文为的是用，就是所谓学以致用。"语言文字的学习，就理解方面说，是得到一种知识；就运用方面说，是养成一种习惯。这两个方面必须联成一贯。就是说，理解是必要的，但理解之后必须能够运用；知识是必要的，但是这种知识必须成为习惯。语言文字的学习，出发点在'知'，而终极点在'行'，能够达到'行'的地步，才算具有这种生活的能力。"[②]在当下的语文教学实践中"语用"被忽

---

① 丁卫军：《简约语文公开课》，北京燕山出版社2018年版，第2页。
② 叶圣陶：《略谈学习国文》，见《叶圣陶教育文集》（上册），人民教育出版社1980年版，第2页。

视了，温儒敏曾呼吁"语文课要聚焦语用"。语用的回归是简约语文教学本体的回归。探求简约语文教学的本源，就是要研究语用教学。怎样加强语用教学与思维训练的融合，是语文核心素养语境下的课堂需要认真思考的问题，也是简约语文"好课"教学的基点所在。

随着对"简约语文"的深入探索，丁卫军不断建构"好课"的模样。如以读为上，以读为重，以读为美，就是自古以来汉语文教育简约之道特别富有生气和活力的特色所在。实际上，简约语文主导的"读"就是其简约之美的生命和第一特色。对学生来说，读就是语用，读就是积累，读就是陶冶，读就是建构。所以，简约语文教学的兴起与发展打破了花哨语文的教学弊端，回归"正道"语文的教学本体，成为语文追求"好课"的教学热点。我们可以想到，没有"读"就不会成为"好课"，没有学生在读的过程中一次次品味与追问，就没有对"简约语文"好课的重新定位。追问与重建改变了语文活动的行走方式，拓开了简约语文"好课"教学的新路径，走进了简约语文教学的新境域。

很显然，简约语文的"好课"教学让教师能够实实在在教语文，学生能够扎扎实实学语文，而且在学以致用中丰富了学生的精神。如在通常的读写教学中，很多人认为学生的生活三点一线，那样的单调枯燥，没有什么可写、没有新意是情理之中的事。但在简约语文"好课"教学来看，学生不是没有什么可写，而是缺少关注生活、思考生活的自觉。学生的肉眼打开了，"心眼"是遮蔽的。没有经过心灵过滤的生活，怎么会有个性呢？正如曹文轩所言：没有经过凝视的世界是没有意义的。做自己的"史官"，用日记来记录我们的生活，来关注我们的生活，思考我们的生活，来审美生活。这样，我们和学生就会惊喜地发现，熟悉的地方也有风景，看似琐碎的细节里也包含着深刻的人生哲理。一本本经典名著，一本本日记，成为学生精神成长旅途中最靓丽的标记。[①]这就是说，简约语文的"好课"教学其实很简

---

① 丁卫军：《简约语文公开课》，北京燕山出版社2018年版，第4页。

单，即把读写变成看得见的生活情景和生活过程，构建真实而完整的过程性读写教学秩序，让读写教学看得见。教师把自己养在课堂里，将自己磨在课堂中，简约语文"好课"的模样就靓丽，你的行走姿态也一定会呈现出不一样的风采。

（二）简约语文"好课"模样的要素

简约，即简要、精约。它含有去掉不必要的、留下必要的意思。简约与简单既相关联也有区别，简单常与繁杂相对，而简约则与精要相融。简约之"简"，更多的是指向外在特点；"约"，更多的指向内在本质。

如何把握简约语文？怎样走出语文课越教越复杂的怪圈？丁卫军认为，语文是丰美的，简约与丰美不是矛盾体。简约语文不是将语文简单化，而是把握汉语文的本体特质，在简约化的课堂上要着力抓住语言建构与运用的语用教学及其核心素养取向。具体而言，简约语文涉及教学目标的确定、教学内容的选择、教学流程的设计等多种因素，似乎有些复杂。但从"简约"视角来看，"简"只是一种形式，"约"才是它的特质，才是它的灵魂。因此，把握简约语文的关键在于课堂的简约，以切实解决当下语文教学目标繁而空、教学内容多而杂、教学环节多而乱、教学语言多而泛、媒体运用炫而悬的问题，并力避无限夸大语文的外延，消解沉重的课堂负担。这就是说，以简约语文的"精约"之道来打破现实存在的教学弊端，摒弃有害语文的教学浮华垃圾，以少胜多，以简驭繁，从以下几个教学要素切入，来建构简约语文的"好课"模样：

教学目标简明。教学目标确定是否恰当，直接影响课的质量。简明的目标至少取决于三个因素：一是要有课程意识，明确课程规定的学段目标。每个单元、每节课的教学目标要放在学段目标中考虑，要清楚每节课的目标就是学段单元目标的具体体现。二是要有教材意识，具体研究课文，把握文本教学的重点、难点和特点，对教学取向做相应的调整，主要以"语用"为基点确定简约语文的教学目标。三是要有学情意识。从学情实际出发，确定教学具体目标，即以生为本，了解学生学业差距，做到有的放矢。

教学内容简洁。在切实理解和把握教材文本的基础上，精心选择适度、适量、适合的教学内容，把最精华、最精彩、最精要的东西呈现给学生，使教材文本的价值最大化。不要在学生"一望而知的东西"上兜圈子，要讲出"学生感觉到又说不出来，或者以为是一望而知，其实是一无所知的东西来"[①]。所以，简约语文"好课"教学内容的确定，必须以生为本，针对学情确定教学内容，力求凸显教材文本的核心教学价值。

教学过程简化。简约语文的"好课"，强调学生在课堂上的主体地位，课堂教学设计要以学生活动为主体，教学环节要简化，学生活动要充分，要把更多的时间留给学生进行自主学习，让学生感知内容，理解内化，学会运用。精练教学过程，简化教学环节，为的是突显学生的主体活动，并不是弱化教师的主导地位。教师是简约语文"好课"教学活动的引导者，要创设师生教与学互动的空间，构建"师生互动"的有效教学机制。

教学语言简练。教学语言是教师最主要的教学手段，直接影响课堂教学的效果，因为促成有效教学的关键是"清晰的表达"。这就是说，教学语言要做到简洁精练，指向性要明确，晓畅明白。丁卫军强调，在课堂上教学语言要把学生牢牢地吸引住，要达到收心、引趣、激情、启思的效果，激发学生"学语文、用语文"的语用智慧。

媒体运用简便。媒体技术给语文课带来了革命性的变化，也考验着教师的教学智慧。现实的课堂媒体使用存在着诸多弊病：首先是简

---

① 蔡建明：《"一望而知"与"一无所知"——再读孙绍振先生〈名作细读〉》，载《语文学习》2009年第10期。

单化，课件替代板书，把教参的主要内容搬运到课件上；其次是复杂化，追求课件的花哨、靓丽，博取学生眼球。教学媒体需要精简，媒体使用要简单便捷。媒体运用于教学应遵循以下原则：一是精用，需要是第一原则，该用则用，要用好用充分；二是巧用，要学会驾驭多媒体，促进教学的巧妙运用；三是活用，即要从实际出发，有选择地使用课件。

教学目标的简明、教学内容的简洁、教学过程的简化、教学语言的简练、媒体运用的简便，是简约语文"好课"模样构成的特质要素，体现了简约"整化"教学的两个统一。所谓"整化"，就是简约语文注重"好课"教学的整体性——各个不同教学要素的优化组合。深入理解这两个"整化"统一，有助于我们切实把握简约语文"好课"教学的智慧与真义。

1.简约语文"好课"教学过程与效果的统一

从简约语文"好课"的构成要素来看，其教学的过程表征"好课"的语文活动与方法，教学的效果表征"好课"的语文学习的获得感。一方面，简约语文"好课"教学效果的获得依赖于特定的教学过程与方法。任何"好课"的简约教学，总是一种能够检验或可以"免检"的教学优化。另一方面，简约语文"好课"的教学过程与方法内在于"简约"的教学活动之中，并随着教学活动的发展而不断变化。"简约"的教学活动只有和相应的优化过程和方法结合起来，才能使学生的语用能力和语文核心素养得到实质性的提升。从简约语文"好课"的教学考察来看，优化教学的过程强化了教学的效果，把生成效果的生动过程化为"简约"教学实绩，从而加强了"简约"教学过程与效果的内在联系。由此，它激发了学生"学语文、用语文"的自我思考和个性，实际上是对学生语用智慧的唤醒和个性的建构。正因为如此，我们既要注重简约语文"好课"教学过程的优化，又要强调简约语文"好课"教学效应的优化，强调"简约"教学的过程与效果的整化统一。

2. 简约 "好课" 教学要素优化组合的统一

简约语文 "好课" 教学强调整体性，即无论是简明的教学目标、简洁的教学内容，还是简化的教学过程、简便的媒体运用、简练的教学语言，都注重各个不同教学要素的优化组合，强调 "好课" 的各要素简约的特征和教学活动方式及其总和都不能代替整体的性质和教学规则。因此， "好课" 教学要特别防止片面强调某一要素或忽略其他要素的问题。否则，就会有损于简约语文 "整化" 教学的功能，不仅不是 "好课"，而且也有悖于学生语用学习的客观规律。这就是说，简约语文是不同教学要素的优化组合，具有 "整化" 教学的功能。所以，在简约语文各个教学要素的 "整化" 构成中，如教学目标、教学内容、教学过程等同是其整体性的组合中不可或缺的要素，简约语文 "好课" 的教学特别重视各个教学要素的优化组合，强调各个教学要素的整化效应。实际上，简约语文 "好课" 教学通过不同教学要素的优化组合，取得了高质量的整化效果。

（三）简约语文 "好课" 模样的活性

简约语文的 "好课" 教学，因整体性营构预设和优化组合而有效，更因随机性创设生成而精彩。这种充盈的生命活性，就是从 "复杂而又花哨" 的语文课中突围， "以少胜多" "删繁就简" "张弛有度"，强调以创设性智慧把握好教学的多与少、繁与简、深与浅等课堂的活性效应。

简约语文 "好课" 教学的活性效应，主要表现在教学设计追求以简驭繁、约中见丰，实现课堂的最大张力。丁卫军说，有些老师的 "好课" 教学，其环节不多，似乎信手拈来，却又别具匠心，精心探究 "好课" 教学设计的优化艺术，以简驭繁，使其课堂教学呈现出别样的风姿。[①]如有老师执教朱自清的《背影》，抓住 "背影" 这一主体

---

① 丁卫军：《简约语文课堂：走向内在的丰富和诗意》，江苏凤凰教育出版社2015年版，第18页。

形象逐层深入地进行解读。从"南下奔丧"叙写"背影"出现的背景，写到"南京送子"的"背影"出现，又从"父子离别"叙写"背影的隐没"，写到"别后致书"对父亲怀念的缠绵之情，揭示了这篇散文匠心营构的真义。看起来似乎只抓了"背影"形象一个点，但却达到"一石多鸟"之教学功效。以简驭繁、约中见丰的"好课"教学，挖掘出了文本的"原生价值"，实现了文本的"教学价值"。

简约语文的"好课"教学需要教师针对学生的心理状态和教材文本特点，灵活地、创造性地运用教学手段，以简约化的路径提升学生的语用能力和语文核心素养，为的是实现学生语文人生的丰美，达成学生生活的丰美、生命的丰美。因此，我们应特别注意把握简约语文"好课"教学的两个简约之道。

1. 立足于扎实的语用性教学

简约语文"好课"是扎实的语用性教学。它从根本上把繁杂、浮华的语文课拉回语文本体，还语文课本来面目，即着力于语言建构与运用，扎根于语言文字运用的语用教学，以语用为本，以文本为本。实质上，简约语文"好课"教学的过程就是化繁为简，聚焦语言文字运用的语用过程。这就是说，简约教学其实就是语用教学，简约语文就是语用语文，简约的根本在于聚焦语用，即"学语文、用语文"是简约语文"好课"教学的基本点。

实际上，简约语文"好课"的教学要义在于语言品味，即引导学生在阅读中投注到文本语言文字构成的语境中，体味语言，感悟文字。以语言文字的深度品味"化文心为人心"，力求达到古人所说"我与文化，文与我化"的阅读境界。那么，如何达到这种阅读境界？就是与文字打交道，通过语言品味的语用学习来实现。所以，扎实的语言文字品味是阅读学习"以文化人"的基本途径。对此，丁卫军以《寒风吹彻》为课例进行了分析：那种散文的诗意语言与焕发出来的生命气息扑面而来，彰显了语文课臻于语用教学的雅约之境。这篇散文作品既具独特的语言表达方式，也蕴含着对生活、对生命的独特体验和思考，与学生是有距离的，对学生来说是一种挑战。但老师喜欢这样的语用文字，喜欢这样的语用艺术挑战，带着学生在这样的语用文字品味里"绝处逢生"。[①]

丁卫军特别重视引导学生读透文本文字，在文字感悟中读到自己的生活，在文本文字与自己的生活之间找到某种"融合"。这种"语言品味"是关注生活的，以学生的生活视野为切入口，在语言的玩味中达成对生命密码的解读，使文本语言成为学生进入自己生活、生命世界的媒介，实现文本语用的教学价值。为此，丁卫军指出，在这堂课上学生从语用文字里读出了亲情的温暖，读出了"人到了一定的年龄，自然会有的一些寒冷和孤独"，读出了"生命并不只是五彩缤纷的，在它的对立面，也有孤独、寂寥、无助、无奈"，也读出了作者所要表达的要义——"我的文字里面没有单纯的痛苦、快乐、伤感，所有东西都融合在一起，是一种悲喜交集的文字"。[②]整堂课里这样的语言品味精彩，要言不烦而充满哲思的精致表达，给学生以精要的语用示范。

对这种"语用性教学"，我们可做这样的阐释，即课堂上要引导学生在文本的字里行间穿行，与文本语言文字亲密接触，与文字发生碰撞和共鸣，并要求学生在语言品味中读出文本语言文字的韵律和意味，力求字字句句敲打和穿透自我的内心。我们知道，文字与内心是画等号的，文字能反应一个人的内心。同样，文字又可以温润人的内心。以语用性阅读的文字品味给人心灵情感的温暖，是阅读特有的力量和魅力，也是语用性阅读的特点所在。

2. 着眼于静读的精约性教学

刘勰《文心雕龙》中有"精约"之说："精约者，核字省句，剖

---

① 丁卫军：《简约语文课堂：走向内在的丰富和诗意》，江苏凤凰教育出版社2015年版，第28页。

② 丁卫军：《简约语文课堂：走向内在的丰富和诗意》，江苏凤凰教育出版社2015年版，第28页。

析毫厘者也。""善删者字去而意留，善敷者辞殊而意显。"丁卫军说，"精约"的关键在于"意留"，即意义表达精确而没有多余的文字才算得上精约。"精约"之说是简约语文教学的"大道至简"要义所在，它强调的是"精于心而约于形"。所谓"精于心"，就是要把握住文本的核心内容和基本特征；"约于形"，就是选择恰当的教学形式，使"教什么"与"怎么教"相契合。如有老师执教《安塞腰鼓》，这篇散文的语言是独特而丰富的，如多用短句，运用大量的排比、比喻以及双声叠韵词等。因此，老师抓住这篇散文的语言体式特征，从语用学习出发，特别要求并反复强调学生"静心阅读"文本，要结合具体的语句探究文本内容与语言运用的关系，紧扣感受文本语言传达的磅礴气势，发现语言句式及用词的语用特点。[①]

显然，简约语文"好课"教学所追求的"精约"，就是要"化繁为简"。这堂《安塞腰鼓》的精约课有效性教学，关键就在于从文本语言切入，在"静心阅读"中感受黄土高原汉子们奔腾的生命力量，感受人与鼓一体、艺术与生命同构。这个特有教学价值的启示，就是简约语文"好课"教学的精约性在于要切实加强"静心阅读"。

静心阅读，简单地说就是"静读"。"静读"的提出是针对"热闹语文"来的，即现在课堂上的那种"闹读""吵读""哄读"，学生不得一点心静，根本学不好语文。事实上，只有"静心阅读"才能做到"精约"有实效。"静读"，即让学生静下心来，静静地阅读，力求走进文本的字里行间，入情入境，读出一种滋味，读出自我的静悟感，徜徉于一种静读的境界。这种静心阅读，需要一种沉静的心境，需要一种阅读的纯情，一种心净的境界，没有杂念，没有浮躁，没有急功近利，静品细读。可以说，静心的特质是纯情，静心阅读就是一种纯情阅读。因为"精约"需要"静读"，离开"静读"就做不到

---

① 丁卫军：《简约语文课堂：走向内在的丰富和诗意》，江苏凤凰教育出版社2015年版，第24页。

"精约"；因此，只有重视和加强"静读"才能实现富有内涵的精约性教学。

冰心当年写那些"爱的教育"的散文篇章，就是从倡导女孩子"静心阅读"开始的。"关关雎鸠，在河之洲。窈窕淑女，君子好逑。"冰心说，孩子们静读这种朦胧的纯情诗作，能催生纯美的心灵，因为静读能传达一种纯情之美，特别是能给少男少女营造一个纯情世界。没有静读往往就没有纯情。静读的力量，就是能催生和营造纯情的美丽。这也说明，静心阅读是与学生读透文本而淬炼心灵情感直接相关的。应该说，静读这种精约性教学能有效清除热闹语文的教学"闹剧"。

简约语文"好课"教学重视和加强这种"静心阅读"，很重要的是要给学生营造静读的心理环境。实际上，只有"静心阅读"才能与文本沟通、对话与碰撞，产生情感的共鸣，真正理解文本的真义。因此，简约语文"好课"教学反对浮躁阅读，反对功利阅读，反对扫描式阅读，也反对那种追求"热闹"的课堂浮华风。在浮躁或扫描式的阅读中，学生往往连一篇说明文也读不好，甚至还会造成误解操作的事故，根本谈不到精约性教学。钱穆在他的《人生十论》中，曾对此做过精到的阐释。他强调"静读"是要静心地阅读，若"骤读"一本书，此皆是心不静，若要求有所得，断然是不可能的，切不可在浮躁中去"骤读"。[①]对此，钱穆以自己切身体察的事例说明只有"静读"才能从书中得到切实的受益。他在文章中用两句诗写自己静读的体悟，即"问我何所得，山中唯白云"。意思是，要问我读书有何获益，那就是山中的幽静惬意和天上白云的纯净造化——那里既有清静的心境，又有纯净的怡悦。显然，这推崇的正是静读的纯情。

---

① 钱穆：《人生十论》，广西师范大学出版社2004年版，第7页。

第四章
解读叩问：文本的多层次构成

　　教材即课程。语文教材文本资源无疑是确定教学内容的主要依据。虽然不能说教材文本资源就是教学内容，但教学内容的确定必须要依据教材文本资源。只有依据教材文本资源才能确定"教什么""学什么"的问题。语文教材是以文本形式构成的教学内容的载体，它以特定的结构方式呈现教材编者对"教什么"与"学什么"的构想与设计。离开了教材文本资源，教学内容的确定就会无从谈起。但是，近年来语文教学出现了摒弃教材文本资源的发掘，而大搞"热闹的"教学活动的现象，致使语文教学内容空泛化，造成了语文课堂教学有效性的丧失。

一 文本解读三层次与教学内容确定

近年来，语文教学领域出现了是"教教材"还是"用教材教"的讨论，有人否定前者，有人则不认同后者。其实，这个讨论似没有多大必要，因为语文教学既要"教教材"又要"用教材教"。如果没有"教教材"的基础，怎么能"用教材教"呢？叶圣陶的语文教材"例子说"，并非否定"教教材"，而是强调在"教教材"的基础上抓好听说读写教学训练，说明教材文本资源是确定听说读写教学内容的范例。这实际上是要求我们以教材文本资源为范例来确定教学内容，既是强调要"教教材"，也是强调要"用教材教"。我们对教学内容的确定应该把握两个基本方面：一是"教教材"，二是"用教材教"。这二者不是对立的，而是统一的。前者是教学内容确定的基础，后者不过是"教教材"的动态性生成与提升；没有前者为基础，后者就不可能生成。所以，如果忽视"教教材"，冷落教材文本资源，单纯追求"用教材教"，教学内容的确定就会失去依据。只有在"教教材"的基础上根据教学实际灵活适当地"用教材教"，才能使教学内容实现动态性生成与拓展。

教学内容的确定必须立足于"教教材"，即依据教材文本资源确定教学内容，发掘教材文本资源构成的教学内容。这就是说，尊重教材文本，着眼于"教教材"，切实把握教材文本资源，发掘教材文本资源构成的教学内容，是确定教学内容的基础和前提。在教学过程中或许要根据教学实际对教材文本构成的教学内容资源做些取舍与整合，但是不可抛开教材文本资源而"在碗外找饭吃"，不可背离教材而另搞一套。中小学语文教学实践说明，漠视和架空教材文本、抛开教材文本资源、把教材文本仅作为一种"教学的摆设"而随意拓展与发挥的教学行为，只能导致教材文本的"异化"与语文课堂的空泛化及"去语文化"，根本不能实现有效性教学。如有的老师在说明文《风向袋的制作》的教学中，以投影片展示了数套风向袋半成品和学生做的数个风向袋的资料，而对教材文本具体写了什么内容、材料如何组织及如何表达几乎没有涉及，使学生不能零距离接触和亲近教材文本，造成教学内容媒体演示化而消解了教材文本教学的"语文味"。有的老师在《江南的古镇》的教学中，不是把教学内容重点放在把握教材文本的感情基调和语言品味上，而是在优雅的古筝声中为学生展播了不少江南古镇的图片，然后让学生讨论：我们要不要保留这些古镇？怎样处理它们与现代化之间的矛盾？显然，这是远离教材文本世界的教学内容拓展。这种拓展不是"教教材"，而是摒弃教材文本资源，抹杀了语文课的特质，是明显的"去语文化"现象。

教材文本是教学之本，一切语文教学活动的开展都应当立足于教材文本的基础之上。只有切实把握这个基础，根植于教材文本的世界，语文课才能是有血有肉、实实在在的，教学内容才会是具体的、确定的。其实，每一个教材文本的教学资源都是看得见、摸得着的存在形态，是丰富的、可进行多层性发掘的。教师只有深入发掘教材文本资源构成的这些教学内容，让学生贴近教材文本，与教材文本亲密接触，走进教材文本的世界，具体领略教材文本世界内部构成的绚丽风光，即切实深入地"教教材"，真正打开教材文本构成的本体世界，才有可能上好语文课——引导学生在教材文本构成的语文世界里领略语文的美，体悟语文的奥妙，从而扎扎实实地学好语文，用好语文。

如何"教教材"，发掘教材文本资源而合理地确定教学内容呢？笔者认为，其关键在于把握教材文本的"多层次结构"，即根据教材文本的"多层次结构"来确定教学内容。

语文教材文本的构成并不像我们过去所理解的那样简单，只是所谓内容和形式的统一体。从其本体来看，教材文本的存在形态，也就是教材文本的本体构成，是一个"多层次结构"：

一是形式层——教材文本构成的"语体形态"，即由语言组合而形成的语音、语段、句群到篇章结构及其整体营构的秩序与形态，也称为教材文本"语体层"。这个结构层次，作为教材文本的存在形式，有如绘画的线条和色彩、音乐的音符与节拍，它是教材文本资源赖以存在的基础和条件，可以说是教材文本得以生存的土地，它是教学内容确定的重要依据。

二是再现层——教材文本展现的"语象世界"，即教材文本语言构出的物象与事象、场景与画面、气象与景境等，也称为"语象层"。它是由多种客观因素，也就是人与物、情与景、意与象等相互交织而构出的富有生气和活力的生活图像和空间。这个结构层次，因教材文本文体不同而有不同的构成要素和构成方式。抒情类教材文本（包括诗歌、散文等），是以意象（整体意象、意象单元或意象群）为语象世界的构成要素；记叙性教材文本则以人物、事件、情节、场景等为构成的要素。作为教材文本"全部内容构成"具体化展现层次，它实际上就是我们要着力发掘的教材文本构成的主要教学内容资源。

三是表现层——教材文本内在的"语义体系"，即教材文本负载的情感与理思、精神与思想、灵魂与生命，也就是教材文本的深层意蕴，也称为"语义层"。教材文本构成的语义层，是我们引导学生深层透视教材文本内部的营构机制，进而切实揭示教材文本构成真义和规律所不可忽略的主要教学内容资源。因为在教材文本的多层次结构中，语义层看似处于语体层、语象层之外的一个独立层次，但它实际上是教材文本的一个功能层次，是无法独立存在的，其构成要素与构成方式完全产生于教材文本的另外两个结构层次，一旦离开后者，前者便烟消云散。这很容易理解，如果失去语言符号，没有一定的语言形式及其构成的语象世界，一个教材文本的情思、义理和意蕴便会荡然无存，学生无从感受和体验，阅读教学内容的确定就会失去依据。

为切实"教教材"，我们在教学中应当切实依据教材文本的这种"多层次结构"，深入发掘其构成的文本资源，来具体确定不同层次的教学内容。

（一）发掘教材文本构成的"语体层"资源，确定消解性教学内容

学生面对一个教材文本，起始就是面对一个陌生世界，其中存有一个"此在"与"彼在"的鸿沟。如何引导学生消解此在与彼在的鸿沟，与教材文本亲密接触并达到对教材文本语体形态的具体把握，是发掘教材文本资源、确定教学内容必须要处理的重要问题。语体形态，作为教材文本的存在形式，是一种由文字符号构成的"语言的完形"。语体，是指教材文本的语言秩序所构成的文本体式，它是一种完整的语言构造。绘画用色彩和线条构造世界，音乐以音响和节奏为表现手段，语文教材文本是"语言的艺术"，自然把语言作为建构教材文本世界的材料。这些语言材料在具体文本中分别以各种形式组合起来，构成了五彩缤纷的语言体式。教材文本构成的这种"语体层"，其实就是所谓的"语音构成层次"，它包括语言的声音组合，语言的韵律节奏，语调的轻重缓急，文句的长短、整散，字音的响沉、强弱，语流的疾徐、曲直，以及字句语序的声态变化等。任何教材文本结构都存有这样一个语言构成的语体层次，它以特定的语体形态来表现富有张力的意义空间。因此，它是发掘教材文本资源、确定教学内容所必须深入探讨的一个重要层面。在教学中，对消解性教学内容的确定就是让学生具体把握教材文本构成的这一语体层次，通过不同形式的感知教学，特别是诵读教学，如品味阅读、感动阅读、陶冶阅读等，让学生感受教材文本，在教材文本构成的语体形态中消解与教材文本陌生化的鸿沟，从而融进教材文本，对教材文本进行整体把握，揭示教材文本语体构成的特点。

（二）发掘教材文本构成的"语象层"资源，确定描述性教学内容

教材文本构成的"语象层"，是凭借语言呈现的物象与事象、场景、画面、气象与景境等。它是由形、神所统辖的多种客体再现因素——古人所说的"应物象形""随类赋彩""人物感应"等交互作用形成的有机动态结构系统。在教材文本的阅读过程中，它浑整地作用于学生的心灵感受，并诱发学生的想象和联想、情感与理思，给学生带来一种阅读召唤性和吸引力，使学生去关心教材文本中特有的事物形象，或者是一个特定的场景、画面，或者是一派浓烈的色彩，或者是富有悟性的情景。如李清照的《如梦令》，那秋雨黄昏的场景、国难家仇的命运，表现出一种欲说还休的景境。这种灵动的景境贯通全篇，而且是那么强烈和感动人心。又如北朝乐府民歌《敕勒歌》，气象恢宏豪放，呈现了天连草原、草原连天的雄浑壮美的景象。那天之苍苍、野之茫茫、天野交相辉映的奇丽画面，那郁郁葱葱、绿波此起彼伏、"风吹草低见牛羊"的天然景境，是那么富有生机，那么令人神往。对教材文本用语言构出的这种事物形象、画面和景境，在教学中应该确定为描述性教学内容，让学生通过描述以联结整合式的直感、体验和领悟去具体把握。这就是说，根据教材文本构成的"语象层"特点，让学生具体描述教材文本的事物形象、画面、气象、景境，或情节、事件、人物活动、生活场景等。这种描述性教学内容，是为了让学生具体感受和体验教材文本的形象、画面、气象与景境，使学生通过描述与教材文本对话。教学中描述的方式多种多样：既可让学生用教材文本的语言来描述，也可让学生用自己的语言来描述。前者有利于学生学习教材文本即课文的佳词妙语；后者有利于培养学生的语言表达能力。同时，既可让学生用口头语言描述，也可让学生用书面语言描述，即通过这种描述性教学对学生进行口头语言和书面语言的表达训练。发掘教材文本构成的"语象

层"资源，确定描述性教学内容，既有助于学生具体把握教材文本，更有利于对学生进行口头语言和书面语言能力的教学训练。从中小学生语言学习的模仿性特点来说，这种描述性教学内容的确定必须给予高度重视，它是最能体现语文听说读写能力训练特点、实现语文课程学习目标的重要层面。

（三）发掘教材文本构成的"语义层"资源，确定理解性教学内容

这种理解性教学内容的确定，主要是着眼于学生对教材文本的形象、情感与意义世界的理解和把握，即理解把握教材文本的事物形象、场景、画面和图像背后的情感、思想和意义。《春晓》中描述的春天画面及其景境背后的情感和意义是什么？诗人通过这种画面与景境表达的意趣和思想在哪里？在教学中确定理解性教学内容，就是引导学生领悟诗人热爱美好的春天、珍视美好的生活之真义以及对春花被风吹落、被雨打落的惋惜之挚情，使学生把教材文本中渗透在形象、画面和景境里的这种真义和挚情深深地根植于心底，即理解教材文本的诗意，建构自我的精神家园，达到既建构教材文本意义又建构自我的教学境界。这是因为教材文本的"语义层"就是教材文本的内在意蕴，它是教材文本所含的情思与义理的总和。教材文本这种语义内蕴的构成是以语象为基础的，是教材文本语象整合组织结构的内在揭示，是教材文本的一种"意义系列"的整化传达。实际上，教材文本语象的整合呈示就隐含着深层的语义内蕴，它是在教材文本语象的组合机制里生成和构成的，可以说教材文本的语义内蕴是教材文本语象的虚化，或者说是教材文本语象的自我领会状态。作为"语象能指"的所指形态，它与教材文本的语象相互融会，是灌注于教材文本结构体内的精神能源。俄国作家托尔斯泰曾经打过这样一个形象的比喻，即把语言文本的内在意蕴称为"在人的灵魂里燃烧"，叫人"感到发热，感到温暖"，并且引燃别人的心灵，这种"内燃的火光"是语

言文本的"精神能源"。①因此，我们在教学中发掘教材文本资源对理解性教学内容的确定，必须要注重教材文本语义内蕴的解读与把握，探究教材文本语义内蕴的构成张力与特点，开掘语义内蕴的深层能源，从而使学生在建构教材文本意义世界的同时建构自我世界。当然，这种理解性教学内容的确定也包括在理解中消化的应用性、实践性语文训练。如学了《曼谷的小象》，就可让学生描写自己心目中的"曼谷的小象"形象。这既是对教材文本理解的提升教学，又是对教材文本理解的消化性应用实践教学训练。

---

① 参见余秋雨：《艺术创造工程》，上海文艺出版社1987年版，第52页。

二　文本解读的整体性及其教学把握

当代著名的美学家鲁道夫·阿恩海姆创立了格式塔心理学理论。他研究的出发点就是"形"，这个"形"不是指外物的形状或艺术的形式，而是指"完形"。也就是说，格式塔心理学理论谈论"形"时非常强调它的整体性。这种整体性的基本特点，就是说整体是由各种要素或成分组成的，但它绝不等于构成它的所有成分之和，一个格式塔是一个完全独立于这些成分的全新的整体。格式塔心理学所阐述的这种完形律，其要义在于把"形"作为一个有机的生命整体来把握，发现整体大于其部分相加的总和。它不但是艺术思维、艺术营构的基本规律，也是文本解读所应当遵循的一个基本法则。

对于在文本解读中必须遵循完形律——整体性法则的问题，许多美学家、文论家都有明确的论述。德国美学家谢林曾经对文学解读者不容置疑地说过，真正的艺术作品中个别的美是没有的，唯有整体才有美。因此，凡是未曾提高整体性观念的人，便完全没有能力鉴赏和评判任何一件艺术作品。文本解读的实践说明，这位美学家的论断是透辟入里的，谁也不可否认"艺术的整体是美的第一要素"。文本解读只有把握这个"艺术美的第一要素"，致力于作品的整化分析，才能跨越肢解化知性解析的偏颇和局限，对作品进行艺术的深层性解读，领略作品风光绚丽的内部世界，揭示作品营构的艺术真义。

（一）整体观照：把作品作为"活"的生命整体来考察

世界上的一切事物，大至一个海洋，小至一个分子，都是一个有机整体，都是一个系统，一个按照一定的方式联系起来的统一体。反映客观事物和社会生活的各类文体，自然也不例外。一篇作品，即按照一定的体式章法营构起来的，能够传达一种主体精神、结构完整、首尾贯通的书面语言形式，就是一个系统，一个由元素、结构、功能组合而成的有机整体。有机的整体性是作品具有艺术感染力和艺术生命力的基础。如果失去有机的整体性，也就失去了作品的美；如果破坏这种有机的整体性，也就毁灭了作品的艺术生命。

对文学和其他一切艺术作品的有机整体性，前人早就有明确的认识。托尔斯泰就曾指出，各类艺术作品的主要特征是完整性、有机性，以及这样的特质：形式和内容构成一个不可分割的整体以表达艺术家所体验过的感情。当作品具有这种严肃性和有机性时，形式上的最小一点变动就会损害整个作品的意义。美学家朱光潜在《选择与安排》一文中曾经说过，一个艺术作品必须为完整的有机体，必须是一件有生命的东西：第一，须有头有尾有中段；第二，头、尾和中段各在必然的地位；第三，有一股生气贯注于全体，某一部分受影响，其余部分不能麻木不仁。这不仅阐明了文学作品的有机整体性，而且阐明了整体性对文体美的意义，说明作品的艺术生命是和它的有机整体分不开的，是寄寓在它的有机整体之中的。作品的各个部分之间相互牵引，彼此联系，牵枝则连全树，击腰则首尾皆动。破宇颓垣、断墙残壁，使人感到死气沉沉、零落破败，就是因为没有了整体的有机形式。任何一篇作品都是这样，倘若失去某一部分，就会造成残缺不全，生气也就难以"贯注于全体"。某一个部分一经挪动或删削，就会使整体松动脱节。以许地山的《落花生》来说，他从种花生写起，然后写收花生，既而写吃花生，又写对花生的议论，处处紧扣题意。由于这篇散文是借落花生不求表面的热烈而踏踏实实为人民服务的特点来阐述做人的道理，所以种花生、收花生、吃花生等部分写得较为简略，而把重点放在了议论花生的好处上。作者由吃很自然地引入议论，在称赞花生的好处时，又把它同苹果、桃子、石榴等做比较：后者"果实悬在枝上，鲜红嫩绿的颜色，令人一望而发生羡慕的心"。这样便反衬出花生朴实的特点，并引出人应该怎样生活的道理，点明题意。显然可见，作品一环紧扣一环，的确不能挪动，如果挪动或删削某一部分，就会牵一发而动全身。

在写作过程中，优秀的文学大师，没有不苦心于作品有机整体性的营构和艺术创造的。"看上下，审左右"，使其"巨细高低，相依为命，也譬如身入大伽蓝中，但见全体非常宏丽，眩人眼睛，令观者心神飞越，而细看一雕阑一画础，虽然细小，所得却更为分明，再以此推及全体，感受遂愈加切实"①。如此，作品的各个部分必然紧密衔接，密不可分，既不能任意增减，也不可随便移换。这些都充分说明作品是一个有机整体，是由一定的有机因素组合而构成的"生气贯注于全体"的系统，它的每一个局部、细节都融合在整体中，没有任何一个部分可以游离于整体之外而孤立地存在。作品整体中每一个部分的转化，都是由其他部分的彼此制约所决定的。各个组织部分只有在整体中起到构成作用，并给作品整体以生命，才具有存在的价值。一旦脱离了作品的整体，任何一个具体的部分也就失去了存在的意义。要是某一个部分可有可无，并不引起显著的差异，那就不是整体中的有机部分。

文学作品本身的这种有机整体性决定了我们进行文本解读必须遵循完形律的艺术法则，从作品的有机整体出发，目有全牛，立足于对作品的整体观照，把作品作为一个有机整体来考察、解析。这种考察和解析，不是像人体解剖那样，把作品分解为一肢一爪、一截一块，对作

---

① 鲁迅：《〈近代世界短篇小说集〉小引》，见《鲁迅全集》（第4卷），人民文学出版社1981年版，第104页。

品进行机械的分割，孤立地、静止地去论其各个部分，做局部、枝节式的微观性分析，而是对作品做宏观性的考察，从整体上来认识、分析作品的各个部分和各个构成要素，揭示各个部分和各个构成要素在作品整体系统中显现出的深刻意义和重要作用，从而发现作品艺术营构的规律和特点。这就是说，这种分析是着眼于作品的部分与部分之间、部分与整体之间的联系方式和内部营构系统，把作品作为一个血脉灌注的完整的艺术生命来认识。因为作品的有机整体并不是各个部分机械的拼凑和组合，而是各个部分之间的内在逻辑的完整显现，是部分与整体的辩证统一。

在文本解读的过程中，只有把作品作为一个有机整体，宏观把握作品的整体风貌，统摄作品的全局，胸怀成竹，目有全牛，从整体的角度去考察作品的内部构造和营构系统，解析各个构成部分和组合要素，揭示它们之间的内在逻辑关系，才能深入理解作品的深层意蕴，领略作品内层的艺术魅力，从较高的层次上把握作品艺术营构的特点和规律。

在文本解读的过程中，如果不坚持完形律和整体观照的法则，看不到作品的整体面貌，只见树木，不见森林，只去盯住作品的某些局部、枝节，或单层面孤立地玩味某些"精彩的片段"，缺乏对作品的有机整体性的立体把握，就不可能深入探究作品的深层意蕴和内层魅力，也不可能对作品做出恰如其分的正确的解析。这是因为那些"精彩的片段"之所以"精彩"，并不在于这一个"片段"本身特别好，而在于把它放在全篇作品的有机整体中看起来特别好。只有融合在作品整体中并给作品整体以艺术生命的"片段"，才能真正显示其"精彩"的魅力。无论是多么"精彩的片段"，都是不能离开整体而孤立地存在的。例如，鲁迅的散文《秋夜》开头有这样一句话："在我家的后园，可以看见墙外有两株树，一株是枣树，还有一株也是枣树。"通过阅读全篇，仔细琢磨，从作品整体上来解析，我们不难理解：这篇散文重在歌颂枣树。在作者眼里，枣树是在秋夜里对奇怪而高的天空进行战斗的英雄。所以，作者开篇就用反复修辞格突出强调，使其形象十分鲜明，以引起读者的注意。如果不顾及全篇，离开作品的有机整体，孤立地摘出这几句话来解析，那么还有什么"精彩"可言呢？鲁迅先生一贯反对那种摘句式的作品解析，主张顾及作品的全篇和作者的全人。据说，当时有一位读者推"静穆"为诗的极境，摘出唐人钱起的诗句"曲终人不见，江上数峰青"，品赏不已，说这两句诗"启示了一种哲学的意蕴"："'曲终人不见'所表现的是消逝，'江上数峰青'所表现的是永恒。"鲁迅先生认为这是"以割裂为美"。他引录了钱起的全篇诗，指出它不过是一首应试之作：以"省试湘灵鼓瑟"为题，"一看题目，便明白'曲终'者结'鼓瑟'，'人不见'者点'灵'字，'江上数峰青'者做'湘'字，全篇虽不失为唐人的好试帖，但末两句也并不怎么神奇了"。显然，鲁迅先生所做的这个解析，是从全诗的有机整体着眼，把这两句诗放到诗的整体中去考察，指出这是试帖诗的"题中应有之义"，并无神奇之处。[①]在这里，鲁迅不但有力地驳斥了"以割裂为美"的主观任意的解析方法，而且具体地启示我们应该怎样完整而全面地去进行文学的鉴赏。

九曲黄河，东流入海，只有具体考察每段河身迂回曲折的流程之后，才能对黄河入海的全程有一个完整的印象。在文本解读中，要把握作品的有机整体，也必须对作品的有机结构做深入的剖析，细心发现各部分之间与整体的内在联系。这就是说，我们要求坚持完形律和整体观照的法则，把作品作为一个有机整体来解读，并不意味着囫囵吞枣；而反对摘取片段式的解读，也不是一般意义上的反对解读"精彩的片段"。因为整体依存于部分，并显现于部分之间的有机统一整体关系中，抛开部分也就无从解读作品的整体。我们强调的是，要把

① 鲁迅：《"题未定"草》（七），见《鲁迅全集》（第六卷），人民文学出版社1981年版，第344页。

片段推及全体，把它置于作品整体系统中来认识。只有把它置于作品的有机系统中，从整体浑成的角度来解读，才能真正揭示其"精彩"的魅力，认识它的艺术价值，否则对它的鉴赏就会失去意义。我国唐代著名诗人李商隐有诗说："倾国宜通体，谁来独赏眉？"意谓绝代佳人的美，是从整体上形成的，谁也不会去单独欣赏她的眉毛。这首诗说的是很中肯的，把美女的"眉毛"从面孔上抽出来，作为独立的审美对象，确实很难说是美还是不美。捂胸口，皱眉头，在西施那里是病态美；东施也学，就把人们给吓跑了，可见是徒增丑态。在把握了整体的前提下，我们不但能更好地理解作品某个"精彩的片段"或各个部分的思想意义，而且也能对"精彩的片段"或各个部分在艺术上的得失做出评判；因为与整体的关系、对整体的作用，正是鉴赏评价各个局部艺术价值的主要标准。

（二）综合探究：采取"综合—分解—综合"的方法

文本解读，说得简单些，就是对作品进行拆装性的品析。那么，怎样恰巧地拆装呢？从文本研究的基本规律来说，拆装主要用的是综合—分解—综合的方法。"拆"可以理解为分解，"装"可以理解为综合。分解，用现代系统论的观点来做解释，就是认识系统的要素及要素之间的联系，把作品的有机整体分解开来，分别考察了解构成作品整体的各个要素或各个部分的特点，并注意各个要素或各个部分在系统整体中的作用和地位，即重在对作品有机整体的品赏，是从整体到部分的方法；综合就是把要素结合起来去把握有机整体，从全局着眼来考察作品的整体构造，深化对整体的理性认识，并注意系统与环境的相互影响，即重在解读基础上的概括，是从部分到整体的方法。切实地运用分解和综合这两种方法，是贯彻"完形律"法则的基本途径。因为无论是分解还是综合，都与整体相联系，二者在实际运用中是紧密结合，不能截然分开的。

认识事物必须由整体到部分再到整体，由综合到分解再到综合。从根本上说，这是由事物整体大于其部分之和这一事实决定的。事物整体的功能不是它各部分功能的简单相加。对于这一随处可见的现象，我们在生活中似乎没有给予认真留意。比如，一些线条和颜色，无非是一些线条和颜色而已，然而一旦组成"整体"，就会成为一幅价值连城的名画。这幅名画的功能，显然不是那些线条和颜色功能的简单相加所可匹敌的。一些音符、节拍，无非是一些音符、节拍而已，可是一旦结成"整体"，就能成为一首蜚声世界的名曲。这首名曲的功能，自然也不是那些音符、节拍之功能的简单相加所能得到的。同样，一些词句、语段，无非是一些词句、语段而已，在高明的作家笔下，一旦把它们组构成作品，就能成为动人心弦的"绝唱"。其整体的价值和功能，难道就是那些词句和语段孤立的价值和功能之和？毫无疑问，不是。这是为什么呢？原因只能是：构成作品整体的词句和语段，即各个"部分"，进入作品"整体"之后，因为处在与"整体"、与其他"部分"的有机联系中，所以较之处于孤立状态时，它们增加了新的质和新的功能。

有人就曾例举白居易《上阳人》一诗中的诗句来说明这个问题。诗中描写上阳宫女的化妆和衣着是："小头鞋履窄衣裳，青黛点眉眉细长。"如果孤立地来看，这两句诗不过是写了唐代天宝年间妇女们的时髦打扮而已，很难说还有什么深意。但是，作者把它写进诗中，让它和诗的其他部分及全诗的主题精神产生联系后，它的意义和作用就非同寻常了。《上阳人》反映的是唐代宫女们的悲惨遭遇。唐玄宗天宝年间，杨贵妃受宠，即所谓"后宫佳丽三千人，三千宠爱在一身"。其他宫女被集中在上阳宫等几座"冷宫"里，她们见不到皇帝，又不准婚配，长年过着与世隔绝的寂寥生活，直到老死。诗中写的是天宝之后多年，社会上妇女的衣装早已改变，改穿宽大衣裳，把眉毛描得又短又阔，而这些宫女却还是天宝年间的打扮：窄衣裳，眉细长。这中间隐含着她们的多少不幸和痛苦，读之不能不让人感到灵魂的震撼。这是对嫔妃制度多么深刻的揭露和愤怒的控诉！由此可见，两句普通的人物描写诗句在进入《上阳人》这首诗的整体后，增加了多少新的价值和功能。作品的整体是由这些增了值和质的部分构成的，是它们的和，因而整体才大于以孤立的形式存在的各个部分之功能的和，并不是它们的简单相加。明白这个道理，我们在文学鉴赏中就可以清楚地认识到：不首先综合地把握作品的整体，然后再依据与整体的关系、与其他部分的关系来分析各个"部分"，那么对"部分"的任何孤立的静止的解析，就都是不可靠的。当然，从整体到部分，从综合到分解，这只是事情的一半。另一半则是由部分再到整体，由分解再到综合，通过对部分的深入分解，再进入对整体的综合，这是进一层的综合，是升华性的综合。它能使我们对整体的认识理解提高和深化到一个完美的理性境界。总之，整体—部分—整体、综合—分解—综合，这是文本解读中认识理解作品的基本规律和方法。我们对作品的认识和理解，只有通过这种螺旋式推进的过程，才能不断深化，深入到作品构筑的深层世界。

文本解读的实践也已证明，整体—部分—整体、综合—分解—综合是深入理解作品所必须遵循的基本规律。只有切实遵循这个规律，由整体到部分，再由部分到整体，去考察、分析作品的内部构造和营构系统，才能真正吃透作品的思想精神，弄清作品艺术营构的特点，揭示作品的艺术魅力。议论性的作品解读是这样，记叙性、抒情性的作品解读更是如此。一言以蔽之，在文本解读中对作品的解析，不能去做摘取花瓣的傻事，我们品评的是枝上芬芳诱人的完美花朵，而不是失去生命的散碎花瓣。

（三）因文悟道：看语言载体何以负荷内容思想的传输

在文本解读中，要切实强化对作品的整体认识。什么是整体认识？就是不但要"整体地认识"作品，最基本的是要首先认识"作品的整体"。所谓作品的整体，应该是作品各个构成要素的辩证统一。它包括：文与道的统一，即语言形式和内容思想的统一；总与分的统一，即总体精神、整体框架和局部意义表达的统一；表与里的统一，即表层形象和内层意蕴的统一；主与客的统一，即作者主观意图和作品客观意义的统一；等等。这些方面统一的总和，就是作品的整体性。作品的整体以文与道的统一为根基。

众所周知，"文"与"道"是古人论文的说法。"文"是指作品表层的语言体式，即语言材料的组构方式。作品是语言材料构成的，语言是作品构成的基本要素。语言材料在具体作品中分别以各种形式组织结构起来，就有了五彩缤纷的语言体式。"道"是指作品深层的内容思想，即所谓的"语义体系"——作品所反映的社会生活或问题，以及作者对它的态度、观点、感觉、情绪和义理、哲思的总和。作品的审美效果，即它在读者心理引起的同构反应。任何作品的表层语体和深层内涵都有密不可分的统一关系。深层的内容思想不能离开语言体式而独立，表层的语言体式也不可能脱离思想内容而生存。深层内容决定表层语体，表层语体又反作用于深层内容，它们相互制约，相互依存，不可分割，辩证统一。对此，南朝刘勰在《文心雕龙·情采》中做过非常精确的论述："大水性虚而沦漪结，木体实而化萼振，文附质也。虎豹无文，则鞟同犬羊；犀兕有皮，而色资丹漆，质待文也。"其意思是说，水的性质中虚，所以波纹能够形成，木的体质坚实，所以花朵能够开放，这说明表层体式是依附深层内容的。虎豹的身上如果没有美丽的斑纹，它们的皮就和犬羊的皮一样；犀兕的皮虽然很好，但需要用丹漆涂出色彩，这说明深层内容要靠表层形式来表现。刘勰的这几句话，以通俗而又生动的比喻阐述了深层内容和表层形式的辩证统一关系，说明一旦离开了后者，前者便烟消云散。其实，这很容易理解。没有乐谱，没有演奏，就没有音乐；丢失语言体式，失去由文法组织起来的语言符号及其虚构出的语象世界，一个作品的主题情思便荡然无存——读者无从感受，无从想象，也无从体验。总之，任何文学作品都是一个不可分割的有机整体，它的内容思想是从语言体式及语象世界的全部关系中"生长"出来的。我们要探究一首诗的深层意蕴，就不能不对它的整体结构做出分析。因此，对一部文学作品的审美内涵或主题情思不应该也不能简单地概括为一个陈述。作为一个语义体系，它是由作品结构及其审美性能所发送的全部美感信息（感受、情绪和逻辑语言无法表达的人生体验）综合构成的。

就一篇作品来说，其主题情思——深层的思想内容，首先与语言材料的特殊组合有着极为密切的关系。在语体层面上，它靠词汇、句式和章法间的结构关系为语义体系输送美感信息。例如，戴望舒的著名诗作《雨巷》中大量与主题情思关系密切的词汇——"彷徨""惆怅""凄清"等组成了一个网络，它与作品的音色—音调关系或合二为一，或相互交织，生出一种暗示凄迷徘徊情绪的机能。郭沫若的《凤凰涅槃·凤凰更生歌》，15节中有14节章法结构完全一样，只是变更了某些纵向聚合关系上的词汇。正是这种重章叠句的语言体式，才使诗作传达出一种翩然起舞、回转盘升的内在律动感，一种再获新生的喜悦昂奋之情。同样，他的《晨安》一诗将祝颂、感叹句式不间断地重复了30余次，使那火山爆发式的奔放激情宣泄得淋漓尽致。闻一多的《最后一次讲演》运用紧凑短句及诘句、反语等语式，使作品情感奔放，如火山爆发、江河决口，具有强烈的感情冲击力。

其次，作品深层的内容思想与作为语言体式的外层语象世界（表象系统）的构成方式有十分密切的关系。许多古典诗作多用意象群、众意象，以互衬互比、反复递进、交叉叠合、连环并列等艺术组合方式，创造出一个个繁复的审美空间幻境，其思想内涵自然浑厚阔大，淋漓酣畅。唐代诗人张若虚的《春江花月夜》便是典型的诗例。而有些古典词作则多用单个意象或意象单元，并用一阕甚至一首将它细致入微地逐步展示出来，形成一个精雕细刻的画面。其思想内涵自然平白浅露，轻舒细腻，如李清照的《醉花阴·薄雾浓云愁永昼》。至于现代诗作，其主题情思—语义体系同样包含着语象世界结构关系发送出的美感信息。如徐志摩的《再别康桥》含义复杂，抒发了对故地刻骨铭心的深情和对往事难以言说的追怀，具有一种含蓄朦胧、欲言又止的韵味。如果我们细致考察一下就会发现，这些语义内涵既同作品意象的统一特征——恍惚、静谧、轻飘有关，又与意象间特有的联系方式——暗喻和铺排的奇妙结合相连。二者一起给诗作的语象世界涂上了一种梦的色彩：现实与过去融为一体，甜蜜、隐晦萦回心际。由此可见，作品的语义内容的丰富常来自文体不同的结构层次，是作品结构整体的产物。

深层内容思想和表层语言体式的有机统一，是一切典范、优秀的作品共有的艺术特征，也是文本解读中必须要把握的一个基本法则。这就是要因文悟道，披文入情，从作品的语言体式入手来解析内容思想，然后再根据内容思想来理解和把握语言体式，研究作品是采用怎样的语言体式来表现内容思想的，把语言体式和内容思想的解析结合起来进行。也就是要按照从语言体式到内容思想，再从内容思想到语言体式的过程来进行作品的赏读。例如冰心的《往事》（七），这是一篇容易读懂的散文作品，但要真正达到作品解读的应有目的，也必须经过这样的一个反复解析的过程。初读把握语言艺术组合的体式特点，读懂作者是通过细致地景物描写——既形象地写出了"红莲"和"荷叶"的形态，也生动地揭示了"红莲"和"荷叶"的情态，以字字句句的语用之妙给人以神清情怡的美的享受。同时，作者还用含情的笔墨透过院子里两缸莲花在大雨之下的不同遭遇——白莲萎缩，红莲因荷叶的荫蔽而亭亭玉立，触发出"母亲呵！你是荷叶，我是红莲。心中的雨点来了，除了你，谁是我在无遮拦的天空下的荫蔽？"的袅袅情思，谱写了母爱的诗篇，颂扬母爱的博大圣洁。显然，这对作品的理解更深，能领悟一定的内容思想与其相应的语言体式这个文道统一规律。可见，因文悟道，依据内容思想和语言体式统一的整体观点来鉴赏作品，既有助于正确把握作品"写的什么"，对作品的内容思想有更深刻细致的理解，又有助于弄清作品是"怎样写的"，悟到许多语言艺术的奥秘，领略作品的艺术魅力。

在文本解读中，存在着两种倾向：一是只重视作品内容思想的解析，而忽视对语言体式的探求；二是只重视作品语言体式的解析，而忽视对内容思想的把握。前者可称为"实质主义派"，后者可称为"形式主义派"。在"实质主义派"看来，作品是用以载"道"的，有了"道"才有"文","道"是"文"之根本，所以在解读作品的时候，只侧重挖掘作品的内容思想，认为只要懂了"道"，"文"也就自然理解了。"形式主义派"则认为，解读作品主要是研讨语言体式，内容思想是无关紧要的，所以，只是一味地、机械地解析字词句式、表现技巧，而对作品的思想意蕴不求甚解。

这两种倾向都是错误的。作品的内容思想和语言体式是辩证统一的，是不可分割的有机整体。一篇作品，不是用字词语句随便凑成的，而是为了记叙事实、说明道理、抒发感情而精心营构的。事实、道理、感情是内容，而记叙、说明、抒发则必须凭借语言体式。解读一篇作品，只有通过语言体式的理解，才能深入把握内容思想。任何内容思想都蕴含在语言体式之中，如果离开了语言体式的解析，对内容思想的理解就是肤浅的、模糊的，不可能真正理解作品的思想底蕴；反之，如果脱离内容去单纯地咬文嚼字，也不可能把作品的语言体式弄通吃透，领略到语言体式的好处，因为语言体式是为内容思想服务的，离开了内容思想，语言体式就无所谓好坏。以鲁迅的两句诗来说吧："忍看朋辈成新鬼，怒向刀丛觅小诗。"鲁迅先生把初稿的"眼看"改为"忍看"，把"刀边"改为"刀丛"。如果不了解鲁迅当时所处的险恶的政治环境和他坚定的"怒向"思想，就无法理解为什么要改这两个词，这样改好在哪里。这说明要理解作品的语言体式，就必须结合语言体式所表现的内容思想，而要理解作品的内容思想，也要通过表现它的语言体式来解析。"道以文显"，"文以道传"，任何把作品的思想和语言体式割裂开来的解读方法都是错误的。

通过以上的阐述可见，从作品的内容思想和语言体式统一的有机整体上来解析作品，对内容思想和语言体式有机统一所表现的境界进行整体性的审美把握，是文本解读中必须要把握的一个基本法则。如果对这个法则做一个结论性的说明，就可以这样进行概括：从作品整体的外形透视内核，看语言载体何以层层负荷着内容思想的传输，即"因文悟道"；同时，从作品整体的内蕴反观体表，看内容思想如何凭借语言体式得以表现，即"缘道释文"。

从文本解读的实践来看，要切实把握这个基本法则，对作品的内容思想和语言体式做出恰如其分的分析，应当特别注意两个问题。

第一，不能把作品内容拆散成孤立的抽象的成分，停留在概念化的解析上，并将它孤立起来观察，使多样性统一的内容变成简单的概念、片面的规定、稀薄的抽象。朱自清在《语文学常谈》一文中根据英国语义学派文论家瑞恰慈的意见说："语言文字的意义有四层：一是文义，就是'字面的意思'。二是情感，就是梁启超先生说的'笔锋常带情感'的情感。三是口气，好比公文里上行、平行、下行的口气。四是用意。一是一，二是二，是一种用意；指桑骂槐，言在此意在彼，又是一种用意。"这四层意义是层层相扣，以意为主，成为一个统一体的。在文学鉴赏中，有的往往只抓住第一层"字面的意思"，不顾第二层"情感"，更不顾第三层"文气"，直接通过"内容分析"把"文意"提炼成抽象的概念。这种解析方法把作品统一体的各差异面和构成因素分裂开来，破坏了灌注于全体的作品的生气，如同解剖尸体而不把对象看作是一个活的身体。这样的作品解析只能得到两件东西：一是离开具体情感和文气的词句；一是榨去情感和文气的干巴巴的抽象概念。这样根本不能具体深入地把握作品内容和语言体式的美。王元化在论文学作品中人物形象的艺术分析时，指出了这种解析方法的弊端："把多样性统一的具体内容拆散开来，作为孤立的东西加以分析，只知有分，不知有合，并且对矛盾的双方往往只突出其中一个方面，无视另一个方面，而不懂得辩证法的对立统一。须知，普遍性不能外在于个别性，倘使外在于个别性变成教诲之类的抽象普遍性，就必然会分裂上述的统一，使人物成为听命抽象概念的傀儡，而这正是知性分析方法给艺术带来的危害。"①

第二，要从作品语言体式和内容思想统一的固有整体出发，不

---

① 中国文艺理论学会《文艺理论研究》编辑部选编：《新方法论与文学探索》，湖南文艺出版社1985年版，第50页。

能凭借想象，随便比附，随意发挥，以主观臆测来代替文学鉴赏中的艺术解析，不能对某一个局部、侧面和细节妄加引申和渲染。如有人解析鲁迅的小说《药》，把华老栓去买人血馒头时，到丁字街头后灯笼熄灭了，说成是影射革命的流产；把华小栓吃药时，拗开人血馒头时所窜出的那股白气，硬说成是暗示革命者的精神不死。这就是一种任意发挥和牵强附会的解析。鲁迅《从百草园到三味书屋》的第二部分描写了百草园中美好的自然景色和童年鲁迅在百草园中度过的欢乐有趣的时光，用来反衬三味书屋生活的枯燥，它的基调是欢乐、愉快的。"美女蛇"的故事是作者精心安插在这一部分中的一个神奇美妙的故事，是对百草园情境描写的补充，是百草园情境描写的有机组成部分。而有人解析这篇散文时，却脱离文本总体，把"美女蛇"的故事硬判为"迷信的、荒诞不经"的妖异故事，说"这故事只可使人愁，不可使人乐"，着重解析故事对少年儿童的"消极影响"，说"作者插叙美女蛇故事的目的，是反映封建迷信教育对儿童的毒害"；有的则说这个故事是用"旧事"来讽刺"时事"，向敌人猛投一枪；还有的说由这个故事联想到"做人之险"，是对当时社会上蛇一样的恶人表示憎恨。所有这些解析，都脱离了作品内容思想与语言体式的固有整体，是对作者选材、布局谋篇的意图的严重歪曲。

此外，对作品中某些形象，不论是人或者是拟人化了的物，不能随便"实指"，不能把某一个形象看成是政治概念的化身。如把华老栓到丁字街头后灯笼熄灭了说成是影射革命的流产，显然是简化为政治概念的阐释，是牵强附会的随意发挥。还有一种随便比附的解析方法，即把文学作品中某种情化的人、事、物形象硬加进现实生活中存在的某些具体事物。这样既易流于庸俗化，也经不起现实生活的推敲。这些都是以主观臆测来代替艺术分析，是脱离作品内容思想与语言体式相统一的固有整体所做的妄加发挥。

三　语文课文本解读的接受心理过程

近年来，语文课的文本解读大都采取这样的教学模式，即从作者或背景导入，明确课文的学习目标和重点，并在屏幕上列出几个问题，然后采取问答对话或小组讨论的教学方式，一个一个地讨论列出的问题，就像做现代文练习题。这些题做完了，布置练习或作业，这堂课的教学也就结束了。学生根本没有解读课文、接受文本的心理过程，既不能理解文本，也学不好语用，课堂教学效果较差。其实，语文课文本解读是读者与文本——教者与学者和课文（教材文本）的一种能动的心理反应。实际上，这种反应是一个接受心理过程。一般来说，文本解读心理过程的总趋势，是从感知课文的外在形式入手，通过感受品味与解读客体发生同构感应，进而由浅入深地体悟、把握课文的内在意蕴和文本营构艺术。学生作为解读主体的这种心理过程是一个层次递变的纵向结构模式，它包括感知、理解、深悟三个基本阶段。文本解读的这三个基本阶段相互联系，相互渗透，往返流动，构成了一个动态的、有序的、完整的解读心理运行轨迹。按照这条接受心理的运行轨迹探寻文本的营构艺术和内在意蕴，有助于细密地解读课文、把握文本，也有助于发挥解读的穿透力，切实把握文本的营构真义，从而实现语文课文本解读的优化效应。

（一）感知：捕捉解读的"初感"印象

感知，也称"直觉"或"初感"，我国古典传统解读理论称之为"观"或"直观"。作为语文课文本解读心理过程的第一个阶段，感知主要表现为解读主体即学生对文本感性存在的整体直观（或直觉）把握。它所调动的是解读者的审美直觉力，通过直觉直接观照到文字、语音、句式、韵律、结构形态等文本体式，以知觉印象的心理形式出现，获得某种直接性的解读感受。

在语文课中我们对各类文本的解读，都是从对文体形式的感性直觉开始的。看绘画不能离开具体的颜色和线条，听音乐不能没有可感的旋律，解读各类文体作品不能缺乏语言的形象描述。解读如果脱离了直觉就会失去感染力。在语文课文本解读过程中，直觉就是解读课文的"初感"，就是对文本的第一印象。我们知道，一切事物大都是依靠它的主要特征而同其他事物区别开来的，这种主要特征自然具有突出性和鲜明性。而人的感官对于新鲜的、突出的刺激最为敏感，甚至在无意注意的条件下，在接触某一事物的短时间内，都会首先对新鲜、突出的刺激，也就是该事物的主要特征做出反应。语文课中的文本解读也是如此。作为解读者的学生心灵被深深打动和刺激的那一点，往往也是文本最动人、最精彩的那一点。因此，语文课的文本解读要调动起学生的有意注意，自觉地去捕捉解读的初感印象。这种初感印象，有可能是文本营构的主要特征，能引领学生获得对文本的整体认识和把握。解读实践说明，通过捕捉初感来把握文本的营构特征和整体意义有很大的准确性。据说，品酒专家品酒就主要是靠初感，因为人的嗅觉是最容易疲劳和麻木的，只有最初的一次闻嗅最灵敏，最容易抓住酒的香气特征，做出辨别和品评。

语文课中的文本解读，如果放过了起始鲜明的"初感"印象，就会越读越抓不住其要领。所以，捕捉"初感"印象，对文本解读有着不可忽视的重要意义。它是解读活动的初级阶段，是深入探寻文本底蕴和营构艺术的基础和前提。如苏轼的《饮湖上初情后雨》，写西子湖的"晴雨景境"，写水光山色，写晴天之景、雨天之韵，写景物形态的变化多姿，写诗人"浓妆淡抹总相宜"的自我心境。显然，水在眼前，是写近景；山在湖际，是写远景。这样的远近景境描写，消解了苏轼在朝不得意的烦恼和抑郁，唤醒了诗人内心对自然景境的热爱之情。解读全诗景境形态，顿感诗人写得舒适洒脱，写出了西湖晴日的明艳和雨雾中的秀媚，在文本字里行间感受到了西湖的风姿和生命，触摸到诗人心灵声息的跃动。显然，这就是解读的"初感"。这种"初感"是文本解读的第一步，是踏入更高层次文本解读的台基。所以，语文课上不能忽略学生的"初感"，只有踏稳"初感"这一步，才能去理解课文，深入文本内部的深层世界，去探寻文本营构的真义。

"初感"是对解读对象——文本的整体把握。它具有整体性的特征。在语文课文本解读实践中，各类文本总是作为整体感知的形式在解读者即学生的头脑中呈现出完整的映像。如欣赏一株玫瑰，我们并不是把它的花瓣、花香、花枝、花刺等作为彼此孤立的、互不相关的个别属性来感知的，而是把它们作为一个有机的整体形态来对待的；欣赏一首乐曲，我们也不是把乐曲的节奏、音色、力度等分开来感受，而是按照音乐的规律把它们合成为一首完整的乐曲来感知的；鉴赏一幅画，也是这样，谁也不会孤立地感受　根线条、一道色彩，而是感知它的整个构图，以及由各种因素组合而塑造出来的整体形象。如荷兰17世纪画家弗兰斯·哈尔斯的名画《吉卜赛女郎》，鉴赏这幅画时，我们感受的并不是这个吉卜赛女郎的各个孤立的部位——她的眼睛、鼻子或黑发，而是由那红润开朗的面庞、略露狡黠的微笑、随意披散着的黑发等各个部位有机统一而构成的无拘无束、性格豪爽、美丽热情的少女形象。

在课文课文本解读中，对一篇语言艺术文本的感知，也不是着眼于某一个孤立的部分，而是从整体形式出发。任何一个文本的生成与构成，无论是一篇诗歌、小说，还是一篇散文，都是一个有机的营构整体，一个活生生的生命形式。学生作为解读者的解读感知，只有建立在文本营构系统的整体把握上，才能发现文本营构的艺术美。如解读李白的《望天门山》："天门中断楚江开，碧水东流至此回。两岸青山相对出，孤帆一片日边来。"这首诗中出现了青山、绿水、白帆、红日等直觉形象。如果孤立地去欣赏这些自然景色，给人的感受是淡漠的；如果把它们联结为一个整体，意境就深远得多了。这首诗的中心意象是诗人乘坐的"孤帆"，碧水东流、两岸青山的景姿是从乘坐"孤帆"的诗人的视点来欣赏的；因此，静态的自然景姿变成了动态的艺术画面，客观的自然美融汇了诗人的主观感受。在文本解读中，只有做这样的整体把握，才能真正感受这首诗的艺术魅力。

完形心理学理论就十分重视文本解读的这种整体性的特征。它要求人们在解读一篇作品时，不能入手就微观某个局部而去肢解文本，而应当首先从整篇作品出发，把文本视为一个格式塔，即知觉整体，在足够的时间里认真欣赏、揣摩、玩味，从而直接把握文本的主旨、情境、艺术营构技巧等。顿悟性好的解读者在粗读作品之后，就能从整体上一下子捕捉住它的主体特色和某种内在的情韵，这就是作品格式塔质。当然，"初感"阶段对整篇作品的把握是混沌的、朦胧的，是带有飘忽性和猜想性的，但这种从整体出发的直觉感受活动，却是充满生气和洋溢着热情的。一个直觉性强的解读者，在初读朱自清的《春》的时候，他的眼前就会出现生机勃发的春天景境，心底就会涌动一股爱春爱美、追求美好生活的热流。应该说，这就是"初感"对文本整体把握和直觉感知的一种优化效应。

在语文课文本解读中，怎样把握"初感"的整体性特性？不同的文体，不同的课文，往往有不同的方法。但就一般规律来说，要切实把握文本的营构系统，整体地感知课文，在"初感"中应当有意识地注意以下几个基本方面：

首先，要注意弄清文本的主体形象，把握文本的主体营构。主体形象往往是一篇作品整体营构的艺术焦点。凡是高明的作家，对作品的布局营构，大都是先立主体，然后穿插，构成大局，进而造成万山拥主之势。从解读心理的角度来说，这样可以起到引起注意和稳定注意的艺术作用。不同的文本有不同的主体形象：有的是人，如朱自清的《背影》，是"父亲的背影"；有的是物，如鲁迅的《秋夜》是"奇怪而高"的枣树，莱蒙托夫的《帆》则是蓝色大海中的白帆。因此，在解读中对主体形象的把握，应根据具体文本做具体分析，从而弄清不同的主体形象生成的不同营构系统。

其次，在语文课文本解读中要整体地感知课文，也要注意把握文本的基调。任何一篇文本，从表达上都有一个基本情调，也就是基调。基调是统摄文本的灵魂，是充溢在文本中的生命气息，是蕴藏在文本中的感情的潜流，是贯通文本整体的主旋律。它不是作者对某一个别事物的具体的感情形态，而是对文本中反映出来的所有现实关系的总的感情倾向，同时它又消融在具体的感情形态中，随着具体的感情形态遍布在整个文本里。这就不仅为抒情和谐提供了不可或缺的情感成分，更主要的是，遍留足迹的抒情基调好似夏日黄昏的晚霞，透明而带色的光会使整个文本笼罩在和谐统一的色调中。如朱自清的《匆匆》，从开篇的描写来看，燕子来而复去，杨柳枯了又青，桃花谢了再开，这本是人们所习见的自然现象。但作者触景生情，从中联想到自己年轻的生命，默算着时光的行踪，追寻着生命的价值，发出了惋惜的喟叹：韶华易逝，青春难再，年轻人必须珍惜光阴。

诚然，作品中流露出一种由怅惘时日而勾起的如"游丝"般惆怅的情绪，但通观全篇，其基调显然是健康向上、积极奋进的。作者不是观花溅泪、望柳伤春，而是触景生情，抒发自己对时代、对生活的感受。而且，在表现作者追寻时间踪迹所引起情绪的流动上，全篇的基调也是统一的。为协和思想情绪的内在律动，作者运用了一系列排比句——"洗手的时候，日子从水盆里过去；吃饭的时候，日子从饭碗里过去；默默时，便从凝然的双眼前过去"，使语言的声音节奏和情绪的内在律动相吻合，强化了文本的主旋律。这种贯通整体的抒情主旋律，也就构成了文本的感情基调。在解读中把握这种感情基调，显然有助于整体地感知文本的主体情绪和总的感情倾向，有助于统摄作品的整体精神，从而切实把握文本营构系统的整体性。

（二）理解：通过具体化"思维的解释"

记得日本美学家今道友信在一次公开讲演中曾引用席勒的诗句："严肃啊，人生！明朗啊，艺术！"在席勒的这两句诗后面，他又即兴加了一句："幸福啊，思维！"今道友信为什么要加上这一句呢？因为在他看来，为了能够沐浴于光芒之中，艺术必须通过思维的解释。其实，为了沐浴于美的光芒之中，语文课文本解读也必须要"通过思维的解释"。所谓"通过思维的解释"，就是通常所说的理解。

理解，是语文课文本解读心理过程的第二个阶段。我国古典传统解读理论把它称为"品"或"品味"。理解，在文本解读活动中占有重要的地位，它是文本解读整体感知后的深化和升华，是对文本营构系统多层面具体化的体悟思考。如果说第一个阶段"感知"是对文本整体表象的轮廓认识，那么，"理解"这个阶段便是从文本的有机整体出发，披文入情，沿波讨源，因形体味，深入到作品内部的深层世界，对文本营构系统的各个层面进行具体化的品味认知。它是以体悟为主导的感性认知和理性认识相融统一的解读心理活动，是语文课文本解读的主要环节，是必须注重的具体化理解教学。

黑格尔对于解读审美中感性和理性相统一的特征，曾做过精辟的分析："解读审美对象对于我们既不能看作思想，也不能作为激发思考的兴趣，成为和知觉不同甚至相对立的东西。所以剩下来的就只有一种可能：解读审美对象一般呈现于敏感，在自然界我们要借一种对自然形象的充满敏感的观照，来维持真正的审美态度。'敏感'这个词是很奇妙的，它用作两种相反的意义。第一，它指直接感受的器官；第二，它指意义、思想、事物的普遍性。所以'敏感'一方面涉及存在的直接的外在方面，另一方面也涉及存在的内在本质。充满敏感的观照并不能把这两方面分别开来，而是把对立的方面包括在一个方面里，在感性直接观照里同时了解到本质和概念。"①在这里，黑格尔肯定了解读心理过程的"理解"这个重要因素，而且揭示了审美"理解"寓于感性直接观照之中的特征。他运用"充满敏感的观照"这一概念，说明"理解"既不是单纯的感性认识，也不是抽象的理性认识，而是一种感性与理性相统一的心理功能。在语文课文本解读中，这种"理解"是解读主体即学生心理运行过程中缺之不可的阶段性因素，因为如果缺乏或者没有"理解"，也就不可能有深入的文本解读。我们必须充分看到，作为解读对象的各类作品和文本营构系统往往是十分复杂的，凭借直觉和感性不可能一下子就能认识它们，而必须要通过反复的思考、认真的品鉴，才有可能把握和理解它们，而且只有通过这种体悟的理性思考，在切实深入的理解之后，才会引起深刻的、强烈的解读美感，才能获得文本营构的真谛。因此，在语文课文本解读中，我们必须重视在体悟的理性指导下，让学生潜心玩味，深入品鉴。只有这样，学生才能真正理解课文，深层性地认识文本的艺术营构系统。

从语文课文本解读的实践来看，"理解"是多层次的，我们可以把它划分为表层理解和深层理解。

所谓表层理解，就是对课文的字面理解和文本的外观理解。解读各类文体，就要能够正确地接受文本的语言信息，包括理解文本的词句、典故，以及起兴、比喻、拟人等各种修辞手法，也包括对构成意义的表象、结构、韵律、节奏以及文本中特定的表现手法等方面的把握。对语言的理解虽属浅层理解，却绝不是可以忽视的，它是深层理解的基础和前提。试想，如果连字义都不理解，就去奢谈深层意蕴和营构艺术，那就如同痴人说梦了。

所谓深层理解，就是对文本的象征意蕴和营构艺术的理解。这种

---

① ［德］黑格尔：《美学》（第一卷），朱光潜译，商务印书馆1979年版，第166—167页。

理解不是对华美辞藻的流连，不是对轻音乐一般的韵律的陶醉，也不是某种知识的获得，而是对作者提供的象征密码的破译，对文本象征含义的捕捉，对作品深层世界中所蕴含的特殊意味的品鉴，对文本艺术营构奥秘的探寻。解读者只要达到这种理解，就可以从文本中发现自我，发现一个新的世界。这种深层理解具有这样几个特点：

一是情感性。文本解读不仅是认识活动，同时也是情感活动，最终要体现为一种情感的感受状态，对文本的理解是与这种情感活动交织于一体的。这种情感性的理解往往只是一种"悟"的状态，也就是通常所说的"只可意会而不可言传"。

二是具体化。何为"具体化"？英加登在《艺术的和审美的价值》一文中提出，要力求消除文本中的"未定点"，促其审美价值属性得到充分实现并达到直观显示，使之"具体化"。他说，这种"具体化"就是解读者通过他在解读时的创造活动，促使自己像通常所说的那样去"解释"文本，或者按它有效的特性去"重构"文本，充实文本的图式结构，丰富不确定的空白之域，突现仅仅处于潜在状态的种种要素。这就是说，在解读过程中，解读者以主动的创造性想象的方式，从许多可能的或可允许的经验成分中选择适当的成分，来充实文本中各个空白。即发挥解读主体的创造性，用自己熟悉的语言叩问文本中的陌生话语，对文本进行具体分解和再构。所以，有人认为对这种"具体化"的理解，从本质上讲就是瓦解文本的活动，同时又是文本通过再构而生成的过程。因为文本并非最后完成的状态，解读的瓦解作用从积极的意义上讲是通过重构文本而完成作品的。如果离开了解读活动的这种瓦解和再构作用，文本就无从获得生机。

三是多义性。凡是经典的文本，都不是一眼见底的浅薄之作，而往往有多重意蕴可以探觅。其奥妙之处又常常是在可解与不可解、可喻与不可喻、似与不似之间，绝不是用一两个概念或判断所能穷尽的。所以，在"具体化"的理解过程中，面对作品多层次、多方面的意义结构，又加之解读者的个性差异，从文本中所品味到的意味也就有所不同。这也是因为作者心理、文本符号与解读者心理都是独立的结构体系（系统），同构关系不能不受各自结构的限定。换句话说，作者不可能在文本符号中完整地复制出自己的整个心理结构，解读者也不可能原封不动地把整个文本结构纳入自己的心理结构中。

唐诗人岑参的《白雪歌送武判官归京》，长期以来被人们称颂为边塞雪景诗的绝唱。但解读者对这首诗的理解却存有分歧：有的理解为惊喜好奇的情趣，有的却理解为惨淡的愁绪。虽然万树梨花与愁云惨淡都是原诗的情境，但对解读者来说，究竟理解为惊喜还是惨淡是由其自身的条件决定的。因为解读中对文本的理解，有时在很大程度上是解读者主观心理状态向客观的投射。这就是说，文本中情感内容表现的结构虽然是既定的，但它产生的情感效果并不是固定不变的。文本与解读者心理之间异质同构关系的建立，是解读者用自己的心理结构同化文本的结果。对《白雪歌送武判官归京》的理解是惊奇还是惨淡，取决于解读者将什么样的心理经验移注到文本所描绘的情境中。本人的情感表现性提供了解读理解的基础，却不能决定实际理解的结果。也就是说，解读者的理解超越了文本的限制。

在语文课文本解读中，要达到"真正的"理解，切实而透彻地把握文本的营构系统，应当特别注意以下几个方面：

第一，分解整体。就是将文本整体分解成若干部分再分别加以探究。文本整体，就其存在形式看，是一个由许多自然语段构成的篇章整体。因此，对于篇章结构整体的分解，一般是从划分语段或层次入手，通过分析文本布局营构的起承转合关系达到对内容和结构的深入理解。那么怎样分解语段层次呢？首先应从初步整体认识的结构出发，借助整体去分清局部；其次要着眼于文本的思路线索，纵览全程而进行层、段分解；最后，要联系不同文体的特殊结构规律及文本的营构特点做具体分析。

在这种篇章结构的分解过程中，必须要遵循从整体到部分的认识路线，弄清楚各部分之间的关系和联系，抓住主体和重点部分深入开掘，找到本质联系之所在。怎样找寻本质联系？从文本解读的实践来看，有效的途径是从文本的整体结构系统出发把握文路，弄清文本部分与部分之间、整体与部分之间的内在联系，从文本营构系统上认识文本的完形整体。这种贯穿文本首尾的文路，其实就是文本整体营构的一种艺术方式。如台湾作家许达然的散文《远方》，写的是人的"向往"这种带有幻想特征的心理意念活动。由于这种抽象的意念是难于用文字描摹的，所以作者选取了"远方"这一既明确又非确指的多义性方位词作为整体营构的"触发物"。围绕着它，作者打破传统散文章法结构的束缚，展开了海阔天空的议论、跳跃驰骋的描述：从文本开篇点出"远方总使人向往"的旨趣，写到人在向往中的心理特征——"越远越朦胧，越朦胧越神秘"。那神秘又常引人产生美丽的幻想：远方的平房变成宫殿，小溪变成大江，冰雪封闭的荒野变成一片绿土。文章以"远方"作为营构的触发物，由一种感想触类旁通地激起另一种联想，将理想、评判与印象叠印为一体。这里的时空顺序虽然无迹可寻，但其内部上下之间似断实连，表现为一种若隐若现、贯通其中的内部抒情线。作者把从不同视角而绘制出来的一个个理趣场，以诗情抒发的线索牵引，组接连缀成为文本整体营构的有序机体。可见，在解读中理清文路，是弄清部分之间的本质联系、切实认识文本营构整体性的一个重要途径。

第二，分层领会。篇章结构的分解基本上属于平面扇形分析；而文本的完形整体是立体的、多层的，因此还必须分层次揭示其内涵，以达到真正的理解。对于各类文本，可以比较清楚地划分出三个层次的构成系统来：第一个层次为语言文字系统；第二个层次为形象系统或材料内容系统；第三个层次是题旨意蕴系统。我们解读领会一篇课文必须循序渐进，逐层深入，即首先是对语言文字的认读和理解，这是人类特有的对第二信号系统的刺激反应。透过语言文字，解读者直接感受到的是形象、图景、画面或环境、场面、情节等内容体系，而不是思想、观点或意蕴等内涵，因为这些东西是隐蔽或深藏在形象与情境之中的。其次才是通过体味、揣摩和分析形象所包蕴的内在意蕴达到体悟的理性认识。

（三）深悟：加强"冷静的回味鉴别"

感觉到了的东西，我们不能立刻理解它，只有理解了的东西才能更深刻地感觉它。这对语文课文本解读来说，也是一种透辟的认识。所谓"长歌当哭，痛定思痛"，就是说在感情相对冷却、平静时，才能更深刻地感到痛苦的本质内容。在文本解读中，我们徜徉沉浸在风光绚丽的文本内部世界里，往往只觉得它美，却说不清它何以这样美。只有从陶醉中醒来，冷静地进行回味和思索，理智地进行扫描和审视时，才会发现它的美的奥秘。这就是文本解读中一种形而上的深悟。

深悟，是语文课文本解读心理过程的第三个阶段，也是解读的深化和升华。当下的语文课文本解读，往往以提问对话、小组讨论代替自我的深悟，从而导致文本解读的表层化和功利性。其实，只有加强解读的"深悟"，才能揭示文本的内蕴和真义，摒弃形式化花哨教学。在我国的古典解读理论中，深悟也称为"领悟"或"妙悟"。它就是把感知、理解的解读结果重新联系、统一起来，让语言形式和内容思想、具体局部和整体框架、浅表形象与深层意蕴、作者本意与作品全部意义等方面统统合拢再构于一体，让内在的中心统贯全篇，重现作品通体透明、形神兼备的完整体貌，对其进行宏观性的理智审识和鉴别，从而"悟"出作品深藏的人生精义和文本的营构真谛。这个时候，我们就会感到文本的思想意蕴因附丽于形象外衣而显得具体亲切，文本的形象内容因受内在精神的辐射而变得更加鲜明可感。这种"悟"，也是文本解读的一种理解方式，但它不同于对有限感性对象的知觉性理解，它实质上是一种在对文本世界品味、体验基础上的哲学思考，是对文本深层的理性揭示。英加登在谈审美解读的最后阶段时指出，在这个阶段，解读主体的心态出现了一种"平静"，而对文本采取研究的态度，用一种纯粹的理智经验对审美对象做出价值判断。如果说，"感知"和"理解"是对作品的整体观照、具体把握，是完形，是分解，是移情，是体验，是主体进入作品，是物我同化，那么，"深悟"则是回味，是鉴别，是审识，是重构，是主体出乎其外。王国维在《人间词话》中论诗创作时曾经说："诗人对宇宙人生，须入乎其内，又须出乎其外。入乎其内，故能写之；出乎其外，故能观之。入乎其内，故有生气；出乎其外，故有高致。"其实，解读也是如此，"出乎其外"才算是解读的最高层次，只有"出"才能真正把握文本营构的艺术真谛，才能有更高的艺术获得。

在语文课文本解读实践中，对一篇课文的解读，从根本上来说，是探讨"写什么""怎么写""为什么写"的问题。"写什么"，就是要认识作品的基本内容、主体形象和事件，这是"感知"所要回答的基本问题；"怎么写"，就是要认识作者对作品内容的展现，探究作者是运用怎样的基本形式和艺术手段，把他对于人生的体验传达给读者的，这是"理解"所要明确的基本问题；"为什么写"，就是要认识作者对某一人生体验的表达底蕴和表达这种底蕴的艺术方式的奥秘，这就是"深悟"所要解决的基本问题。从文本解读的实践来看，在解读过程的最后阶段，解读者要切实达到"深悟"的境界，获得文本营构的艺术真谛，实现文本解读的优化效应，就必须在审视"怎么写"的同时，着力于探讨"为什么写"的问题。只有对这个问题做出透辟的回答，打开文本营构的艺术迷宫，才能说是达到"深悟"之境。否则，就只能是深而不悟，导致文本解读的表层化、肤浅化。

为了深入认识文本解读中的这个根本问题，我们以现代作家冰心描写孩子享受"母爱"的散文《往事》（七）为例，做以具体探讨和阐述。这篇散文描写的主体是莲花和荷叶。作者把主观的思想感情和形神兼备的景物描写融于一体，景中有情，情在景中，不仅形象地写出了红莲和荷叶的形态，而且生动地揭示了红莲和荷叶的情态。在作者笔下，莲花和荷叶情态逼真，各具姿色，各显风韵：白莲经夜雨敲打摧残，"白瓣儿小船般散飘在水面。梗上只留个小小的莲蓬，和几根淡黄色的花须"，像无依无靠的孤儿，气色憔悴，神志暗淡，处境悲切；红莲则与白莲迥然不同，作者把它作为描写的重点，用饱蘸感情的笔墨进行了细腻刻画：它"昨夜还是菡萏的，今晨却开满了，亭亭地在绿叶中间立着"，经雨的洗礼反而开放得更鲜艳、更精神了。然而，这并非风雨对它的偏爱，而在于它在"绿叶中间立着"，绿叶替它分担了风雨的力量。你看，当雷声大作，大雨倾盆，越下越大时，红莲也"被那紧密的雨点，打得左右欹斜"。可是红莲却是幸运的家庭娇子，在这危急的当儿，"旁边的一个大荷叶，慢慢的倾侧了来，正覆盖在红莲上面"，尽管"雨势并不减退，红莲却不摇动了"，安然无恙，因为雨点全部打在"勇敢慈怜的荷叶上面"，荷叶为红莲承受了全部风雨。这是一幅多么至情至性的爱的图景啊！它既写出了风雨中得以"遮蔽"的红莲的丰满、鲜嫩，亭亭玉立的媚态，"左右欹斜"的娇姿，使之与孤独无援、无遮蔽下的白莲形成鲜明对照；同时，也写出荷叶的庇护者形象和令人动情的慈爱之态。在这里，红莲与荷叶，"我"与母亲，两者是浑然一体的，可谓景中有情，情在景中，情景同构，使读者得到多维多层的美感享受。

在解读中分析到这里，有的解读者往往认为这样就是"理解透了"。其实，这仅是对"怎么写"的回答，它还没有切入文本营构的深层境域。更重要的是要深究作者"为什么这样写"，揭示其艺术营构的奥秘：作者对情景的描述，或放，或收，或点，灵活自如。文章开篇之后先是"放"，撇开风雨之下的红莲与荷叶这个要描写的主体，着笔于八九年前的事，透露了"我"和红莲之间一种情思上的联系，为下面"我"对红莲表现出一种强烈的感情色彩做了铺垫。再是"收"，风雨中的红莲是文章的重笔之所在，按常规要放开笔墨来写，但是，作者只写了一笔："那朵红莲，被那紧密的雨点，打得左右欹斜。"作者就此把笔"收"住而转入下文，从而造成跌宕、波澜。后是"点"，文章的结语可谓点睛之笔。它把全篇文章所蕴藏的温柔情思，一下子"点"得明朗化。我们读到这里，就会感到心底一亮：母爱是伟大的、纯美的，她是"在无遮拦天空下的荫蔽"。显然，作者这样描写景境之"放"与心境之"收"，把"母爱"淋漓尽致地渲染了出来。

泰纳在《艺术哲学》中曾经说，艺术品的特征，是在把那特性，或者至少把对象的重要性质，尽力表现得鲜明得势。这"鲜明得势"，就是既"秀出"事物的主要特征，又让人的性情隐喻其中，从而显示隐约之美与秀出之美的有机融合，收到一种内在情感含而不露、隐秀兼得的艺术效应。毫无疑问，这才是《往事》（七）的作者匠心营构的奥秘所在。在解读中只有揭示这个奥秘，才能说达到了形而上的"深悟"境界。真正的解读家是善于在作品中发现通往作家深层心理的幽秘殿堂的人，能够跨越文本表层性的界域，把深层性内蕴精魂唤醒，让心灵尽情地领略文本营构世界的无限风光。同时，也能使自己获得精神的解放、情感的升华、人格的提高，在"深悟"中获得文本的永恒生命力。

综上所述，从感知——捕捉"初感"印象，到理解——通过"思维的解释"，再到深悟——冷静地回味鉴别，构成了文本解读心理的运动轨迹。它们之间既互为联系，相辅相成，又逐层深入，往返流动，具有明显的阶段性。前者是基础和条件，后者是前者的深化、延伸和升华。"感知"得周，"理解"得透，才能"悟"得深。解读心理的诸功能在"感知""理解"中发挥得如何，将决定着怎样去悟，悟得了什么，悟得深与浅。在语文课文本解读中，抓住它们之间的这种内在联系，循序而进，就可以实现文本解读的优化效应。

四　读者与文本的交流与敞开活动

在阅读现象学中，德国美学家伊瑟尔曾从读者角度考察文本解读的运作过程。此后，伊瑟尔便开始探讨读者与文本相互交流的结构。他认为读者与文本之间存在着相互作用的关系，而引起这种关系的原因就在于读者与文本之间存在着不对称性，这种不对称性激发了读者解读活动的能动性。读者与文本的相互作用，一方面表现在文本为读者提供了文学形象、思想文化和各种经验，另一方面读者也参与对文本意义的建构并予以实现。如果没有读者的参与，所谓的文本只能是封闭的、静态的符号存在，正是读者的介入才使文本得到真正的具体的完成。伊瑟尔还认为英加登的"未定性"概念存在着不合理之处，并对其进行了修正。伊瑟尔提出在文本的整体构成中存在着空白点，空白点刺激着读者依据文本去填充空缺。而读者在解读过程中还存在着对不认可的思想的否定，这是读者与文本作用的另一种方式。空白与否定是一种能够共同唤起读者解读活动建构意义的文本结构，也就是"文本的召唤结构"。在召唤结构之下，读者与文本密切地联系起来，彼此展开交流，敞开心扉，这是文学解读过程中最重要的交流与敞开活动。

（一）不对称性：文本与读者的交流方式

文本解读作为一种主体间性的交流与敞开活动，是一种读者与文本在意义上的相互理解的状态。在这种交流与敞开活动中，如果两个平等主体之间进行自由的交流，双方互为主体，互为输出者和接受者，那么这种交流就是一种对称的交流方式；而非对称性的交流方式则是在交流活动中一方只承担输出者的角色，而另一方只承担接受者的角色。由此，我们可以看出文本解读活动当然不属于对称的交流方式，它是一种非对称的交流活动，但是它又跟我们所说的非对称交流活动不完全相同，它是一种具有自己独到特点的非对称交流活动。为什么这样说呢？我们可做如下分析：

任何交流活动都是以交流中的偶然性为前提条件的。在交流过程中双方的原有方案策划不断地受到挑战，于是就需要做出相应的调整和改进。这种情况下的交流双方在彼此的相互作用下就会萌生出新的偶然性。偶然性在交流双方的作用中形成，又去影响交流双方之间的相互作用。可以说，偶然性越少，交流双方的实际价值和意义就越少；而偶然性越多，交流双方在反应中的一致性也会越少。最终交流活动的结束也是伴随着偶然性的大量堆积，双方无法再有交流的空间。

有的解读学家认为文本解读中的交流活动不同于我们日常生活交往中的交流，两者的重要区别就在于：文本解读并不是交流双方直接面对面的交流。文本在读者面前是被动的，它不能跟读者直接互动。我们日常交往中双方可以通过一问一答的对话来彼此交流理解，双方的交流带有一定的目的性，双方所处的语境也是彼此联系的，这样就可以消解和控制偶然性。"但解读文本却没有共同的参照框架可用来把握读者与文本关系；相反，可以调节这一相互作用的密码在文本中被分为断片，必须俟诸读者的重新聚合，或者在多种情形下，对照某一参照框架重新组构。"①也就是说，读者与文本双方在交流中不能相互修正、检验各自的观点，读者只有重新聚合调节双方相互作用的代码，才能重新建构新的参照框架。这样，读者与文本之间的交流就处在一种不对称的交流状态。

---

① ［德］沃尔夫冈·伊瑟尔：《阅读活动——审美反应理论》，金元浦、周宁译，中国社会科学出版社1991年版，第199页。

　　读者与文本之间的交流虽然是一种不对称交流，但它同社会交流中的不对称性是不能完全等同起来的，它具有一种通过文本的语言性功能建构新的平衡的自我调节机能。在这种调节过程中，文本就以充满未定性与构成性空白的空框结构来呈现，这样可以有效地激发偶然性，使读者感受到文本在向自己发出召唤。面对着充满了空白和否定的文本，读者就会积极地去填充空白，通过实施否定来积极地与文本交流。正如伊瑟尔所说："读者与文本间的不对称激发了读者构成的能动性；文本中的空白和否定给出了一个特殊的结构，这一结构控制着相互作用的过程。"①

　　有专家认为，文本中的空白与未定性调动了读者与文本双方相互作用的积极性，促使双方互为接受者和输出者，让双方真正地互动起来。伊瑟尔就曾针对英加登的"未定性"概念进行了修正，提出了自己对未定性的认识。

　　英加登用"未定性"来区分意象的对象与真实的对象，也就是将艺术作品与真实的客体用"未定性"来区别。伊瑟尔认为英加登在这里提出的概念是自相矛盾的，这主要是因为，一方面他的意向对象永远无法确定，另一方面又必须假定意向对象具有确定性并要实现这种确定性，更何况他在文本的具体化之初便已对其"未定性"做了某种规定。

　　具体化是实现意象的对象（如艺术作品）用来模仿真实对象以求实现确定性的手段。但是英加登的具体化概念具有十分明显的内在矛盾。他把具体化看作读者与文本双向的交流活动，实际上他只涉及读者与文本的单方面。他一直所极力强调的未定性在具体化过程中的作用是怎样的呢？在英加登看来，未定性在得到转化和填充后，体现出了一种开放性，并在具体化过程中慢慢消失。伊瑟尔讽刺他将未定性

－－－－－－－－－－

　　①［德］沃尔夫冈·伊瑟尔：《阅读活动——审美反应理论》，金元浦、周宁译，中国社会科学出版社1991年版，第204页。

的功能同"幻想"等同起来。英加登后来又修正了自己的观点,认为未定性的转化并不一定能促使意向对象的生成,相反未定性的转化有时会受到文本的阻碍。这其实是对自己先前观点的自我否定。有专家分析认为,与英加登的"未定性"概念最相似的就是广告。英加登的未定性是不能被填充的,他否定了未定性可以有效地促进图式化方面的相互作用的功能。

总而言之,英加登的理论存在着很大的缺陷:"第一,他不承认一部作品存在着可以有不同的,但同样有效的方式进行具体化的可能性。第二,由于这一盲点,他在统观中看到的许多艺术作品的接受方式,若按古典美学的标准化,就只能遭到阻滞。"[①]英加登的具体化概念并不是一个交流的概念,而是一个单向输出、单向接受的表述。但是他的理论引导我们去思考文本解读活动中更为深刻的东西,其积极意义也为学界所重视。

(二)空白和否定:读者与文本交流的基本条件

有不少解读学家以小说为例来阐释文本交流的未定性。他们指出,小说这种文本类型不能在现实中进行交流。文本要实现其功能,并不通过与现实的毁灭性对比,而是靠交流一种经过组织的现实。所以,若按照既定现实来定义,小说便是谎言。但它对所模仿的现实又有洞察解悟,所以,若按其功能对之定义,小说即是交流。小说既不能等同于现实,又不能完全反映其未来读者的观点,未定性就是产生在这种不一致的基础之上。文学的交流功能要得以实现就必须实现其文本确定性的"阐述",而未定性就来自这种"阐述"之中。伊瑟尔综合自己的理论曾经提出:"空白和否定是文本未定性的两个基本结构。它们是交流的基本条件,因为它们建立在文本与读者相互作用之

---

① [德]沃尔夫冈·伊瑟尔:《阅读活动——审美反应理论》,金元浦、周宁译,中国社会科学出版社1991年版,第215页。

中，一旦进入特定范围，它们便发挥自身调节的功能。"[1]

1. 文本中的意义空白

伊瑟尔的空白思想与英加登的"未确定之域"虽然有相似之处，但是在具体的类别和功效上存在着分歧。伊瑟尔指出："未定性这一术语用来指在意向性客体的确定性或图式化观相的序列中的空缺；而空白，则指文本整体系统中的空白之处。对空白的填充带来了文本模型的相互作用。"[2]这里的空白实际上是联结文本各个部分的纽带。在填充空白之前，必须将文本的各个图式联结起来。空白从中区分出两类东西——图式与文本视点，由此读者的形象建构以及想象活动也被激发出来。如果图式与文本视点不再相互区分而是被有机地联结为一个整体，那么空白也就不存在了。

在我们的日常交际中，当空白出现时它就打破了双方交流中的联结性，联结的中断使双方的语言期待受挫，这是一种不足。而在文本中，空白并不是这样，它是作为一种联结文本图式的有效暗示来被读者把握，因为它是形成语境、赋予文本以连续性、赋予连贯性以意义的唯一途径。作为文学作品的虚构文本不同于实用化的解释性文本，虚构文本中的大量空白打破了其内隐的联结性，向读者呈现出多种角度的可理解分支，让读者自己从中去选择综合图式并建构自己的理解世界。

文本的诸视点是相互联结的，然而它们并没有特别明确的次序排列，往往是交织在一起的，视点与视点之间、同一视点内部都存在着联系。也有的视点之间没有任何关联，有的还处于极端对立的状态。伊瑟尔列举了以乔伊斯为代表的现代小说家的作品，他们的作品在文本中留存的大量空白刺激着读者想象的翅膀不断飞扬，读者的想象活

---

① 金元浦：《接受反应文论》，山东教育出版社1998年版，第164页。

② [德] 沃尔夫冈·伊瑟尔：《阅读活动——审美反应理论》，金元浦、周宁译，中国社会科学出版社1991年版，第220页。

动就是在一个综合的过程中来实现联结统一的功能。"文本的空白则必须有一个与之关联的等价物，它是构成各非关联部分的基础，最终会将各部分联结为一个新的意义。"①

伊瑟尔从心理学角度考察了文本的空白理论。在格式塔综合各种材料的过程中，读者能动地展开想象以求取得一致性构筑，这样就可以消解空白，将文本的每个部分有机地联系起来。在读者填充空白的过程中他们能动地构筑自己的意象，一个个空白促生了读者的一个个意象。在这个意义上可以说，空白引起了一级和二级想象。二级想象是由我们反作用于已形成的意象而生的意象。空白通过"成功的延续"的终止来激发读者的想象活动，空白在此就成为交流的基本条件之一。伊瑟尔在对空白的功能结构的分析中认定，空白在解读流程中可以将各个视点的空缺结合在一起，形成一个视域。"只有各个部分之整体的联系中产生的等值物才能赋予各部分以确定的意义。这个等值物是调节各部分间相互关系的潜隐的结构。"②这一切活动都要通过想象来完成，解读中空白的填充指引读者进入文本解读的更高层次。

2. 空白理论下的文本解读活动

由于文本中存在着大量的空白，在解读活动中如何有效地填充文本的空白，发挥读者的想象力，是我们需要好好探讨的问题。在文本解读活动中，我们要展开想象的翅膀，将文本中的一个个空白完美地填充起来。文本解读不能陷入对文本的全盘接受的地步，要通过填充空白进行创造性的解读。具体说来，就是读者伴乘想象的双翼，填充文本的空白。在解读活动中，读者要体会到文本解读的自由感，增生想象的双翼，自由自在地遨游在文本的世界里。文本中的空白就如同一个个积木等待着读者在解读理解的道路上搭造建构。读者在解读过程中，要为自己创造条件，充分感受到文本在向自己敞开，就如面前

---

① 金元浦：《文学解释学》，东北师范大学出版社1997年版，第388页。

② 金元浦：《接受反应文论》，山东教育出版社1998年版，第164页。

有一方自由开垦的土地。王维的《使至塞上》："大漠孤烟直，长河落日圆。"寥寥几字能够进入读者灵魂深处，将读者的思绪引入到边陲塞外那壮阔的场景中。此时此刻读者的想象填充起文本中的空白：大漠浩瀚无垠、狼烟直上云霄、黄河长流似练、一轮落日正圆，在此壮阔的景象之中，使臣如征蓬似归燕行进在大漠之中……于是读者的思绪顺着文本蔓延开去。李白的《梦游天姥吟留别》："天姥连天向天横，势拔五岳掩赤城。"其中的空白足以激发读者去想象那峰峦峭拔的磅礴气势。如果读者能够从李白近乎仙境式的描写中生发出去，展开想象的翅膀，在自己想象的世界中去构筑一个仙境般的天地，那么解读也就具有了无穷魅力。解读中的一个个空白可以带给读者一方方广阔的天地，读者要善于唤起自己的解读体验，用灵感和智慧创造出更加丰富多彩的艺术形象。

3. 否定理论下的文本解读活动

接受美学理论将空白和否定视作读者与文本交流的基本条件。"如果说空白是文本解读的句法之轴的话，那么，否定便是文本解读的范式之轴。"[1]在解读过程中，"保留剧目"中原有的标准规范否定了读者原有的习惯和标准，生产出了解读范式之轴上的空白，因此我们常说否定产生空白。伊瑟尔曾经说过这样一句话："一篇虚构的文本，从本质上讲，一定要推陈出新，别树一帜，背离人们所熟悉的规范的有效性。"[2]否定激发读者去构建自己的对象，读者要建立与文本的联系，主要是通过想象来填充空白，而这些空白就是由否定引起的。因此，我们要充分重视否定在阅读中的作用。

读者在解读过程中，不可避免地会看到所熟悉的"保留剧目"，但是读者不可能永远停留在保留剧目中，否则他会对文本产生厌倦之情。因而好的文本总是出其不意地呈现出读者所料想不到的东西，在

---

[1] 金元浦：《接受反应文论》，山东教育出版社1998年版，第167页。

[2] 金元浦：《接受反应文论》，山东教育出版社1998年版，第169页。

读者的震惊中显示出一个新的空白结构。文本解读活动中也常有这样的现象，读者要在自己的惯性思维中抓住这个矛盾，让自己的思维在这一刻聚焦，开掘出文本新的深度。这不只是增加了文本的厚重感，而且也让自己的视野得到了新的提升。比如《孔雀东南飞》一诗，传统的观点认为，焦仲卿和妻子一样，对爱情是坚贞的，他以死殉情，来抗议吃人的封建礼教。但如果我们提出当代学者的某些观点来否定这种已有的见解，会怎样呢？有的学者认为这不是一首爱情诗，焦仲卿与刘兰芝之间没有真正的爱情，并以有关诗句来证明：十七为君妇，心中常苦悲；君既为府吏，守节情不移；贱妾留空房，相见日常稀。这里没有爱情，不过是遵守传统的妇德。焦仲卿对妻子的态度是同情，而不是爱情。他始终就没有坚强过，他的哭表现出他的窝囊，他的死也是在妻子死之后。这样的观点将带给我们否定所形成的空白，这一空白引领我们进入到对文本更为深入的研究中去，从而丰富了文本的意义，也创造出了一个新的解读主体。所以，我们的文本解读活动，既要注重对"保留剧目"的运用，又要善于打破它，通过调整和变换理解的角度来否定既有的经验，做到文本意义的常读常新。

（三）召唤结构：读者与文本的敞开交流

接受美学理论对空白和未定性的研究，深受英加登"未确定之域"的影响。后来伊瑟尔开始了自己的研究并发表了在文学理论史上具有重要意义的论文《文本的召唤结构》。什么是文本的召唤结构？"文学作品中包含着许多意义空白与意义未定性，它是联结创作意识和接受意识的桥梁，是前者向后者转换的必不可少的条件。它促使读者去寻找文本的意义，从而赋予他参与文本意义构成的权利。正是意义未定性与意义空白才构成了文本世界的基础结构，此即所谓'召唤结构'。"[①]文学作品中的意义空白与未定性不断地向读者发出召唤，呼唤读者进入文本，呼唤读者用自己的方式将确切的含义负载在

---

① 金元浦：《文学解释学》，东北师范大学出版社1997年版，第385页。

未定性上，将文本中的空白一一填充起来。文本的意义是读者与文本之间相互交流和开放的结晶。读者对文本的理解过程是一个不断开放与不断生成的动态过程，文本只有在与读者的相互敞开中才能实现其意义。当然，文本的意义不是固定的，每一个读者都会有自己的解读。正如伽达默尔所言："对一文本或艺术作品真正意义的发现是没有止境的，这实际是一个无限的过程，不仅新的误解被不断克服，而使真义得以从遮蔽它的那些事件中敞亮，而且新的理解也不断涌现，并揭示出全新的意义。"[①]召唤结构对我们的文本解读活动有着诸多的启示，主要体现在以下两个方面：

第一，读者：文本意义的建构者。我们以前的文本解读活动突出的是对作家创作意图的还原，认定文本的意义是由作家预先设定在作品中的，文本解读就是要穿越文本去探究作者的旨趣。因此，读者解读活动没有生机和活力，无法体现出读者的个性化解读，读者陷入被动接受的状态。这就造成了解读主体与客体的分裂。接受美学的召唤结构理论将文本视为带有空白与未定性的召唤结构，它期待与读者交流对话。从这个意义上讲，文本解读是读者生命意识的自由抒写，是个体精神的独特启示，体现了人和世界的平等共融。召唤结构只有在读者的积极参与下才能真正实现其内涵。召唤结构隐藏着对读者和作者平等关系的一种揭示。作者并不是高高在上的圣人先哲，读者也不再是崇拜者、敬仰者，两者在召唤结构的导引下共同实现对文本意义的建构。任何文本，只有靠读者的创造性解读才能获取其独特的价值。因此，我们应该把读者不仅仅看作文本的接受者，更应看作文本的建构者。

第二，文本：开放的召唤结构。文本是蕴含着未定性与意义空白的吁求读者解读的召唤结构。文本在召唤结构的指引下充满了开放

[①] ［德］伽达默尔：《真理与方法》，王才勇译，辽宁人民出版社1987年版，第265—266页。

性。召唤结构就如同一条链条将读者与文本牢牢地维系在一起。文本如果没有经过读者解读这一环节，就只能是一个没有生命的文字符号。只有在读者对其未定性和空白的不断确定与填充中，文本才能焕发出生机和活力。召唤结构向我们展示出一种面向读者开放的宽大胸襟，它呼唤读者的主体性、创造性。文本解读活动其实就是读者在文本召唤结构的"召唤"下的一种积极响应活动，即一种创造性、体验性活动。因此说，这种开放的召唤结构也让我们感受到了文本的生命气息，它吁求着读者的参与和交流。

（四）召唤结构下的文本解读活动

接受美学的召唤结构理论对文本解读活动有着极为深刻的启发意义。它告诉我们，文本意义的建构需要读者的参与，需要读者的反应和创生，这种参与、反应及创生表现为读者对话的意识、体验的情感和创造的精神。

第一，对话：走进文本世界。面对着由召唤结构所构成的一个动态、开放、凝聚着无限意义生成可能性的文本世界，我们要走进文本设定的世界，感受作者的热情召唤，从而积极地填充文本的意义空白，建构文本的意义。实际上，这是读者与文本的对话。譬如在解读辛弃疾的《青玉案·元夕》时，我们就要穿越时空去与作者对话。"东风夜放花千树，更吹落、星如雨。宝马雕车香满路。凤箫声动，玉壶光转，一夜鱼龙舞。"我们仿佛置身于元宵节的繁华闹市之中。"蛾儿雪柳黄金缕，笑语盈盈暗香去。众里寻他千百度，蓦然回首，那人却在，灯火阑珊处。"这幽独的美人不禁让我们心动，她置身热闹之外，她忧愁、孤独、自甘寂寞，她沉稳、矜持、遗世独立，热闹是别人的，她却于热闹之外寻求一种超脱。这里，我们仿佛感受到文本向我们发出一种召唤，召唤我们穿越历史长河与这位佳人邂逅。"于我心有戚戚焉"的这位佳人，不正是作者高尚人格的化身吗？这不也正是我们所要追求的一种人生境界吗？文本在我们解读的瞬间展开了无穷的空间，等待我们的到来，等待我们去展开它那无限的意义。因而，在文本解读活动中我们要深切地感受文本，去与文本积极地对话，在对话中建构文本的意义世界。

第二，体验：浸入文本世界。文本的召唤结构导引着读者全身心地沉浸、游弋于其中，它吁求读者穿越文本表面的符号而走进其内在世界。召唤结构不仅仅是召唤读者通过填充未定之域来构建文本的意义，更重要的是它向读者发出吁求，期望读者敞开自己的心扉，全身心地投到文本的情境之中，达到一种与文本水乳交融的情感体验状态。

余光中的《听听那冷雨》，就是在那凄凉的冷雨中让我们体验到了杏花春雨江南的情境，在那凄凉的冷雨中我们感受到了作者的生命的跃动。冷雨落在作者的心头，也敲打在我们的心坎里。"杏花。春雨。江南。六个方块字，或许那片土就在那里面。而无论赤县也好神州也好中国也好，变来变去，只要仓颉的灵感不灭，美丽的中文不老，那形象，那磁石一般的向心力当必然长在。因为一个方块字就是一个天地。"透过这声情并茂的文字我们感受到了一颗赤子之心，并随他深深地陷入这种思乡之情中。我们的文本解读活动就是要生发自我的审美体验，用心去与文本交流，真正地浸入文本世界去聆听作家灵魂的诉说。

第三，创造：再造文本世界。凡是好的文本都留有空白与未定之域等待读者去填补创造，召唤读者以积极的姿态去与文本交流，调动读者的能动性，在再创造中实现对文本意义的发掘。所以，读者要善于利用这些未定之域和空白去开发自己的想象力和创造力。在文本解读活动中，我们要创造一种思维自由驰骋的空间，从不同的视角、不同的层面解读文本，实现文本意义的再创造。

例如解读李清照的《如梦令》，伴随着"昨夜雨疏风骤，浓睡不消残酒。试问卷帘人，却道海棠依旧。知否，知否？应是绿肥红瘦"的字句，脑海中会生发和构建出一个独特的意义世界。美好的事物总是易于逝去，那海棠花怎经得起一夜的风吹雨打？词人的心如同这花一样经受了一夜的折磨，她恋春、惜春、伤春，却无计留春驻，自己的青春与生命可不就如同这易逝的春色？所以，就连问侍女外面的春色如何，她都有些惴惴不安，那敏感、脆弱的心灵于此可见。粗心的侍女竟然随便以一句"依旧"的话来应对，她哪里懂得词人的心情？故古人说："按一'问'极有情，答以'依旧'答得淡，所以逵出'知否'二字来，而'绿肥红瘦'，无限凄婉，又妙在含蓄。短幅中藏无数曲折，自是圣于词者。"我们应调动自己的联想与想象再造出一个富有意味的文本世界。在文学解读活动中，我们的创造力就如同一株久旱逢甘霖的禾苗，在召唤结构的雨露滋润下，焕发出靓丽的绿色。

文本解读活动作为一种交流与敞开活动，是我们必须要树立的一种文本解读观念。有了这种解读观念，我们就可以在文本解读中敞开胸怀，以一种与朋友知己平等对话的姿态投入到与文本的交流中去。对于我们读者来说，就是要深入到文本中去，在与文本"保留剧目"的邂逅中实现彼此的视界融合，在文本的"否定性"中实现自身意义的更新，在"游移视点"的动态衔接中、与"召唤结构"的呼唤应答中实现读者与文本的交流，建构文本的意义。总之，在文本解读活动中只有充分发挥读者的主体性，调动读者的解读创造性，让读者自由自在地在文本的世界里游弋，才能实现其自我精神的完满建构。因为文本解读是一个灵魂塑造的过程，文本的字字句句就好似一粒粒顽强的种子扎根在读者的心田，读者解读成长的过程就是这些种子萌发、生长的过程。读者在解读中收获经验的同时也提升了自己的人生境界，生命个体的成长也将更加富有生机和活力。

五　审美解读：寻求理解与自我理解

从美学角度说，审美解读，即通过对文本的品味和感悟，既理解文本又建构自我。所以，审美解读本质上是"寻求理解和自我理解"的解读活动。所谓"寻求理解"，即重在寻求作者的原意，可说是"还原性审美解读"；所谓"自我理解"，即重在"独到的体验"，是对文本意义的建构，可说是"创造性审美解读"。

审美解读是一种艺术。一提起艺术，我们往往就会联想到油画《蒙娜丽莎》、雕像《天鹅湖》，或贝多芬、肖邦的交响曲。其实，艺术并非只是绘画、舞蹈、音乐的代名词，艺术也指富有创造性的方法与门径。如审美解读一篇作品，有一个从表层感知到深层理解的过程，它需要遵循一条正确的艺术途径。打个比方说，就像开锁需要钥匙一样，只有把握开锁的钥匙，才能打开大门，登堂入室，领略作品的深层意蕴和内层魅力。审美解读家李健吾在《咀华集·序一》中论鉴赏时就曾指出，一个审美解读家是"学者和艺术家的化合"。因为创作家根据生活材料和他的存在，"提炼出他的艺术"，而审美解读家根据创作家提炼出的艺术和自我存在，不仅要"说出见解"，还要"企图完成鉴赏的使命"。所以说，审美解读本身就是一种艺术，就是一种凝聚自己生命情致的"创作"。对作品的审美解读，不仅是一门学问，更是一门艺术。只有深入诠释作品的内部营构系统，才能像发掘矿藏一样获得"纯净的闪光的宝石"。

审美解读是创作的逆行，最完全的审美解读与创作具有同等重要的意义。有人往往以为创作价值甚高，审美解读无甚价值，这实在是浅薄的见解；因为解读与创作需要同样的心灵，具有同样的困难和价值。所以，懂不懂审美解读，能不能鉴赏作品，是衡量一个人艺术修养和文学功力的一个重要标尺。

钱锺书在《写在人生边上·释文盲》中论审美解读时，把不懂审美解读的唤作"文盲"，直言不讳地批评了有些人不懂鉴赏，不懂审美解读，空论文学的不正常现象。他颇有些尖锐地指出："色盲"绝不学绘画，可"文盲"却能谈文学，而且谈得"特别起劲"。他打比方说："看文学书而不懂鉴赏，恰等于帝皇时代，看守后宫，成日价在女人堆里厮混的偏偏是个太监，虽有机会，却无能力。无错不成话，非冤家不聚头，不如此怎会有人生的笑剧？"这位赫赫有名的大文学家和大学者，把搞文学而不懂鉴赏和审美解读，看作是"人生的笑剧"，或许是略带夸张之论，但也足见审美解读有何等重要的意义了。同时，钱锺书在文章中把这种不懂鉴赏、不懂审美解读而空论文学的人，比作是"向小姐求爱不遂，只能找丫头来替。不幸得很，最招惹不得的是丫头，你一抬举她，她就想盖过千金小姐"。这些幽默诙谐的妙语，颇有点辛辣意味地讽刺了那种不懂鉴赏和审美解读又以空论故作高深的做法，生动地指出了提高审美解读水平的重要性，也说明了把握审美解读的意义所在——当审美解读能够建立各类文本普遍存在的统一法则和某种审美目的时，它对文本审美教学就最有助益。为此，在这里例析审美解读的三篇文章。

（一）"凛冽的天宇"与"青春的消息"——读鲁迅的散文《雪》

鲁迅的《雪》，是一篇优美的现代散文。它描绘的是美妙多姿的雪景，弹奏的却是奋勇抗争的乐章。它像一枝境界超然、风姿绰约的奇葩，撩人喜爱，又似一首脍炙人口的咏雪诗，耐人吟咏。这篇散文，是鲁迅先生20世纪20年代中期创作的。当时，鲁迅住在北洋军阀盘踞的北京。在南方革命浪潮的推动下，北方反帝反封建的烈火已经燃起。虽然这时作者亲身经历了五四新文化统一战线的分化，有时还不免产生"两间余一卒，荷戟独彷徨"的孤独之感，但是他的主导精神是积极奋进的。就是在这种心境下，作者写了这篇借景抒情、寄寓着奋勇抗争精神的散文。

阅读这篇散文，能够引发读者的审美思考：作者描绘"江南"和"朔方"两幅雪景图，不是平板地一览无余地描摹生活，而是张开想象的翅膀，由"朔方的雪花"联想到"暖国的雨"，由"雨"联想到"江南的雪"，由"雪"联想到山茶、梅花盛开的"雪野"，由"雪野"联想到孩子们塑造雪罗汉的动人情景；既是描写现实中的"朔方的雪"，想象也"飞腾"起来，浮想联翩，神游宇宙。那么，作者何以要展开这样的联想？应深层感悟他借以抒发的特定情感、寄托的深刻思想，以及它所创造的雄浑壮丽的艺术境界。

《雪》这篇散文，描绘了"江南"和"朔方"迥然不同的雪景，充满着诗情画意，富有神韵妙境，读来使人不禁悠然神往，得到一种强烈的美的享受。

作品首先描绘的是江南雪景。作者起笔别开生面，并不直接写"江南的雪"，而是由远及近，运用衬托的手法，从侧面描写"暖国的雨，想来没有变过冰冷的坚硬的灿烂的雪花"，从而为写变幻多姿的"江南的雪"做了有力的反衬和铺垫。接着，作者才直接描绘"江南的雪"。着笔先用"滋润美艳之至"一语，对江南的雪加以赞美，从质和形上突现"江南的雪"的特点，又以"那是还在隐约着的青春的消息，是壮健的处子的皮肤"的生动比喻加以描绘，不仅给人一种妩媚可爱的印象，而且"青春的消息"还给人以深刻的理性启示，显现出江南雪的美质。这是写景，但景中有情，表达了作者身处严寒冬天怀念和向往满含春意的江南故乡的深情。"江南的雪"在作者的笔下是如此美丽，而那里的"雪野"更是洋溢着生机盎然的春意。你看，作者对江南雪野的精彩描绘："雪野中有血红的宝珠山茶，白中隐青的单瓣梅花，深黄的磬口的蜡梅花，雪下面还有冷绿的杂草。"这是一幅多么美丽动人的雪野图。红、青、黄、绿四种色彩搭配在一起，涂在以洁白的雪为背景的原野上，是那么悦目，美观！然而，这仅仅是静态描写，更令人叫绝的是凭借想象所做的动态描写："我的眼前仿佛看见冬花开在雪野中，有许多蜜蜂忙碌地飞着，也听得他们嗡嗡地闹着。"这里绘声绘色地描画出一幅百花争妍、蝶舞蜂唱的雪野中的"春意图"。这幅图妖艳明丽，有动有静，动静相衬，有声有色，声色和谐，同作者所处军阀统治下的北京的黑暗现实形成鲜明对照。这既表现出作者对光明的神往和憧憬，又说明"春天"的理想和"青春的消息"在鼓舞着他对反动势力进行抗争。

作者不仅对江南的雪景心怀挚情，而且更爱生长在江南"雪地里"的天真烂漫的孩子们。作者以白描的手法，活灵活现地描绘了故乡儿童塑雪罗汉的动人情景："孩子们呵着冻得通红，像紫芽姜一般的小手"，认真地塑着雪罗汉，"用龙眼核给他做眼珠，又从谁的母亲的脂粉奁中偷得胭脂来涂在嘴唇上"。这是多么可爱的孩子，多么聪明伶俐！这才是江南雪地里绽开的真正的"春花"啊！在孩子们的巧手打扮下，"罗汉就塑得比孩子们高得多"，"上小下大"，"很洁白，很明艳"，"目光灼灼地嘴唇通红地坐在雪地里"。这美丽娇艳的雪罗汉，又是多么惟妙惟肖啊！作者把故乡儿童塑雪罗汉的故事写得这样美，一方面是寄寓自己的美好愿望，表达对自由生活的向往，另一方面意在同北方黑暗冷酷的现实相对比，对反动势力进行抨击。

江南雪景图是美不胜收的。北方的雪景图是怎样的呢？接下去，作者转换笔墨，推出一幅更引人注目的"朔方雪景图"。冬天的北方虽然寒冷，但它是雄浑、宏伟、壮丽的。作者描绘了朔方的雪花特征——"如粉，如沙，他们决不粘连"，是坚硬的冰冷的雪花，与"滋润美艳"的江南的雪有着明显的不同。请看作者勾画的这幅绚烂、宏伟的"朔方雪景图"吧："在晴天下，旋风忽来，便蓬勃地奋飞，在日光中灿灿地生光，如包藏火焰的大雾，旋转而且升腾，弥漫太空，使太空旋转而且升腾地闪烁。"如果说"江南雪景图"给人一种柔美感，那么"朔方雪景图"则给人一种壮美感。这虽然不是"隐约着的青春的消息"的雪，却是为冲破严密的包围争取青春自由而奋力抗争的雪。江南雪重在表现作者的一种美好愿望，朔方雪则重在表现抗争奋击的战斗风貌。只要我们体味一下，就会感到朔方雪的形象是诗化的形象，交融着一种抗争进击精神。仿佛我们面前出现一位抗严寒战风雪的战士，是他的抗争激情在"灿灿地生光"，是他的进击精神在"升腾地闪烁"。

作品最后启示我们，雪是"雨的精魂"，说明自由活泼的"雨"虽然在严寒的压迫下变成了雪，但是"精魂"仍在，仍然保存着雨的活泼自由的精神，并且又以雪的姿态出现，顽强地战斗下去，把充满"严冬肃杀"的"旷野"和"天宇"闹个地覆天翻，把"严寒"驱走，迎接江南的"春天"。

这篇散文，借景抒情，情景相生，托物言志，不论是对江南的雪景，还是对天真烂漫的孩子们，不论对明艳剔透的雪罗汉，还是对朔方的如粉如沙的雪花，作者都是以饱蘸感情的笔触，予以形象的描绘，借雪景来抒发自己内心的感情，托形象来寄寓自己的深刻思想。正因为它不是一幅单纯的雪景图，而是以思想感情做灵魂，洋溢着奋进抗争的精神，所以才写出神韵妙境，别具风姿神采，富有强烈的艺术魅力。读着它，就觉得有一股强大的精神力量在鼓舞着我们，使人好像也要冲风冒雪"升腾"起来，同作者一起战胜那"凛冽的天宇"，去倾听那"青春的消息"。

《雪》的深刻的思想和真挚的感情，渗透在借助丰富的联想和想象所创造的意境之中。正由于作者的联想力和想象力极其丰富，所以才创造了雄浑壮丽的意境，给读者留下广阔的联想和想象的空间。通过读者的联想和想象的再创造，既可以扩大和丰富《雪》这篇散文的内容，也可以使人更强烈地感到美的享受和艺术的满足。

《雪》的浓郁的诗情、深邃的意境，还有赖于优美的语言得以表现。鲁迅写景抒情散文的语言，总是精粹简洁的，具有生活的鲜明色彩和动人的旋律。如作者写江南的雪景，语言华美，文采风流，柔美之中又不乏健美；写孩子们塑雪罗汉的语言，朴素形象，欢快活泼，生活气息浓，虽然没有特别华丽的辞藻或夸张的笔墨，但孩子们的鲜明个性、雪罗汉的幽默神态跃然纸上；写北方雪景的语言，热烈，瑰丽，抒发了作者面对冷酷现实的战斗豪情。

（二）用色彩编织感情的锦缎——读老舍的《济南的冬天》

《济南的冬天》是一篇文情并茂的写景散文。作者在这篇散文中别具匠心地运用绘画艺术的着色手法，描画济南冬天的美景，用色彩绘织绚丽的感情锦缎，创造了散文艺术的画境美。所以，阅读这篇散文，我们可以学习用绘画艺术的着色手法来写景状物的艺术手法，领悟着色于文的艺术奥妙。在阅读方法上，可采取先整体观照——把握作者描画的济南冬天美景的整体构成特点，后分层透视——深入感悟作者是怎样铺彩着色、写景画物，表现济南冬天绚丽多姿的色调鲜明的画境美的。同时，要注意体味：作者如何描画济南冬天的总体风貌；作者何以描画济南冬天秀美的山雪景色，特别是济南冬天的绿的美。围绕对这些问题的感悟，我们就可对这篇散文进行深层解读和鉴赏。

我们知道，绘画与散文是两种截然不同的艺术表现形式。绘画是空间艺术，它主要是运用色彩和线条反映生活，尤其十分讲究色彩的艺术运用，靠精湛的着色艺术来刻画形象，赋予形象以活的形神风貌，表达作者特定的生活感受和审美情感。散文是语言的艺术，但是，老舍在《济南的冬天》中却别具匠心地运用绘画的这种着色艺术，通过表示色彩的词语，如"红""绿""黄""白"等等，铺彩着色，借色传情。他用不同色素的对照、色调和光线的变化，来刻画景物的形神风貌，在读者面前造成绚丽多姿的色彩感和色调鲜明的画境美。那么，作者在这篇散文中是怎样铺彩着色创造画境的呢？

第一，运用衬托手法着色，描画济南冬天的总体风貌。

济南冬天的天空，既没有什么奇幻，也不具什么瑰丽，如何画出这种极平常的天空美的风貌，给读者以鲜明、深刻的印象？老舍先生独运匠心，采取绘画艺术中的衬托手法着色，以此托彼，借宾衬主，化平庸为神奇。他充分发挥语言所特有的启示性，以生动的语言来唤起读者头脑中对于光、色、态的丰富联想和想象，描绘出了一幅鲜明、生动的图画。作者先以"对于一个在北平住惯的人，像我，冬天要是不刮风，便觉得是奇迹"来引发读者的想象，使读者脑海中呈现出一幅朔风怒号、天寒地冻的画面，用这幅画面中的"冷"色衬托济南冬天的"暖"色；接着，又以"对于一个刚由伦敦回来的人，像我，冬天要能看得见日光，便觉得是怪事"，来唤起读者的想象，使读者仿佛看到了一幅伦敦灰蒙蒙的阴郁的图画，用这幅画面中的"暗"色衬托济南冬天的"明"色；继之，作者还以"在热带的地方，日光是永远那么毒……"，使读者面前出现了一幅热带地区烈日高照的"叫人害怕"的画面，用这幅画面的"热"色衬托济南冬天的"温"色。作者妙运画笔，巧着色彩，通过这种以此托彼、借宾衬主的艺术描绘，将济南冬天阳光温煦、天朗地秀的总体风貌勾勒了出来，就像一幅色调明朗的大壁画，给人以愉悦的美感。

第二，运用对比手法着色，描画济南冬天秀美的山雪景色。

古老的济南，景色秀丽，四面环抱的小山把济南围了个圈儿，真是一城山色。怎样把济南秀美的冬天山色展现于读者面前呢？作者透过秀美小山各个细部的光、色、态，巧取具有对比意义的色彩，从山上、山尖、山坡一直到山腰，一笔笔地描画出迷人的山雪景色：青黑的矮松树尖上顶着一髻儿白花，"好像日本看护妇"，松的青黑与雪的洁白对照，相映添色；山尖全白了，"给蓝天镶上一道儿银边"，山白与天蓝相对照，相映生辉；山坡上露着草色，"一道儿白，一道儿暗黄"，黄白相间，对映成趣，好像"给山们穿上一件带水纹的花衣"，花衣被风儿吹动，似乎希望叫人看到"更美的山的肌肤"；傍晚在微黄的夕阳斜照下，山雪更显动人的容色，像少女一样"忽然害了羞，微微露出点粉色"，斜阳的微黄与薄雪的粉色对照，画出了山雪的情。作者通过这段色阶分明、交相辉映的色彩对比描写，既画出了山雪的色彩美——山雪的光色、姿态的外在美，也画出了山雪的动态感和情态美——山雪的情韵、山雪的内在美。绘画艺术讲究"气韵生动"，这里所创造的正是绘画艺术的最佳境界。我们不能不说这是色彩对比手法的传神之笔。这种色彩对比与衬托有一定的相通之处，甚至往往难以截然分开，但是对比毕竟不同于衬托。作者在开篇运用衬托手法着色，意在以此托彼，描画出济南冬天的"温晴"风貌；而这里的色彩对比则是相互生发，相得益彰，使济南冬天的山雪景色，在令人触目的色彩对比中更显秀美，更加迷人。

第三，运用反复手法着色，描画济南冬水的绿的美。

济南被称为"泉城"，水是久负盛名的。不仅有大明湖，还有分布全城的七十二泉。济南的水来自大地的深处，蕴含着强大的生命力，一年四季，奔涌不息。这样美的水的形象如何画出？作者舍弃了济南冬水的种种表象，借自己的印象和感受，捉住济南冬水"绿"的鲜明独特的色相特征，采取反复铺陈单一色彩的着色手法，笔笔渲染济南冬水的"绿"——绿萍的绿，水藻的绿，水面柳影的绿。因为读着这些绿萍、绿藻、绿柳，我们自然联想到滋养着它们的水，感受到蕴蓄在济南冬水里的绿的精神、绿的生命、绿的活力、绿的美。作者以饱蘸"绿"色的画笔，通过反复铺陈点染，使济南冬天的形神毕现，展现出了一个别开生面的绿色世界，色调是那么纯净、明丽，给人以生意盎然之感。色彩运用的艺术实践说明：在文中着色，机械重复，死板无趣，是艺术的贫乏；艺术重复，妙趣横生，则是艺术的创造。这里作者正是通过艺术地运用反复铺陈点染单一色彩的着色手法，画出了独特清新的画境诗意。

俄国著名艺术家列宾说过："色彩，在我们不过是一种工具，它应该用来表现我们的思想。"同时，还有句名言："色彩，就是思想。"老舍先生在《济南的冬天》中，正是通过艺术地运用衬托、对比、反复等手法着色入文，融情于色，借色传情，赋予色彩以生命，从而生动地揭示了济南冬天各种景物的形神风貌，绘制成一幅流光溢彩、神韵生动的济南冬景图。

（三）冰清剔透的"第二自然"，人化的荷塘妙境——读颜元叔的《荷塘风起》

台湾大学教授、当代著名散文家颜元叔，在执教的同时，致力于散文创作的艺术实践，"以如刀的笔，刻画着时代的斑斑点点，鞭笞之间，固是怒目金刚，看看流脓淌血，纸背却怀着一颗菩萨心肠。他凭知识良心，去丈量历史，去入世生活，故可在众浊之中见清澈，在嘈杂中闻清音"[①]。他的这篇素享盛名的《荷塘风起》，状荷塘风起的静谧美，堪称绝致，抒写"自我的感觉"、时代的忧思，酣畅而缜密，展现出这位散文大家敏锐而慈善的品格、深沉而清澈的风貌。

《荷塘风起》这篇散文所创造的"第二自然"，体现了颜元叔独标一格的审美艺术。疏朗的笔致，丰腴的神采，醇厚的情味，绰约的风姿，像一枝境界超然的奇葩，富有诱人神往的艺术魅力。它在写法上吸取现代派文学的艺术表现技法，注重主客观世界的相互"感应"，善于运用有声、有色、有味、有形的物象来暗示作者微妙的内心世界，善于借助有物质感的形象来表现无形的主观意念；而且重视通过直觉去捕捉风起荷塘时的意象，把作者的感受和情绪全都隐藏在具体的意象背后，每一个意象又几乎都是在"一瞬间"表现出来的知与情的复合体。因此说，《荷塘风起》的表现艺术堪称奇颖妙绝。

首先，作者把自己的内心世界与自然界化为一炉使之高度浑成。美学家认为，自然形象总是以自己独特的形式与人缔结种种社会生活关系，实质上，它是人的社会关系的一个补充、一个衬托、一个说明。《荷塘风起》这篇散文以其独特的审美艺术构思，把"荷塘"与"风起"融为一体，把内心世界与自然界化为一炉，把客观真实化为主观表现，创造出了一个殷实之美与空灵之美相辉映、相融合的人化的艺术境界。文章在开篇之后对步于荷塘的一段描写，既殷实又空

[①]《台湾十大散文家选集》，台北源成图书公司1977年版，第2页。

灵，为全篇立下了基调，颇耐人寻味："我走向荷池与莲池间的长堤。面对这一塘荷叶荷花，扑面的芬芳，什么生命能不振奋！什么意兴能不飞扬！我在长堤中间停步，尽量把脚尖逼近水池，弯曲膝盖，压低视线，向荷叶间望去，但见一层一层的荷叶，像叠居的都市人生；只是这里一切宁静，一切翠绿，一切婉顺着自然。"这段文字看似寻常，却把荷池、荷香与"我"三者浑然一体，形成一个令人生命振奋、意兴飞扬的世界——弥漫着荷的"扑面的芬芳"、"一切宁静，一切翠绿，一切婉顺着自然"的荷塘世界。在这里，作者兴致勃勃地"逼近水池""弯曲膝盖"，积极地与"出淤泥而不染"的荷为伍，"执意"与庸碌的旧我决裂，扬弃现实的污浊，含蓄而凝练地表露了自己高洁无瑕的内心世界和"在众浊之中见清澈"的风貌。这段精彩的描绘，可谓文之枢纽，照亮全篇，是作者为具体描写"荷塘风起"这一人化自然所做的铺垫和渲染。

　　文章中展现的"荷塘风起"的主体画面，是作者内心世界与自然界高度浑成的结晶体。作者以传神的彩笔描摹荷叶，既曲尽荷塘风起的殷实之美，又宣泄出一种荷塘风起而"碧黛深沉"的空灵之美。读者徜徉其艺术情境之中，愉悦陶醉，心旷神怡："一阵强风从对面吹来，千百张荷叶的一侧，被卷起，竖起，形成直角，阳光便射在翻起的叶底，使得那竖起的一半，顿时转成昏亮的紫黄低压的一半在阴暗中，则转为深黛。千百张荷叶，霎时皆成深黛托着紫黄。紫黄耀眼，碧黛深沉。风，太阳与视觉如此的偶合，闪耀出荷叶多彩而豪迈的一面。观荷人的意识几乎跃出了胸腔，跃入那一片紫黄碧黛。"这是多么动人的荷风图啊！这幅图隽永清丽，有声有色，声色和谐，把看不见、摸不着的空灵之物——风的形象，勾画得活灵活现，跃然欲出。你看，"荷花"因活脱于"风起"，显出"深黛托着紫黄"的殷实风致；而风、太阳与视觉恰巧的偶合，又闪耀出荷叶多彩而豪迈的空灵美姿。这样，作者把有形的荷叶与无形的风融于一体在同一空间里展现，使"荷塘风起"这一廓大的美景透出一种深旷、清丽而又跃动的韵味。从生理、心理学的角度来看，这种殷实空灵兼美的境界，似乎与生活现实隔了一层，因而诱使作者逸然神往，振奋得连他的意识都"几乎跃出了胸腔，跃入那一片紫黄碧黛"。尽管"公事包依旧沉重拉着我的肩膀"，然而，作者毕竟在"那刹那的一刻"，与阳光、荷叶、轻风化为高度浑成的一体，而得到"那瞬间的多彩的神会"。这瞬间而多彩的神会，是心灵的净化，是作者企求与旧我决裂、扬弃现实的污浊的憧憬。在这里，作者的内在心灵和自然外物化为浑然的整体，构成了一种"纯粹的、超然和独立的"艺术境界。而读者的情感也随着这种境界的廓大和内涵的深广而扩散、飘荡，直至完全沉浸在"阳光、荷叶、轻风与人"的"多彩的神会"里，仿佛和作者"同样的振奋"，就像一株绿荷飘植于起风的"荷塘"，从而获得一种冰清剔透、空旷坦荡的艺术美的享受。

其次，作者善于把自己独特的感受、精妙的思想、浓烈的情绪，隐藏在具体的意象背后，即通过自然形象的图画，将其蕴藏在作品中，而又不把话说完，使读者一览无余。文章采用设置画面，秀出形象，寓感受、情绪与思想于其中的表现技法，来启迪读者寻味探索，驰骋遐思，从而去获得一种朦胧美、和谐美的享受。

从画面组合的设计来看，全篇采用的是"纵贯式"的艺术构筑。作者以一路走来的游踪为艺术营构线索，串写组合荷塘风起的各种景物与"自我的感觉""自我的情绪"。这条艺术营构线索并非一条直线，而是在"振奋"与愤慨、怜惜荷叶遭受"摧残"和"封杀"的多重情绪中，或隐或秀，跌宕着向前发展的。首先，文章从"荷塘与我恢复旧交"，在一个下午"我执意往荷塘走去"入笔，到作者"振奋"起来，"意识几乎跃出了胸腔，跃入那一片紫黄碧黛"，与阳光、荷叶、轻风化入"那瞬间的多彩的神会"世界里，是第一个波澜——由动入静。从"走过长堤，到池边的尖顶亭去看荷池"，到"愿莲子坠落，坠落在池中的污泥里，生长出更多'不染的生命'"，为第二个波澜——变静为动。从"从尖顶亭望过去"，到"看着荷叶荷花——让生活的齿轮暂且在这里停刹",是第三个波澜——动归于静。生命活动,富有人的性灵。你看,荷叶的姿态是这样的舒展、自然:"圆似斗笠",相互"亲密并肩","把池水覆盖得失却踪影,叠起了自己的碧绿城池"。荷花的容貌是那样的艳丽、灿烂:"红里透蓝,蓝里透红","似乎冒出红紫的浓烟","花心上升成一个锥体,坦然任风在花瓣间流连冲刷,好个少妇般的一朵生命!"还有那"小巧的莲蓬",是那样的精神、蓬勃:"或昂头或侧首,参差在花叶之间。"作者直接从意觉上写荷,使物我归一,人化了荷的形象,使荷的形象多么"鲜明得势"。在表现手法上,多采用象征、比喻、暗示手法,以意写物,极少描摹实写,由此缩短了物我之间的距离,使之有机地融于一体。的确,作者笔下秀出的两种"荷",正是他心中的"维纳斯"——扬弃现实的污浊,意图在文章的动静间迭生,隐秀藏露,相映成趣。就景境的局部来看,有静有动,而给人的总体感觉却是"静"的。因为"动"终究是"静中之动",是为衬托"静"而虚写的"动"。再从心境来看,局部或动或静,究本质体味,作者的心境是"激奋"的。因为感情的峰谷是隐伏在起风的"荷塘"里,因而景愈秀出,我们体味到作者的心境愈不平静。这景境之静与心境不静的矛盾性,曲传出了作者企求摆脱现实污浊,向往高洁无瑕、清澈自由和愤世嫉俗的至情。你看,作者"把公事包留置身侧,把六时半的应酬暂时忘掉,呆呆坐在塘边",就是对这种思想情绪的艺术点染和升华。而在文章的结尾,作者又描述了四周的"噪声碾压着花叶",下班车的喇叭"像刺刀穿过树林,插入了宁谧的心地"的景境,并还以"但愿那荷塘能挣扎下去"的祈祷收笔,从而把愤世嫉俗的情绪渲染得更加淋漓尽致。

从自然形象的创造来看,更显出作者调朱弄粉、隐秀兼得的深厚的艺术功力。泰纳在《艺术哲学》中认为:"艺术品的特征,是在把那特性,或者至少把对象的重要性质,尽力表现得鲜明得势。"这"鲜明得势"就是"秀出"事物的主要特征。《荷塘风起》在自然形象的创造上，其胜人一筹的独到之处，就在于通过人化自然物来表达自己的主观情绪，既做到自然形象秀出，又让人的性情隐喻其中，从而收到一种自然物象"鲜明得势"，而内在情感含而不露、隐秀兼得的艺术效果。作者艺术地运用移情手法直接把思想、情绪移注到"荷"的形象里，使本无生命和情趣的"荷"仿佛具有人的"众浊之中见清澈"的超然；而那"荷池里的浓香""千万片荷叶的气息"，以及它们叠起的"碧绿城池"，又正是他胸中高洁的情愫。这种物我之间高度的统一性，显示了文章隐约之美与秀出之美的有机融合，从而创造了情深邈远、撩人心往神驰的艺术境界。

六　大众文化背景下的经典阅读

　　大众文化是在当今经济全球化和文化多元化的背景下伴随着消费文化的发展和电子传媒的崛起而生成的一种文化形态。应该说，大众文化的发展有效地消解了主流文化的"霸权"，赋予了社会绝大多数处于普通认知水平和文化程度的平民百姓以文化消费的权利。但是，大众文化作为现代工业社会的产物，其制作过程与接受过程是完全分离的，大众是被动的接收者。尤其是市场经济规律在大众文化的运作中起着十分重要的作用，有些人基于商业赢利目的而快速合成的大众文化，对人生的理解和情感的投入以及审美的体验往往大打折扣，甚至有诸多虚假和矫情的成分掺杂其中。因此，大众文化往往成了一次性消费的文化快餐，它并不执意追求文化价值的永恒性，而更多的是给忙碌的大众一种经验上的娱乐和感官上的享受。这种"感性文化"的蔓延往往会导致人们对时代、社会、历史与文化责任感的淡化，造成文化精神与科学理性的稀释，使社会进步缺少恒久的动力。

　　在这种大众文化的影响之下，目前大众阅读的重心也发生了转移，读者对那种曾经带给我们精神动力和文化营养的经典阅读及其富有审美性、脱俗性、浪漫性、唤醒性的阅读形态已渐渐不感兴趣，转而对那些流行的时尚元素和具有实用性、功利性、目的性的阅读文本和阅读形态倍感亲切。这就是说，大众文化对我们的大众阅读特别是富有情感陶冶、心灵洗练和精神建构等功能的经典阅读以及审美阅读、陶冶阅读、浪漫阅读、超然阅读等阅读形态大有消解之势。

（一）读图时代的挑战

电子媒体是当今大众文化传播的重要途道。现在的大众文化实际上已经进入了各种电子媒体竞相开发的"视觉文化"的时代，亦即所谓的"读图时代"。报纸、杂志、书籍的读者已从规律性阅读转变成偶发性阅读，书面文字文本的阅读被电子图像阅读所替代，可以说，当今的大众阅读已真正进入了一个"读图时代"。人们每天大都坐在电脑或电视机前，被其五彩缤纷的图像所吸引着，电子媒体以各种方式尽可能地丰富着人们的精神生活，一切阅读生活似乎都转为读图生活。特别是随着越来越激烈的社会竞争，人们已不可能在沉静的、淡泊的书香氛围中专心投注于那些富有陶冶性、唤醒性和建构性的经典文本阅读，而电子媒体则往往以其动感的声像、诱人的画面、大众化了的传达内容缩短了人们与世界的时间距离和空间距离，引领人们走进世界、步入生活和社会的现实状态与节奏。

但是我们需要明确指出的是，这种图像阅读完全丧失了书面文字文本阅读的间接性及其给人们构出的富有感悟特质的想象空间和情蕴意味。有些经典名著被搬上屏幕的图像表现效果说明，电子图像的直观性往往抹杀了书面文字文本表达特有的意味和韵致，失去了书面文字文本世界的内蕴和灵动。这就像有人试用电子图像去展示一首诗的内隐外秀而只可意会的意境一样，其结果只能是造成"误读"而不可能真正品味领略到这首诗营构的形象世界、情感世界和意义世界的底蕴及其深层的绚丽风光。书面文字文本的内蕴作为"精神的能源"，是书面文字文本世界跃动的生命，是照亮读者心灵的火焰。它在书面文字文本中虽然不单独直露地显现在外，但在其整体构筑的各个部分都可以发现它存在的踪影——它渗透在形象、情节里，渗透在语象、意境中，渗透在文字文本躯体构造的一切外部形式中，是蕴蓄于文字文本艺术生命机体中的活生生的精魂。电子图像面对这样的书面文字文本世界往往只得其"形"而不得其"神"，只展现其"外形式"的表象，丢弃的是渗透在文字文本机体中的活的生命与精魂，从而致使经典名著"浅化""庸俗化"，本来博大精深的经典在观众面前变得苍白无力。尤其是经典文字文本的意义内蕴往往是多维性构成因素的复合融注，它具有丰厚和多重性艺术张力，是发掘不尽的多意蕴的潜在世界。它在文本中表现在文字上往往是极简单的，而其内涵却是极丰富的：无论是一个旋涡，一朵浪花，一簇泡沫，都无不映射出整条汹涌不息的长河。果戈理在评赏普希金的诗时曾经说："这里没有美的辞藻，这里只有诗。这里没有外表的炫耀，一切是单纯的，充满了并非突然呈现的内在的光彩。一切是那么简洁，这才是纯粹的诗。话是不多的，却都很精辟，富于含蕴。每一个字都是无底的深渊；每一个字都和诗人一样把握不住。"①这段精辟的论述生动地说明，书面文字形式的经典文本世界的意义内蕴有如"无底的深渊"，是丰厚而具无限张力的。它是电子图像所无法展现的潜在世界，是一种图像阅读不可能深入领悟和把握的"内燃的火光"。

深入考察现在的各种电子媒体传播便可发现，有不少注重感官刺激的图像节目，往往会导致受众审美趣味的肤浅化，使其缺失积极的审美态度和生活情趣，特别是它影响甚至消解受众的理性思维。书面文字文本经典阅读的过程往往是读者"寻求理解和自我理解"的过程，即读者既要理解和建构文本世界，又要理解建构自我世界。而电子图像阅读给人的多是感官刺激，它无论如何也无法代替受众寻求理解的思考和自我理解与建构的智慧。倘若整个社会缺乏"理性的建构"，接触智慧与精英文化的人越来越少，那么，理性的建构、智慧与精英文化得以流传和持守的可能性就相应缩小了，民族整体文化素质也会受到严重影响。难怪现在有不少有识之士怀着忧虑说，目前的青少年在文化素养方面越来越苍白，外表浮躁，内质空虚，这是很可

①［俄］普希金：《普希金抒情诗选》（下集），查良铮译，江苏人民出版社1982年版，第570页。

怕的表现。不少大学生读书期间真正阅读的经典名著"没有几本"。对一些经典名著的了解，大多数是间接或零星地来自电子图像的阅读。"蒹葭苍苍，白露为霜。所谓伊人，在水一方""问世间情为何物，直教人生死相许"之类古典诗词的作者，都理所当然地变成了琼瑶。即便是报纸、杂志、书籍等文字文本的阅读，也远非传统意义上的文字阅读。随着"读图"的盛行，人们的阅读兴趣更多地转向图像阅读带来的快捷和轻松，"读图"已然成为社会的流行文化时尚，那些成人绘本、卡通读物便拥有了广大的读者群。而且，这种图像阅读方式蔓延到各种阅读空间，我们在校园的一角或者拥挤的公交车上经常可以看到手捧漫画读本痴迷于其中的青少年学子。姑且不论这些漫画读物的内容健康与否，仅就这种单一的阅读方式，就是对青少年学生心灵成长和思维发展的一种严峻挑战。众所熟知，读图自然是作用于我们的形象思维，因此在这种阅读中，思维过程更多的是停留在对事物感性层面的感知和认识上，不用思辨，不用理性，不用智慧，当然很难达到充分认知的阶段。就其阅读价值而言，这无疑是减少了思考的过程，更不要谈阅读时的思想震撼、情感陶冶、精神建构、心灵洗礼了。

（二）"时尚阅读"的兴起

时尚阅读是大众文化的产物。随着大众文化的迅速发展、新的文化氛围的形成，人们传统的艺术观念、审美意识和欣赏兴趣发生了很大程度的改变。反映在大众阅读领域，人们的阅读兴趣、阅读视野和阅读方式已发生转移。简单来说，就是人们对那些经典作品越来越疏远，经典阅读与当代人的生活产生了隔膜，而以新颖、通俗、休闲娱乐性为特征的"时尚阅读"却日益盛行。可以说，经典阅读淡化，时尚阅读兴起，是目前大众阅读的一个现实。

时尚阅读是一种贴近人们生活现实与情感心理、紧步时代潮流和社会时尚的阅读形态。现在有些反映当代时尚生活和现代人时尚追求的时尚读物与时尚文本，能够贴近人们的现实生活和情趣，满足人们追求时尚的心理需求和兴趣化的阅读动机。如科幻武侠小说、各种成人童话以及休闲生活小品等，就颇受大众的欢迎。现代社会生活节奏紧张，各种竞争激烈，内心压力和脑力劳动强度加大，休闲读物和生活小品确实为当代人提供了追求个性、放松自我的氛围，也使他们从中可以获得精神的慰藉。因此，当下大众阅读活动表现出时尚阅读盛行的倾向，形成了时尚阅读对经典阅读的冲击，而且这种冲击力是强烈而具颠覆性的，大有消解经典阅读、促进时尚阅读为大众阅读潮流的趋势。

面对这种时尚阅读兴起的冲浪，我们既要大力倡导经典阅读，开展各种形式的经典阅读教育活动，如学校的各类经典教育课题实验、社会的各类经典阅读文化活动等，同时也应当正确认识和积极引导大众的时尚阅读活动。因为时尚阅读所具有的以下几个特征是我们所不可忽视的：（1）时尚阅读是一种时代性阅读。时尚阅读能使人们感受到时代的脉搏，把握时代精神的律动，感受到时代的召唤，能促使人们关注社会和时代的变革与发展，将大众阅读与社会的发展和时代精神紧密地联系起来，给大众阅读注入时代风尚和新的意识观念、审美气息。（2）时尚阅读是一种趣味性阅读。当代社会时尚阅读文本的丰富多彩与明白流畅给人们提供了阔大的阅读选择空间。人们可以根据个人兴趣随意挑选适合自己的时尚读物，或干脆上网阅读，兴之所至，轻点鼠标即可。这也是时尚阅读极具冲击力的根本所在。人们的个性差异很大，兴趣也是五花八门，时尚阅读以其多元化和适应性满足了不同口味的大众阅读的需求，而且使他们乐此不疲。（3）时尚阅读是一种生活化阅读。时尚阅读文本大都关注社会生活现实，贴近人们的日常生活与情感，能使人们及时了解生活变化，深切感受和把握生活节奏。时尚阅读文本多是写一些人们喜闻乐见的充满生活气息、紧步生活节奏的内容，能适应大众阅读的口味和接受水平。有不少时尚阅读文本以灵活新鲜的表现形式营造温情脉脉、和风细雨的生活场景，使得人们能在繁重、紧张的工作学习之余，躲进这恬静的一隅体味一下生活的鲜亮与温情，抚慰一下疲惫的心灵，放松一下紧张的神经，发泄一下郁闷的情绪，这正是当代人所要寻求的一种生活惬意。如《拿什么拯救你，我的爱人》等影视剧之所以受到欢迎，或许就是因为人们能从中找到自己生活中的种种状态、种种身影、种种情愫，即看到了自己要看的生活场景，听到了自己要听的生活声音，感受到自己所要求的生活。总之，在时尚阅读中，感应新的生活时尚、社会时尚、文化时尚和审美时尚，是每一个当代人的内在需求。它能使人们融进时代、走进社会、拥抱生活，品尝的是人世间的酸甜苦辣，感受到的是现实生活的脉搏，触摸到的是社会时尚的美质。（4）时尚阅读是一种开放性阅读。它能够充分开发大众阅读资源，开拓人们的阅读视野和阅读空间，开启人们的当代意识和时尚智慧，使人们自由地获取各种不同层次的时尚信息，了解社会和生活的最新动向；同时，它也有助于拓展人们的多元化阅读思维和多元文化观念。

　　时尚阅读所具有的这些特点决定，我们要正确认识和积极引领大众的时尚阅读，不可把时尚阅读看作是一种"无聊阅读"，并把它与经典阅读完全对立起来。其实，从本质上看，时尚阅读与经典阅读并非根本对立。因为真正的经典无不涵容时尚之美。如"关关雎鸠，在河之洲。窈窕淑女，君子好逑"，这一经典之作之所以流传千古，从某种意义上说，是因为它创造了"只有清纯之美和德才之美的结合才是最高境界的伦理之美"这种永恒的经典时尚；同样，我们的民族艺术瑰宝唐诗宋词之所以永葆辉煌，也是因为它在东方文化中创造了"传诵一时，芳泽千古"的经典时尚；莎士比亚之所以仍然"光彩照人"，更是因为他在西方世界成就了"不仅属于一个时代，而且属于所有时代"的经典时尚。经典内含着时尚，不灭的时尚即为经典。凡是好作品，总是以锐利的观察、灵敏的感受、独到的体验和透视生活深层的智慧，分辨出哪些是时代激流的一时飞沫，哪些是长留青史的永恒瞬间，哪些是绚丽一时的彩虹云霞，哪些是美丽不灭的时尚精神。因此，我们不可把时尚阅读与经典阅读完全对立起来，分割开来，而应当在大众的时尚阅读中引发经典阅读的兴趣，把时尚阅读和经典阅读结合起来。只有时尚与经典相结合，才能使人们既有经典文化的滋养，又有时尚文化的哺育，进而在经典文化与时尚文化的渗透整合中建构自我世界，推进时代和社会的文化精神建设。

我们必须清醒地看到，当今大众的时尚阅读已经形成对经典阅读的冲击，实际上时尚阅读已经部分取代了经典阅读。大众阅读是时代文化精神建设的一个重要方面，大众阅读的经典性是不可消解和弱化的，经典阅读不应当被时尚阅读消解，经典阅读应当成为大众阅读的主旋律。有人曾打过这样一个极为形象的比喻："时尚阅读就像吃麦当劳、肯德基，热量有了，但营养却谈不上；经典阅读就像吃正餐，程序上有点麻烦，但绝对有营养。现在电视上补钙的广告铺天盖地，有谁意识到，中国人的精神更需要补钙？试想，一个时刻跟着时尚阅读走，今天看《厚黑学》、明天看《曾国藩》、后天看《有了快感你就喊》的人，和一个爱读鲁迅、顾准的人会有同样的骨骼吗？"[1]不能说这个比喻所说的就是一种阅读真理，但它十分深入地揭示了时尚阅读与经典阅读的关系，说明我们应当正确处理这种关系，促使时尚阅读和经典阅读的结合。"苏轼曾经说：'书富如入海，百货皆有之，人之精力，不能兼收尽取，但得其所欲者。如愿学者，每次做一意求之。'这里就有一个泛读和精读的关系。泛读要博，精读要深。时尚就是可泛读的部分，而经典就是要精读的部分。没有泛读，你的眼界会变得狭窄；没有精读，你对事物的认识难免肤浅。"[2]因此，在时尚阅读兴起而经典阅读弱化之际，面对高雅艺术、经典文化日渐衰微的现实，积极倡导并大力加强经典阅读就显得越发意义重大，尤其是对于大众阅读者的精神建构以及良好文化环境的形成都具有深远的影响。

---

① 徐怀谦：《书话阅读：时尚与经典》，载《光明日报》2003年7月3日。

② 徐怀谦：《书话阅读：时尚与经典》，载《光明日报》2003年7月3日。

（三）"经典阅读"的呼唤

从其特性和功能来说，经典阅读是绝不可忽视的。在当今时尚阅读的大潮中，我们真情地呼唤经典阅读的回归。因为经典阅读对人们吸收文化营养、丰富情感和精神世界，提高人们的文化综合素质，具有多方面的作用。如我们的古代经典"四书五经""唐诗宋词"《古文观止》，不知熏陶教育了多少人，不知有多少人从中汲取文化营养。可以说，历朝历代，没有一个文化人不是从这种经典阅读中走向生活，步于世界，开拓人生的。经典与人生、经典与成长、经典与智慧是直接相关的。特别是对青少年阅读来说，经典的世界就是陶冶的世界、唤醒的世界、建构的世界。经典阅读对人们洞察人生、净化灵魂、理解人生的意义和目的、找到正确的生活方式，有着不可估量的作用。如绚丽华严、辉煌精湛的跳动着民族艺术神韵而具有不可穷尽之美的唐诗宋词经典文本世界，对青少年读者来说，就是陶冶性情的世界，净化灵魂的世界，升华人格的世界。唐诗宋词经典文本中那些美丽的画面、多彩的景姿、灵动的意境、深厚的意味、妙不可言的神韵、美不胜收的形态，对青少年读者无疑是一种多面性的陶冶教育。什么是陶冶教育？简单地说，就是情感与心灵的陶冶、精神与灵魂的建构、人格与情操的洗练。读《蜀道难》，就会体验到李白"生命的奇崛之美"；读"采菊东篱下，悠然见南山"，就会感受到陶渊明"生命的超然"。特别是唐诗宋词经典文本的诗境美：有的诗境像海天苍苍，宏阔豪放；有的诗境像雨后春山，婉约清秀；有的诗境有"大江东去"的雄壮；有的诗境有"平湖秋月"的清幽。在这样的诗境中，面对海天苍苍，面对雨后春山，面对大江东去，面对平湖秋月，无情人也会变得多情，平静的灵魂也会变得冲动，苦恼会悄然离去，沉静会瞬间生成。对经典阅读的这种功能，记得北京大学钱理群教授做过这样的描述：它可以打破时空的界限，克服个人生命的有限范围，把读者引入民族与世界、古代与现代思想文化的宝库，使读者在有声有色、有思想、有意味的语言世界里流连忘返，与其中的人物和心灵同哭同笑同焦虑同挣扎，在不知不觉中会发现自己变了，变得更复杂、更单纯、更聪明，也更天真，他们内在的智慧、思考力、想象力、审美力、批判力、创造力，被开发出来了，他们的精神自由而开阔了，他们的心灵变得更美好了。

经典阅读为何具有这样的功能和作用？在当今大众文化的语境中，我们很有必要深入认识和把握经典阅读对人的性情陶冶、心灵滋养、精神建构的本质与特征，以大力倡导经典阅读，呼唤经典阅读的回归，使之与目前兴起的时尚阅读构成大众文化时代阅读的主旋律。

经典是人类文化的一种积淀，是人类文化的一种结晶。经典是在波涛沉浮的人类文化发展的历史长河中经过时空的锤炼、文化的整合而生成的。这就是说，经典是一种超越时空的文化存在，是一种精粹的文化产物，是一种纯美的文化构成，它在不断经受时间的考验中给人开启文化与精神的智慧。凡是经典，它所关注的绝不仅仅是一时一地的人情世故，而往往是人类文化中一些永恒的价值和主题。因而，经典具有两个特有的东西：一是持久不衰的"经典的魅力"。经典往往是"古籍"的，但真正的经典又都是年轻的；经典往往是历史的，但真正的经典又都是当代的。经典的魅力是持久的、永恒的。二是不可穷尽的"经典的张力"。经典往往是具有丰厚的文化意蕴的构成物。经典的世界往往都是不可穷尽、不可描述的形象世界、情感世界和意义世界，是一个开放的、不断被读者所填补和建构的召唤结构。经典的形象世界，往往是多义的、具有不确定性和模糊性的形象世界；经典的情感世界，往往是诱发读者心灵体验、使读者忘我投入的情感世界；经典的意义世界，往往是不断生成的、召唤读者不断建构的、在读者面前永远开放的意义世界。

这种"经典的魅力"与"经典的张力"，决定经典阅读不同于实用性、功利性阅读，也不同于大众文化语境中的时尚阅读。经典阅读本质上既是一种体验性、对话性、陶冶性阅读，又是一种开放性、建构性、智慧性阅读。充分认识和深入地把握经典阅读的这些特征，对于在大众文化兴起的背景下大力倡导经典阅读无疑具有多方面的重要意义：第一，经典阅读是一种体验性阅读。经典的文本大都是一个特定的体验世界，经典阅读的过程就是感受体验的过程——感受经典文本的形象世界，体验经典文本的情感世界，领悟经典文本的意义世界。这就是说，经典阅读并非一种认知活动，而是一种体验活动，它需要的是阅读主体感受体验的参与。第二，经典阅读是一种对话性阅读。这种与经典的对话，往往是超越时空的对话、超越历史的对话、超越现实的对话，是与古今中外一切伟大的心灵的对话，是倾听与叩问先贤心声的对话。所以，经典阅读也称为超时空阅读。我们不可视经典阅读为一种对象性阐释，而应当将经典阅读作为一种对话活动——它是主体与主体的对话、生命与生命的对话、心灵与心灵的对话。第三，经典阅读是一种陶冶性阅读。经典的世界就是陶冶性情的世界，净化心灵的世界，升华人格的世界。所以，经典阅读就是一种陶冶过程。我们应当高度重视经典的这种陶冶功能，把经典阅读的过程视为陶冶读者性情、净化心灵的过程，让读者在经典的世界里去追求情感与精神世界的完美。第四，经典阅读是一种开放性阅读。在读者面前，经典文本是开放性的，读者对它可作多元理解和透视；在经典文本面前，读者也是开放的，读者可以调动自己的感受和体验对经典文本做富有个性的解释。这就是说，经典阅读并非权威性阅读，也不是崇拜阅读，它应当是一种没有预设条件和限制性的阅读过程。读者在经典阅读的过程中是开放的、自由的，对经典文本可做一切有可能的理解和解释。第五，经典阅读是一种建构性阅读。经典阅读的过程就是建构的过程，它既要建构文本的意义世界，又要建构自我世界。实际上，在经典阅读中建构自我世界与精神家园，建构自己的灵魂和人格、素养和品质、生活与人生，是经典阅读的终极意义所在。经典阅读对人的这种建构性，正是大众文化语境中的读者所需要的东西。第六，经典阅读是一种智慧性阅读。经典阅读也是一种智慧学习活动，它是读者获取生存智慧、生活智慧、人生智慧、文化智慧、审美智慧、情感智慧、精神智慧、创造智慧等一切人类智慧的重要途径。其实，经典阅读就是将经典文本作为生活、世界、社会、人生来解读。经典的世界是博大、精深、丰厚的，是富有智慧和灵性的，所以经典阅读就是一种智慧学习。我们不可忽视经典阅读中的智慧生成，不能把智慧学习排除在经典阅读的过程之外。

综上所述，随着大众文化的兴起，经典阅读是绝不可轻视的。从某种意义上说，经典阅读是人的生活与发展的一种需要，特别是对青少年读者来说，经典阅读对他们的生命成长、生命的觉醒有着更重要的意义；因为经典阅读是生命的体验式阅读过程，读者会融入个人的生命体验和主体情感，使之成为一种生命存在的状态，为自己构筑一个属于个人的心灵世界。有不少专家说，经典阅读可以使年轻一代从生命与学习的起点上就占据一个精神的制高点，会使读者的生命达到一种酣畅淋漓的自由状态。这种难得的高峰体验、生命的瞬间爆发与闪光，会使读者以一种全新的眼光去看待自我与世界，甚至从根本上改变读者的生命状态与选择。当然，每一个读者在什么时候，在什么文本上，与经典发生这种生命的撞击，产生生命的体验，是不好确定的；但只要是一次瞬间爆发，就会永远难忘，对其终生会产生难以估量的影响。所以，经典阅读的回归是当今大众文化语境下读者的一个必然选择与时代呼唤。

第五章

文体教学：不同品类特征审识

应该说，文体研究历史悠久。刘勰早就在《文心雕龙》中提出一套较为成熟的古代文体研究方法，并至今对文体研究具有重要影响。古代文体研究的重点，是文体分类学、文体发生论、文体功用论、文体源流论、文体体制论等。这些文体分类研究是因文体表现生活现实的丰富性而要具体掌握世界的语言方式。发展到汉魏六朝时代，文体研究已经有了较深入的具体例证分析，成为重要的文论研究现象。后来又不断演变，其文体分类或以功用，或以体式，或以题材，或以风格来确定，对文体的形态和类别等进行具体探讨。在我国现当代文体学史上，有辨体论和破体论之说。前者认为"文各有体"，后者主张打破文体界限，强调文体交叉融合。新时期以来，文体一直是各类语言教育研究的重要课题。

文体教学，是语文教学的重要内容。文各有体，不同的文体有不同的特点。在语文教学中，诗歌与散文、小说、戏剧等文体，都各有不同的教法。近年来，语文教学的文体"淡化"，各类文体的教学差不多是一样的教学思路、一样的教学设计、一样的教学模式，直接影响了各类不同文体的教学质量。因此，我们有必要加强对各类文体品类特征的审识和分析，以切实搞好文体教学。在这里，根据统编语文教材的文体构成，对诗歌、散文、小说、戏剧等文体的特征与教学做一探讨。

一　诗歌教学中"载情"与"造言"二维解读

　　诗歌是语文教学中很重要的一种文体。在统编语文教材中诗歌比散文、小说、戏剧等占有更大比重，教学的分量很大。诗歌作为一种特别的文体，到底应该"怎么教"，这是语文教学的老问题，也是统编教材的新问题。于漪老师曾经指出，长期以来诗歌教学往往以读为"常态"，就是让学生"大声读几遍，小声读几遍"，解释几个字词就算讲完了。这样读固然没什么不好，但读要讲实效，所以于漪特别强调"诗要有诗的教法"。特别是当下的语文课，有些老师常把诗歌混同于散文等文体，采用的是"一样的教学设计""一样的教学思路""一样的教学模式"。何以出现这种"一样"的教学现象？究其原因，就是缺乏诗歌文体意识，没有把握诗歌的文体特点，将诗歌视同于其他文体课文。其实，不同的文体有不同的特点，不同的文体应有不同的教法，不能把各类文体混为一谈。诗歌教学必须把握诗歌的文体品性。只有从诗歌的文体特点出发来进行教学设计，才能切实解决诗歌"怎么教"的问题。

　　如何把握于漪的"诗要有诗的教法"之说？显然很明确，就是要按诗歌的文体特点来进行教学。（1）诗歌是"载情"的文体，虽然有多种不同的类型，但无论是叙事的、议论的，还是写景的、状物的或哲理的，都是以"主情"为要。我国古文论中对诗歌的文体特点有不少阐述。如刘勰在《文心雕龙》中指出："人禀七情，应物斯感，感物吟志，莫非自然。"这就是说，诗歌是客观外物所触发的主体情感的外化表现，是主观与客观、理性与情感、内容与形式的结晶，是情与景、意与象、心与物的同构融注。（2）诗歌是语言艺术的"精粹"，是"一切艺术中最崇高、最完美的艺术形式"。我们的古文论家指出，诗歌的这种文体构成美质，是通过诗歌精湛、高超的"造言"艺术来表现的。所以，在教学中切实把握诗歌的文体品性，区别诗歌与其他课文不同的文体特征，采取"载情"与"造言"二维教学，就可从根本上解决诗歌"怎么教"的问题，从而落实"语言建构与运用"教学，真正提升学生的语文核心素养。

（一）怎么教：把握"载情"的教学法则

在教学中让学生读诗，首先要读得有情趣、有兴致，因为诗歌是"载情"的文体，很容易激发学生的情感。把握诗歌的这种"载情性"，实际上是搞好诗歌文体教学的基本法则。如果忽视其"载情性"，诗歌教学就会抓不住要领。因为"载情"是诗歌的文体构成，只有把握诗歌的载情要素及其构成特征，才能确定和设计"怎么教"的问题。由于诗歌是诗人触物起兴，以感情形象为载体，表现诗人主体与社会群体本质力量美的语言艺术，所以"载情性"是它具有的基本艺术特征。白居易说："诗者，根情，苗言，华声、实义。"[1]别林斯基说："感情是诗歌天性的最主要动力之一，没有感情，就没有诗人，也没有诗。"[2]现代诗人郭沫若也曾指出："诗的本质在抒情"，"诗是情绪的直写"，"诗人是感情的宠儿"。[3]这些论述从诗的产

---

① ［唐］白居易：《与元九书》。

② ［俄］别列金娜选辑：《别林斯基论文学》，梁真译，新文艺出版社1958年版，第176页。

③ 郭沫若：《论诗三札》，见杨框汉、刘福春编《中国现代诗论》（上编），花城出版社1985年版，第51页。

生和生存价值上，揭示了诗歌"载情"的文体特质，充分说明"载情性"是诗歌艺术创构的根本特征。如果没有感情，就如江河没有水、人没有血液一样，诗歌的艺术生命就会停止，就没有存在的艺术审美价值和意义。在诗歌教学中，我们可以发现，凡是优秀的诗作，如《从军行》《秋夜将晓出篱门迎凉有感》《闻官军收河南河北》等，都是"情动于中而行于言"的产物，是诗人内心情感的一种艺术外化。诗歌教学必须把握其"载情"的文体特点，否则我们就不好确定该"怎么教"。

在诗歌教学中要切实把握"怎么教"这个问题，首先应明确诗是在感情的大地上生成的，是以诗人的感情为要素构成的，是诗人内心情感的艺术化表现，即化无形、抽象的感情为具象物，通过具象物来表达内心的感情，使感情可以看得见、摸得着，具有可感性。这种化无形的感情为有形的具象的艺术化表现，就是诗歌艺术创构的根本所在，也是诗歌教学要把握的着眼点和立足点。因为那些富有感染力和生命力的诗作，都无不是这种文体艺术创构的精品，也无不是诗歌文体教学最能引发学生爱语文的唤情点。如宋代女词人李清照有一著名的词句："莫道不消魂，帘卷西风，人比黄花瘦。"千百年来，人们都异口同声地赞誉这个词句写得"绝佳"，那么，它绝佳在哪里呢？很显然，它绝就绝在诗人化苦思丈夫的无形感情为有形的"黄花瘦"这个具象物，以"情化的自然物"写尽了因日思夜盼阔别久离的丈夫而花容憔悴、玉肌消瘦的情态风韵。又如"愁"本来是无形的，可是李白把他"浓重的愁思"化为"白发三千丈"这个有形的、伸手可以摸得着的具象物，从而成为人们传诵不衰的名句。显而易见，诗歌就是诗人感情的艺术化表现，就是化无形为有形，化抽象为具象，把感情形象化。诗歌教学的实践告诉我们，诗歌中的一切景物形象，都是感情的载体，是诗人感情的艺术化表现。因此，感情是诗歌文体构成的基本要素，"载情性"是诗歌艺术创构的主要特征。对诗歌的这种"载情性"文体特征，在教学中要从两个方面来把握。

1. 要从诗歌的真情艺术品性切入

诗歌是真情的艺术，诗抒之情是诗人内心情感的一种宣泄，没有真情的诗是没有感染力、生命力和美学价值的，所以，真实性是诗情之美的一种基本品性。凡是感染人的好诗，如《寒食》《迢迢牵牛星》《十五夜望月》都是诗人从内心宣泄出来的一种真情，是以真情的感染力和穿透力来打动读者的。所以，有没有真情，感情是否具有真实性，是诗歌教学中进行诗情分析、把握诗歌"载情性"文体特征的一个基本法则。

在诗歌教学中要解读和判断诗的感情是否具有真实性，首先要看诗人所抒之情是不是生活中体验过并为之激动过的感情，即是不是生活情感体验的艺术化表现。因为如果没有生活的情感体验为基础，就很难写出真情。凡是那些富有真情的好诗，都无不是以生活的情感体验为基础而进行的艺术创造。普希金曾经说过：没有这个特点就没有真正的诗歌，这个特点就是灵感的真实性。这种以生活的情感体验为基础、艺术化地表现生活真情的诗作，可以举出不少教学例篇。如苏轼的《江城子·十年生死两茫茫》，就是以"十年生死""千里孤坟"的时空形态来写夫妻"生者"与"死者"阴阳相隔而心灵相通的感情形态的，即诗人以生活情感体验的相思之泪谱写了夫妻"生死同心"的情感境界，写出了夫妻生死相隔的凄美，写出了夫妻生死别离的凄凉，即以"十年生死""千里孤坟"的沉痛来写刻骨的思念，以"空守明月""独守山冈"的孤寂来写心底的悲凉。应该说，这是一首透射着情感之美和诗境之美的不朽诗作。那么，这首诗为什么能够写出这样感人的真情呢？显然，是因为它是从生活的情感体验出发的，表达的是一种诗人生活中体验过并为之冲动过的内心感情。可见，诗歌的真情是诗人生活情感体验的艺术化表现。诗的感情是不是诗人的生活情感体验，是诗歌教学解读和判断诗歌的情感是否具有真实性的基本标准。

其次，诗歌的情感表达往往是复杂的，教学中解读和判断诗歌的感情是否具有真实性，也应当结合诗中所展现的生活情境来分析，即通过生活情境的真实来把握诗歌的感情真实。在教学中把握生活情境的真实，就可以揭示诗人感情的真实。再就苏轼的《江城子》这首词来说，写亡妻生前的生活画面："小轩窗，正梳妆，相对无言，唯有泪千行。" 这个生活细节的特写镜头，写出诗人对妻子的一种挚爱、一腔纯情，写出有情人相见心灵颤动的情感投注和特别表达，以逼真的生活情境给人以真实的生活感受。很显然，这种生活情境融注着诗人对生活所追求的一种纯挚真情，也就是通过表现艺术化的生活情境揭示了一种美好的生活真情。在诗歌教学中透过这种生活情境的真实，就可以揭示诗人感情的真实，深入把握诗情的真实性。

需要强调指出的是，诗情的真实作为诗歌文体艺术真实的一种特殊形式，在诗歌教学中对它的理解不可过于拘泥和机械化。据说，19世纪英国作家斯蒂芬森去见一位南海群岛的酋长，这位酋长是一位诗人。在谈话中斯蒂芬森问他的诗作内容是什么，这位酋长便回答说："情人和海，你要知道，不是完全真的，也不是完全假的。"斯蒂芬森以为这是对一切诗的公正的解释。细加品味，就会感觉到酋长的话是颇有道理的。"不是完全真的"，就是说诗不是客观生活现象的自然照搬；"不是完全假的"，是说诗所写的以一定的生活经验为依据。因此，在诗歌教学中对诗情的真实性的理解，我们必须要以诗歌文体艺术的眼光，不能拘泥于客观生活现象的真实，不能把艺术的真实做生活的真实来认识。如果你看到李白的"黄河之水天上来"，就以为黄河之源就真的在"天上"；看到杜甫的"霜皮溜雨四十围，黛色参天二千尺"，就批评杜甫把古柏写得太细长，那么，就使教学中诗歌艺术解读化为自然主义的机械分析。诗歌教学应当采取的正确分析方法是，要以诗歌的文体艺术眼光，站在诗人的位置上，看他的感情是否自然而真实，看他能否敞开心灵，写真情，抒挚情。诗情的真实，不在于认知的"真"，而在于表情的"真"，在于诗人忠实于心灵的高度坦诚，表现自己的内心世界，这是诗歌教学要切实把握的问题。

2. 要把握诗歌的召唤性情感表现

统编教材编选的诗歌都是经典之作，如《咏柳》、《惠崇春江晚景》、《四时田园杂兴》（其二十五）、《芙蓉楼送辛渐》等。这些经久不衰的作品，其特质都显然是真实情感的艺术化表现，是一种体验性的真实情感，是诗的生命——真情孕育了诗本身。但是，在教学中我们要明确的是：诗虽然是真实情感的艺术外化，却不是任何真实感情都能够外化为诗。世界上的客观事物都是真实的，可这些真实的事物并不能都成为诗。亚里士多德曾说过，诗比历史更富于哲学意味，更应受到严肃的对待，因为诗所描述的事带有普遍性，历史则叙述个别的事。狄德罗也说过一句很深刻的话：一切都是真实的，但不是一切都是美的。可见，诗是灵魂和智慧的艺术闪光，不是游戏人生的玩具。那种有感于身边琐屑、柴米油盐而产生的没有美学价值、没有思想闪光的情感，虽然真实，却化不成诗，本质上与诗无缘。因为诗歌的情感是一种召唤性情感，是哲思和灵感的智慧融注，它不仅是真实的，还必须是具有诗性美学价值的情感，必须是闪耀思想光辉的心灵情感，舍此不能步入诗的殿堂。在教学中对诗歌"载情"的文体把握是"美在召唤"，因为只有召唤性情感艺术外化为诗，才是富有诗性情感张力、内蕴丰厚而不可穷尽的好诗。

那么，在教学中如何把握诗歌的召唤性情感？简言之，就是既要解析作品所具有的情感共性，又要透视其鲜明的情感个性。诗歌的情感共性表现为社会生活的群体抽象，情感个性表现为诗人的个体具象，如《采薇》《春夜喜雨》《泊船瓜洲》《送元二使安西》等。凡是诗的召唤性情感的构成——在其情感个性的鲜明表现中，都蕴含着人的共性的心理情绪，凝聚着能够沟通人们深层心理、触动人们内心情感、引发人们情感共鸣、透入人心的共性心理深处的超越品性。如《长恨歌》写皇帝与贵妃荒淫的婚姻悲剧，与老百姓牵扯不上。然而，为什么打动了那么多读者的心？不但当时"童子能吟长恨篇"，而且在今天仍然富有艺术感染力？原因就在于诗人融进了人类爱情婚姻上的共性心理情感，从而写出了一种召唤性情绪，这就是"天长地久有时尽，此恨绵绵无绝期"的两情永隔的无穷憾恨。这显然是一个在那个环境中所必然具有的召唤感情，是深深扎根于人的深层心理结构中的召唤感情。所以，它才那样深切动人，唤醒了"每一个人灵魂里的诗的感情"，诗歌的召唤情感的文体品性特征及其艺术冲击力的奥秘就在于此。

为在诗歌教学中深入把握诗歌召唤性情感的文体品性特征，我们不妨以晏殊的《浣溪沙》为例加以阐释。晏殊是北宋时期的太平宰相，他的词作主要是咏风月、写闲愁。这首词就是写他在黄昏时分，手持一杯酒，感叹着花开花落、时光易逝。对这种伤感和惆怅之情，普通人好像无法体会。然而，千百年来这首词却盛传不衰，显示了强旺的艺术生命力。其奥秘何在？就在于它表现的不是平庸的伤感和惆怅，而是一种伤感于美好时光流逝，惆怅于人事如烟、物是人非，蕴含着人生真义，能够触动人们深层心理的召唤性情感。因此，这首词虽然反映的是晏殊富贵闲人的"闲愁"，但是它对于宇宙人生的沉思更符合人们的普遍心理，也能触动当代人的内在心灵。从教学解读的角度来看，诗歌文体既是具体的，又是抽象的。对于作者，它所表现的情感内容是一种观念形态；对于读者，它所描写的感情又是超意识形态的抽象形式，具有符号性的文体特征。因此，在教学中我们可以引导学生把诗歌看作是一个象征符号，是一个艺术空筐，也就是一个"召唤结构"，让学生借来寄托自己的情怀。晏殊的这首词，就是这样一个容量很大的"艺术空筐"和"召唤结构"。在人生的征途上，我们经常会产生"无可奈何"的心态，会陷入"似曾相识"、依稀梦中的境界。每逢这种时刻，晏殊的词往往就会召唤起我们强烈的情感共鸣。

当然，对一首词应当整体地去把握和感受，不能孤立地抽出一句去理解和阐释。一些古典诗词名句都是因为整体的审美意境才获得生命力的。同样，这首词如果没有上阕"一曲新词酒一杯，去年天气旧亭台。夕阳西下几时回？"的描写，就不可能获得廓大的审美功能。显然，古人对时间这个概念已有了哲学意义上的认识。世上万物，唯独"时间"这种特殊的物质不能聚敛，它是失而不复的。时光在匆匆地流逝，生命在悄悄地耗散，还能听几回新词，喝几年老酒呢？晏殊词常流露出一种富贵气。但是，唯独上天平等赐予的时间，他是无法夺取的。所以眼看落日西下，他心中不免产生无边的惆怅和人生哀感。在古代社会，人们是以昼夜的更替为节奏，以花鸟等自然物为时序标志的，晏殊的这种感叹正是时间如流、人事如烟的惆怅。总而言之，晏殊的这首词之所以能够感染历代读者，其主要原因，就在于诗人在其个性情感的表现中包容着人们普遍存在的情感体验，使之构成了能够引发人们情感共鸣的召唤性情感。因此，在教学中要体悟诗歌的召唤性情感，理解诗歌的这种生命之要义。没有召唤性情感及其构成的"召唤结构"，就没有诗歌的生命力。所以，召唤性情感是诗歌文体教学应把握的一个基本法则。

（二）怎么教：解读"造言"的语用信息

在教学中让学生学诗，更要加强解读诗歌"造言"的语用信息，因为诗歌是"造言"的艺术精粹，字字珠玑。所谓"造言"，即营造语言，用词造句构篇，是成语"创意造言"之意，指立意吐词皆新，未经人言者也。唐人李翱早就有"创意造言，皆不相师"[①]之说，亦即强调文意和词句都要创造，不要沿袭前人。无疑诗歌是最为凝练而富有表现力的语言，是一切文学语言中最纯粹、最具有艺术魅力的创意语言。就文学语言功能来看，散文语言好比是随性散步，而诗歌的语言则好比是仪态万方的舞蹈，周身上下都表露着一种迷人的风韵。它是诗人心灵的琴键，洋溢的是灵魂灌注、想象飞动的诗性意识，具有自己别有的文体审美特质和独立的审美功能。在诗歌教学中不难发现，有些本来很平常、极普通的词汇，在诗人的笔下，便能顿时生辉，新意层出，妙

①［唐］李翱：《答朱载言书》。

趣横生，揭示出奇妙深远的艺术意境，就像一克铀能产生巨大的能量一样。如"红杏枝头春意闹"的"闹"、"云破月来花弄影"的"弄"，本来是平常的字，但它们却化为"一篇之神气"，尽洒一篇之风流。所以，诗歌语用的"每一个字都是无底的深渊"，具有不可描述性和不可穷尽性的意蕴之美。因而，把握诗歌"造言"的审美特质和独特的审美功能，揭示诗歌"造言"所别有的语用表现力，也是语文教学中诗歌解读的一个重要方面。在这里，我们就诗歌教学中"造言"解读所要把握的重点问题，做一探讨。

1. 感悟表层语义与深层语义

诗歌的文体语言不同于小说、散文的语言，它所包容的信息不是直接地宣泄于语言表象，而是蕴含在语言的深层结构中。它除了表层语义之外，还具有丰富的深层语义。表层语义和语言符号是一种对应关系，明了确定。而深层语义是潜在的，是不确定的，它随着语境的变化而变化。它有时是表层语义的延伸义，有时是表层语义的象征义。[①] 如刘禹锡的《乌衣巷》："朱雀桥边野草花，乌衣巷口夕阳斜。旧时王谢堂前燕，飞入寻常百姓家。"诗人不直写人世的沧桑，而以燕子更换主人来暗示人事的盛衰和变迁。这首诗的表层语义和深层语义都是连带关系，意义的延伸是朝着同一个方向进行的。这也说明诗歌的语言讲究的是"言外之意""韵外之味"，正如李重华在《贞一斋诗话》中所说："有言下未尝毕露，其情则已跃然者。"有不少诗从表层语义上看，似乎是客观的景物描写，但往往是以景境形态来表现情意形态，即在表层语义中潜含着深层的情思意蕴。这就是说，诗歌语言的深层语义，包容着丰富的内在意蕴，富有语义的张力和召唤性。

---

① 参见龙协涛：《欣赏：语言潜信息的开掘》，载《安徽师范大学学报》（哲学社会科学版）1991年第3期。

众所周知，小说、散文语言的意义是为语言符号所表达，是较确定的，而诗歌语言的意义则往往是打破语言符号的限定性，使深层语义信息富有廓大的张力，得以最充分、最大化地释放。对小说、散文的语言来说，读者不难找到语言符号和意义之间较确定的对应和指称关系，但对诗歌语言而言，语言符号不过是在读者心中一个廓大的、不确定的意义世界，是读者跃入不可描述、不可穷尽的审美时空中去活动的阶梯。正如有的诗家所说，诗不是锁在文句之内，而是进出历史空间的一种交谈。它包容量大，凝练精粹，富有弹性，往往在微尘中显大千，在单纯中见丰富。①正如有人所说，诗的长处就在于它有限度的弹性变得出无穷的花样，装得进无限的内容。这说明富有"弹性"是诗歌语言的一个重要特征。

如张继的《枫桥夜泊》："月落乌啼霜满天，江枫渔火对愁眠。姑苏城外寒山寺，夜半钟声到客船。"这首诗中的"江枫"是寒山寺两侧的江村桥和枫桥，抑或是江边枫叶；"愁眠"是寒山寺附近的愁眠山，抑或是愁人之眠。这里一是实境——船停泊于江村桥与枫桥之间，渔火向着愁眠山亮着；一是虚境——愁人面向江枫渔火而眠。由于"江枫""愁眠"的弹性，使诗耐人咀嚼。诗歌语言的这种弹性不是含混，它包含的深层语义不是"非此即彼"，而是"亦此亦彼"。正是这"亦此亦彼"，才构成美丽的诗境，调动读者的想象力，促使读者在解读过程中进行艺术再创造的活动。刘禹锡曾论诗说："片言可以明百意，坐驰可以役万里。"②"读者透过表层语义向深层语义开掘，就会感受到内在涵味不尽的意趣。"③所以，诗歌解读在很大程度上取决于对诗歌语言的弹性把握。如果不能把握诗歌语言的弹性特

① 参见龙协涛：《欣赏：语言潜信息的开掘》，载《安徽师范大学学报》（哲学社会科学版）1991年第3期。

② ［唐］刘禹锡：《董氏武陵集纪》。

③ 参见龙协涛：《欣赏：语言潜信息的开掘》，载《安徽师范大学学报》（哲学社科学版）1991年第3期。

征，也就不可能深入理解和领悟作品的旨趣所在。如果只局限于语言符号的表层语义，而感悟不到言外之意、弦外之音，那也达不到解读的目的。

2. 细品语言组合的跳跃诗行

有诗学家说过，诗歌的特性就在于它激活了词语的全部潜能，迫使它携带远多于其在日常语言中所携带的丰富含义。这种"激活词语的全部潜能"，就在于打破语言的恒常组合，主要表现为诗行的跳跃，即诗句之间若断若连，意象巧于转换和过渡，常有省略性的空白，这就使诗歌语言显得凝练而富于想象填补的空间境域。如李商隐的"此日六军同驻马，当时七夕笑牵牛"，这两句诗的跳跃性就很大。前一句说天宝十五年（756年）六月十四日，禁军在马嵬坡驻马不发，要求诛杀杨贵妃；后一句说六年前七月七日，唐玄宗与杨贵妃订立海誓山盟，永不分开，不学牛郎织女一岁一相逢。这两句诗对仗工整妥帖，好诵好记。可因跳跃性大，乍看两个艺术形象似乎连接不起来，但加以仔细品味，便可发现有一条无形的丝线贯穿其间，这就是嘲笑唐玄宗重色误国。如果没有七夕的誓言，哪来此日六军驻马，要求赐死贵妃的悲剧。可见，诗行之间的跳跃性，富有语短意长的妙处，它可以给读者以驰骋想象的无限审美空间，使读者得到不尽的诗意和美的享受。因此，在解读中对诗歌语言的分析，首先要注意把握那些跳跃的诗行，在体味诗人思想感情的急速变化和想象的飞跃的时候，要能够补充进适如其量的生活体验，掌握被诗人省略掉的那些变化、飞跃之间的过程和联系。

辛弃疾的《菩萨蛮·书江西造口壁》，包含了诗人复杂的思想感情。这首诗只有短短的八句，诗人只是抓住了几个极富有特征性的事物，表现出那个典型环境中的典型情绪，诗行是飞跃式的。"郁孤台下清江水，中间多少行人泪"，着笔就写出了典型环境——金人入侵、南宋苟安求和的时代特征。"郁孤台""清江水""长安"等都是富有社会生活特征的景物。随即，诗人认为收复失地还是有希望的，人民都在要求洗雪国耻，这种力量是不可阻挡的。诗人自己也正血气方刚，认为还远不是向议和派认输的时候。想到这里，他喊出了"青山遮不住，毕竟东流去"的响亮诗句。从"可怜无数山"到"青山遮不住，毕竟东流去"，在情感上是一种急遽变化，是一个飞跃。接下去，诗人毕竟正处在被排挤、受压抑的地位，朝中议和派正肆意卖国，自己面对着这种局势，简直一筹莫展，心情又沉重起来。适值江边日暮，山暗水静，四周是幽深莫测的环境气氛，那鹧鸪叫声从暮霭里传出来，更觉凄苦悲凉，诗人只好慨叹国事艰难，惆怅迷惘。从"青山遮不住，毕竟东流去"的高亢调子转到"江晚正愁余，山深闻鹧鸪"的深沉调子，在情感上又是一个急遽变化，又是一个飞跃。诗人感情的每一个飞跃，都鲜明地表现出忧国忧民的爱国精神。解读这首诗如果不能把握这些跳跃的诗行，就很难深入到诗的意境中去。

其次，在诗歌解读中还必须要注意它的语言营造的奇颖性解析。俄国文艺理论家别林斯基曾把语言粗俗无光而颇有一定内容的作品比作是"面孔丑陋而心灵却伟大的女人"，可以对她表示敬仰、称赞、钦佩，但却不会爱她。清人孙麟趾《词径》中也说："陈言满纸，人云亦云，有何趣味？若目中未曾见者，忽然睹之，则不觉拍案起舞矣，故贵新。"这些形象生动的解读论说明，语言艺术作品词采新鲜，炼字奇颖，语言的营造富有特色，有情致，有韵味，才能叫人称绝。诗歌的语言，作为文学语言中"最高的语言，最纯粹的语言"，向来是讲究"语不惊人死不休"，追求奇诡、新颖的语言营造特色的。因此，在解读中我们不能忽略对诗歌语言奇颖性的分析。具体化地揭示诗歌语言营造的奇颖性，有助于深层性地领悟作品的艺术境界。

如李贺的诗句"歌声春草露，门掩杏花丛"，这是写人的丽质艳容。诗人是用从"杏花丛"的门外听见歌声，来点明她的住处的。而这歌声的清圆，又是用"青草露"来映衬的。居处清幽如此，其人雅丽可见；歌声如春草之露，玉润晶莹。"月分蛾黛破，花合靥朱融。"黛像新月般分开，两颊涂的胭脂和花瓣聚合在一起。用"破"来描摹眉黛弯如新月，用"融"字来描摹胭脂涂得匀净舒帖，像聚合的花瓣一般，既新鲜又奇颖。在解读中揭示这种语言营造的奇颖性，不仅有助于把握作品创造的超然的艺术境界，而且可以深入揭示作品的思想境界。诗歌语言营造奇颖，诗境才能新鲜而有特色和韵味。如同是写"愁"，有的以"山"喻愁——杜甫诗云"忧端齐终南，澒洞不可掇"，有的则以"水"喻愁——李后主云"问君能有几多愁，恰似一江春水向东流"，让人感到无限的悲伤和惆怅。这绝妙的比喻各有特色，各有千秋。以"山"写愁，可以使人想见愁思之沉重；以海水写愁，可以使人想见忧端之深沉；以江水写愁，可以使人想见惆意之漫长。可见，不同的语言营造揭示不同的情感境界。如果把这不同的愁情怅意用同样的语言写出，那就没有诗味可言。这足以说明，把握诗歌语言营造的奇颖性，对于领悟诗歌的深层境界是多么重要。

二 古诗词教学中"意境解读"的问题
与对策

统编语文教材增加了不少古典诗词篇目，特别是义务教育阶段的古诗词约占课文总量三成还多，教学的分量很重。我们应高度重视和加强古典诗词教学，探讨古诗词的艺术特点，以切实提高教学质量。从教师来说，应尽快提高古典诗词的解读水平和鉴赏素养。不仅把握古诗词知识，而且要具备"灵魂的探险"的能力。正如鉴评家李健吾所说，鉴赏本身是一种艺术，解读过程也是一种凝聚生命情致的"创作"。从当下教学现状来看，教师对古典诗词教学特别是"意境解读"存有困惑，并一直将其看作是教学的"难题"。有老师认为意境解读是说不清、道不明、解不开的"谜团"。那么，如何走出"意境解读"的迷谷，切实教好古典诗词呢？

众所周知，古典诗词的最高美学层次是意境，它的本质美是以自身所必需的审美要素所结构而成的意境整体来呈现的。如果说诗人对当时现实生活本质的提炼、概括，是诗人本质力量的表现，那么将诗词的感受创构为意境，更是诗人本质力量按诗美特征的感性显现。因而，意境也是古典诗词艺术创构的主要特征。古诗词创作所追求的最高艺术目标是意境，古诗词解读衡量和评判作品的最高审美标准也是意境。看一首诗的高下与美丑，评赏一首诗的审美价值，最基本的审美准则，就是考察它有没有新奇、独特的意境创造。正如王国维所说

"诗以境界为上，有境界自成高格"①。可以说，意境是古诗词的艺术精灵。一首诗如果没有意境创造，就会使人读之索然，而失去艺术生命力。因此，古典诗词教学应抓住"意境解读"这个根本问题，发掘意境创构的特征和规律，从而把握古典诗词艺术的真谛。古诗词的意境，并不是露天的珠宝、碧空的银星，伸手可以摸得着、抬头可以看得见的，而是一种具有虚化性的审美空间，要把握它的创构特征和艺术规律，需要我们在解读中进行立体化分析，采取多层面的教学对策。

（一）诗境构成要素解读的问题与对策

古典诗词教学中存在的问题之一，即不知"意境解读"如何下手，没有理解意境是怎样构成的。其实，任何一首诗的意境都不是凭空而来的，而是由特定的审美要素构成的。所以，把握诗境的构成要素是解读首要的问题与对策。

从其构成要素来看，古典诗词的意境是在直觉形象的实境基础之上，以具体的物象为依托而生成的美学境界，是情与景的交织、意与象的融注、神与物的浑成，是作者主观内情与客观外物感应而形成的艺术审美空间。王国维说："文学之事，其内足以摅己，而外足以感人者，意与境二者而已。"②因此，在古诗词教学中进行诗境解读，应当首先从情与景、意与象、神与物这些诗境的构成要素及其相互关系入手，对诗境做出恰如其分的艺术解析。当然应当看到，诗境的构成是一个很复杂的美学问题，在解读中要透彻地把握诗境的构成规律，还必须做多层面的、立体性的透视。把诗境完全看作是情与景、意与象、神与物的简单组合显然是不够的，因为诗境的构成不仅包括这些因素，还涉及思想意趣、审美意识、艺术氛围、气韵情致等多种因素。但诗境解读的实践说明，情与景、意与象、神与物，即主观情感和客观物象是诗境构成的基本要素，它们的有机浑成与艺术融合是诗

---

① ［清］王国维：《人间词话》。

② ［清］王国维：《人间词话》。

境构成的基本规律，离开作家的主观情感和审美投射中的客观景物，是不可能形成诗的意境的。情与景、意与象、神与物之间，虽有在心、在物之分，但一旦形成作品的意境，它们就浑然融于一体。景者情之景，情者景之情，古文论中对诗境的情与景有不少精到的阐释，说明构成诗境的情与景，并非自然性的情与景，而是情感化和艺术化的情与景。"情"是指"景中之情"，是具象化的情感；"景"是指"情中之景"，是情感化的具象。如果只有抽象的情，没有景中之情，不见具象化的情，不可能构成诗的意境；而只有纯客观的景，没有情中之景，不见感情化的景，也不可能构成诗的意境。诗的意境必须是情感化的"景"与具象化的"情"的艺术融合和高度浑成。

从诗境解读的实践来看，情和景这两个基本要素的构成有多种多样的形式。诗的题材不同，诗人的创作个性有异，情和景的构成形式也就迥然有别。较常见的构成形式：一是由景及情，情因景生。即先描绘情感化的景物具象，使读者对景物具象构成的自然画面获得直观性的美感，进而由景及情，抒发主观情感，点染景中之情。二是以情写景，景在情中。即注重主观情感的抒发，把景物融化在情感的流淌之中，以"情之景"取胜。三是以景为主，把情感融化在景物具象的描绘之中，含而不露，即不做情语，寄情言外，以"景之情"取胜。但无论是哪种构成形式，都是以"情景交融，情与境浑"为基本规律。有些诗作从外层来看，似乎主要是写景，但透过景物描绘的表象便可发现"物景中透着人情"，即景中深藏着令人体味不尽的内在情思。王国维说："昔人论诗词，有景语、情语之别。不知一切景语，皆情语也。"[①]说一切景语都是情语，或许有点绝对化，但诗中的景语的确是情语，只不过情在景中。情与景浑成的意境创造，有各种各样的技法，但有一个共同的规律，这就是即使通篇以写景为主，诗人也总是以情语来点化景语，使得所写之景皆着情之色彩。如马致远《天净

---

① [清] 王国维：《人间词话》。

沙·秋思》，长期以来人们认为其奇妙之处，就在于作者不用关联语横向集起和组构了十种景物，展示了一幅荒凉寂寞的风景画。其实，这只说了整个意境创构的形象性一面，因为是结句"断肠人在天涯"把整个意境点化出来的。诗人通过这一情语，使全诗的自然景物成为"断肠人"主观情感外射的情化具象物。在这里，主观的情仍然是构成艺术意境的主观因素。如果没有情感红线，这些呈散状汇集起来的自然景物都会缺乏艺术生命。

当然，这并不是说凡写景都须以情语来做点染，才能构成意境，也不是说全写景就不可能形成意境。有不少诗作尽是写景，其意境创造也"自成高格"。如王维的《山中》，通篇写景，整个意境突出了"寒"字和"空"字：秋山萧瑟之气，寒意逼人，空翠湿天，更增其寒。"湿人衣"本是一种主观感受，是由"空翠"引起的，也可以说是见色而觉湿的通感作用。而所有这些景物描写集中起来，表现出一种极其幽静的意境，这就是王维所追求的静境，反映出作者的主观思想意趣。从这个意义上说，这首诗也是"情之景"，充分体现出作者的主观审美意趣。

"境界说"的阐释者王国维曾提出"有我之境"和"无我之境"两种艺术境界，也就是两种不同的意境表现形态。其实，他不过是用以说明诗的意境有的主观感情色彩比较鲜明强烈，而有的把感情隐藏在景物描绘之中，含而不露，绝对的"无我"之境是没有的。在诗境解读中，我们区分这两种不同的意境表现形态，对认识审美对象的美学特征还是很有必要的。"有我之境"，一般比较易于识别，按照王国维的解释，就是"以我观物，故物皆著我之色彩"。如杜甫的《春望》，由于诗人的国破家亡之痛溢于言表，所以他带着这种感情去观物，连花鸟也变成有情之物了，这是诗人主观审美情感艺术外射的结果。"登山则情满于山，观海则意溢于海"，可以说就是这种"有我之境"的具体表现。王国维说的"无我之境"，其特点是"以物观物，故不知何者为我，何者为物"①。这种"物我两忘"的境界，并不是绝对离开作为主体的人的感情，而是说诗人把主观意识完全融入客观景物，表现在作品的意境中，主观色彩近乎无，实际上是一种物我同化的超逸表现。这种意境中的"我"，似乎是一个超然物外、无欲无念的我，它所表现出来的个性特征往往是更鲜明的。如陶渊明的"采菊东篱下，悠然见南山"②，就是"无我之境"，就是由于诗人力图从主观上超脱现实，想要做到"心远地自偏"，诗中表现出的忘我忘物、悠然自得的意趣，显然就是诗人的自我表现。总而言之，无论是"有我之境"还是"无我之境"，都离不开情与景这两种基本要素，有时情隐而景显，有时情显而景匿，但最终还是二者的有机融合和高度浑成。

（二）诗境形象特征解读的问题与对策

古典诗词教学中存在的问题之二，就是"意境解读"停留于构成要素的分析上，对意境的艺术营构没做深入透视，不能把握诗境的形象特征。其实，任何一首诗的意境构成都具有特定的形象特征，切实把握诗境构成的形象特征，也是古诗词解读必须把握的问题与对策。

诗是用形象来说话的。诗的意境，总是以鲜明的艺术形象来表现的，离开了具体的艺术形象，也就没有诗境可言。我们常说"诗中有画"，往往把一首好诗比作一幅画，就是因为诗境具有形象性。别林斯基说过："诗人是画家，而不是哲学家。"他指出了诗人用形象诉诸灵魂和表达情思的道理。一首诗最不能容忍的，就是无形体的、光秃秃的抽象概念。诗所追求的是生动而美妙的艺术形象。化无形为有形，化抽象为具象，创造"光亮渗透多面体的水晶一样"的艺术形象，是诗歌艺术创造的根本宗旨。无论是生命和灵魂，还是梦境和幻想，在诗的意境创造中，都应当是活生生的形体、形象。没有形象就

---

① ［清］王国维：《人间词话》。
② ［东晋］陶渊明：《饮酒》。

没有诗境的创造。诗境的这种形象性，主要是通过情感化、艺术化的物象来体现的。但诗境中的艺术形象和作为客观事物形态的物象，是有着根本的区别的。物象是生活现实中的事物形象，是"天地自然之象"，是没有思想情感的客观存在自然物；而诗境中的形象是诗人赋予某种特定情感的"心灵营构之象"，是某种特定情感的艺术载体，是主观情感和客观物象相感应的产物，是情感内容和物质形式的统一、抽象和具象的统一。这种诗境形象的基本特征是："状难写之景，如在目前；含不尽之意，见于言外。"①具体来说，对诗境的这种形象性特征，在解读中要注意从两个方面来具体把握。

一是诗境形象的创造，往往能够把人们共同感受到而又不易描写出来的景象自然贴切地再现出来，即所谓"得人心之所同，发他人所不能发"。如杜甫《野人送朱樱》，写的樱桃本是人们习见之物。但是，怎样把樱桃之秀美具体生动地描绘出来呢？诗人一方面写它的鲜艳"自红"，同时又描绘它"万颗匀圆讶许同"的晶莹剔透，既有形姿的刻画，也有神采的描绘，把樱桃之美写得形神俱佳，把人们心里体会到的透彻地说了出来。又如李白的《静夜思》，写月夜思乡，这是离乡背井之人所普遍有的一种情感体验。但是，要把这种月夜思乡的情景通过艺术画面生动深刻地再现出来，是很不容易的。李白的这首绝句就非常自然真实地道出了月夜思乡人的共同心理和情绪。古人写过不少月夜思乡思亲之作。杜甫的"今夜鄜州月，闺中只独看"，是写怀念妻子儿女的。但相比之下，李白的《静夜思》更具有艺术概括的典型意义，更为凝练、贴切，写得真情毕露，把情姿神态栩栩如生地"状溢目前"。

二是诗境形象的描绘能抓住特定景物形象的主要特征，突出地表现其典型的意义。张戒在《岁寒堂诗话》中说："'萧萧马鸣，悠悠旆旌'，以'萧萧''悠悠'字，而出师整暇之情状，宛在目前。此语非

① ［北宋］欧阳修：《六一诗话》。

惟创始之为难，乃中的之为工也。荆轲'风萧萧兮易水寒，壮士一去兮不复还'，自常人观之，语既不多，又无新巧，然而此二语遂能写出天地愁惨之状，极壮士赴死如归之情，此亦所谓中的也。"这段话引出《诗经·车攻》中的两句，描绘的是军队出征时庄严行进的情景。诗人抓住了战马的鸣声和军旗的飘动这两个具有典型意义的细节，就把军队"出师整暇之情状"生动地展现了出来。这两句诗之所以被人们传诵千古而不衰，也在于诗人能把自己悲壮的情绪与天地为之"愁惨"的情状充分地渲染了出来。这说明诗境形象的创造，在于抓住景物形象的主要特征，以"切至"为贵。所以，它是诗境形象解读的基本审美标准。

凡是优秀的诗作，其意境形象的创造，不仅画物，即使写人，也同样具有这种审美特征。如李清照的早期作品《点绛唇》，诗人抓住一个并非奇特的生活场景，生动地勾画出了一个少女的特有风姿。那无忧无虑的少女性情，怕见外客的闺阁心理，乍见未婚丈夫的羞涩情态，以及对未来丈夫的爱情萌发，都写得似含似露，别见神韵和风采。"蹴罢秋千，起来慵整纤纤手"，表现的是童心未尽的少女爱美而更爱玩的性格特征；"露浓花瘦"，表面写蓓蕾初绽，实则是少女芳姿的借喻，说明少女就像含苞待放的鲜花，虽不丰满，但充满青春的活力；"倚门回首，却把青梅嗅"，刻画了少女以嗅青梅来窥视未婚夫的羞怯情态。显然，这首词之脍炙人口，就在于诗人对诗境形象的描绘善于运用灵动的笔触，刻画传神入化的形象，使之生动而不失自然，委婉而不失天真。

在解读中要具体把握诗境形象的审美特征，还要具体分析诗境中形象之间的相互关系。因为一首诗的意境，往往是由几个甚至更多的形象在总体的艺术构思下巧妙地组合起来，从而互相作用、妙趣横生的。如果对诗境中形象间的关系不能从艺术构思的总体上进行把握，就会使解读分析顾此失彼或一鳞半爪地获得一点诗境形象的断金碎玉，对诗境形象的完整构架及相辅相成、和谐成趣的艺术魅力，就难以深入地揭示。因此，具体探讨构成诗境的形象之间的关系以及由此带来的独到艺术效力，也是把握诗境形象特征不可忽略的。如有的作品诗境形象之间具有派生式的关系。诗人的艺术创造往往追求内蓄情意的"象外之象"，以精练的笔法表现最丰富的艺术内涵。李白的《黄鹤楼送孟浩然之广陵》，就具有这种诗境特色。如果说这首诗的前两句意在交代送别的地点、时令和故人的去向，那么三四句就创造了富有时空之美的境界：故人所乘的一叶扁舟，由近而远，由大变小，成了小黑点，消失在天边，只剩下长江之水滚滚滔滔，奔流天际。诗句中所展示的客观景象必然在读者的脑海中派生出诗人的主观形象，而诗人那种对故人依依惜别的深挚感情也就融入诗人自身的形象之中，流淌在字里行间。总之，凡是出色的诗境创造，其形象之间的关系是不拘一格的。

（三）诗境虚化特征解读的问题与对策

古典诗词教学中存在的问题之三，就是"意境解读"以诗境形象解读为重，对意境形象背后所潜在的审美意义不做深入发掘，忽略诗境的虚化特征。其实，任何一首诗的意境都有其虚化特征，切实把握诗境的虚化特征，更是古典诗词解读所要重视的问题与对策。

诗境是借助于艺术形象的比喻、象征和暗示等手段来表现的艺术境界。这种艺术境界，可以使人隐隐约约地感觉到，但又无法具体地叙说出来，"令人仿佛中如灯镜传影，了然目中，却是捉摸不得"[①]，具有一种缥缈而又灵动的虚化特征。司空图在《与极浦书》中说："诗家之景，如蓝田日暖，良玉生烟，可望而不可置于眉睫之前也。象外之象，景外之景，岂容易可谭哉？"这里所说的"象外之象，景外之景"，其前一个"象"和"景"即指作品中具体描写的艺术形象，而后一个"象"和"景"则是指由前一个"象"和"景"的比喻、象征、暗示作用而形成的意境。诗的意境正是一种"象外之象，景外之景"，犹如"蓝田日暖，良玉生烟"，是一种在直觉形象的实境基础上以具体的物象为依据而生成的虚化境界。这种恍惚悠渺的虚化境

---

① ［明］王骥德：《论咏物》。

界，实为一种"吁情结构"，在解读中只有涵泳其间，立身其中，与之浑然一体，其意才能朗现。这种"吁情结构"排斥概念性的逻辑分解活动。概念性的逻辑分解只能割裂它，肢解它，解之愈细，则离之愈远。它需要解读者以廓大的联想和心灵的超悟，去做艺术把握和分析。

首先，在解读中要注意艺术地把握诗境虚化的空灵性。空灵性是诗境虚化的一个重要表现，人们通常说诗境"只可意会，不可言传"，强调的就是诗境虚化的空灵性。应该说，空灵美是诗境创造所追求的一种高层次的美。"空"是说诗要去掉一切冗赘之物，尽可能向"无"的境界靠拢，不要直陈，更不能说教。"不着一字，尽得风流"即是指此。而"灵"则是要求诗境的灵动，如无灵翼，诗就飞不起来，达不到至美之境。清人黄钺还把"空灵"列为绘画之一品，并对这种艺术美的境界做了生动的描述："栩栩欲动，落落不群。空兮灵兮，元气烟氲。骨疏神密，外合中分。自饶韵致，非关烟云。香销炉中，不火而熏。鸡鸣桑颠，清扬远闻。"①这段话大体上概括了"空灵"境界的主要内涵，即生动、脱俗、有灵气、传神韵。而要达到这一境界，作品就应做到以实写虚，寄虚于实，意趣灵活，饱蕴着韵外之致、味外之旨。以这种虚化的空灵美取胜，可以说是古典诗词意境创造的一大特色。也就是说，古典诗词善于缥缈的、空灵的虚构景象的描绘，着力于虚境的艺术创造，追求的是妙不可言、言不尽意的空灵美，给人的是"水中之月，镜中之花"的艺术美感。所以，空灵性是诗境虚化的一个基本特征。

其次，在解读中还要注意把握诗境虚化的模糊性和朦胧美。模糊性和朦胧美也是诗境虚化的一种突出表现。在自然界和现实生活中，这种模糊和朦胧的东西，可以说到处可见。云雾缭绕的山峰，炊烟袅袅的村野，如梦似幻的月色，轻纱飘拂的舞女，都具有朦胧模糊美的意趣。诗境虚化的模糊性和朦胧美，不是客观生活中的模糊朦胧的自

---

① 北京大学哲学系美学教研组编：《中国美学史资料汇编》（上），中华书局1980年版，第125页。

然再现，而是一种艺术创造，是生活中模糊朦胧的艺术化。如苏轼的《饮湖上初晴后雨》中"欲把西湖比西子，淡妆浓抹总相宜"的诗句，被后人誉为描写西湖的绝唱，西湖还因此被称为"西子湖"。苏轼这一诗句之所以具有如此动人的艺术魅力，显然与其所表现的虚化境界的模糊性和朦胧美直接相关：西湖到底有多美？答案是模糊的。西湖犹如"西子"，这"西子"又是一种怎样的美？答案仍是模糊的。因为谁也没有见过"西子"是怎样的美。事实上，你认为她多美她就有多美。可见，诗境的这种模糊、朦胧和不确定性，并非西湖自然美的再现，而是诗人的艺术创造。这种模糊美的艺术创造，既给读者的审美再创造以极大的诱发力，又为读者的审美想象提供了广阔的艺术空间。严羽说："盛唐诗人惟在兴趣，羚羊挂角，无迹可求。故其妙处透彻玲珑，不可凑泊，如空中之音，相中之色，水中之月，镜中之象，言有尽而意无穷。"①这里所说的"羚羊挂角""镜象水月"，都是比喻诗境的朦胧、模糊和隐约缥缈的，虽然说得有些玄秘，但确实揭示出了诗境虚化的基本艺术特征，这就是模糊朦胧、不可确定、不可描述、虚虚实实、似有若无。

在古典诗作中这样的作品可以举很多，有些即便是以纪实为主的写景之作，同样可以创造富有模糊美的虚化世界。如吴文英在《八声甘州·陪庾幕诸公游灵岩》中描写的灵岩景姿，融诗人的主观印象和历史景物于一体，呈现一种声、色、味、触多种感觉兼备的主体化情状。它所写的形象本身都不具体，所谓"酸风射眼""廊叶秋声"皆似有若无，可虚可实，至于"腻水染花腥"则纯属幻觉。这种如真如幻、若即若离的虚化境界，正是模糊朦胧的特色。诗境的模糊朦胧作为一种美，它的长处在于含蓄蕴藉、如真似幻、隐隐约约，使人不知深浅，领悟不尽，产生一种神秘感。我们知道，棱角分明的山峰、一目了然的江河，固然有透明之美，但不能耐人寻味，而云霞飘绕的峰

① [南宋] 严羽：《沧浪诗话》。

影、曲涧掩映的水色，却能激起人无穷遐想。清人刘熙载说："大抵文善醒，诗善醉，醉中语亦有醒时道不到者。盖其天机之发，不可思议也。"①他们所说的"谜"也好，"醉中语"也罢，都是说的诗境的模糊性、不确定性。把这些话当作真理，用来涵盖一切诗歌，固然不可，但对诗境模糊、朦胧之作而言，倒颇有针对性。

最后需要指出的是，诗境的空灵性和模糊性，既相关联又各具有相对的独立性。在诗境解读中，有人把"空灵"这个富有古典美学色彩的概念和现代使用频繁的"模糊"理论名词混为一谈，认为空灵就是模糊。其实，这是一种片面的认识。因为空灵和模糊虽然相近，甚至有时相通，但二者是有区别的：首先空灵和模糊都有"隐"的特点，但空灵的内涵是确定的，在理解上不会产生歧义，主要是深浅、显隐的差异，空灵的诗境一般是有较统一和确定的审美判断的；而模糊则不然，它的形象本身先已模糊，其内涵也不是确定和单一的，往往使人做出多种不同的理解，甚至会得出相对立的审美结论。其次，空灵侧重于"内隐外露"，其内在意蕴虽然隐深，其外部形象却是豁朗的，它不影响诗境的鲜明性；而模糊往往是内在蕴含纷纭深邃，外部形象也迷蒙不清，具有隐晦性。所以，在解读中对空灵之境，即使体悟不到它的言外之意、韵外之味，但能够知其言表之意，把握其外部形象，能够读懂其大体意思。模糊之境则往往使人如坠云雾之中，使人不好把握和理解。况且空灵与模糊的表现效果也不同：模糊者必空灵，空灵者却未必模糊。对于这两者的不同，在诗境解读中我们应有明确的把握。

---

① ［清］刘熙载：《艺概·诗概》。

三 散文文体特征与教学审识

散文是美文，历来是语文教材中比重较大的文体，也是语文教学构成的重要内容。在多姿多彩的文学文体林苑里，如果说小说是富有人物魅力的殿堂楼阁，那么，文采斐然的散文便是这林苑中精致的假山亭池。在语文教学中，当解读一篇散文的时候，首先使我们感到触目动心的，不是小说里展现的纷纭复杂的人生画面，而是一颗至诚至挚、至纯至真的心灵，在瞬间启开时所透出的作者对人生、对生活、对社会、对自然、对艺术的倾诉与见解。它们使我们通过这一扇心灵的"小窗"，获得许多深刻、新奇的思想与智慧的启示。因此说，散文是一种"心灵的歌"，是一种意蕴丰厚、益智陶情又具有弹性力度的文体。散文这种文体，看起来既不神秘也不深奥，语言表达或如"平淡的谈话"，可是，真正理解其中"深刻的意味"，揭示散文文体构成的内在意蕴和艺术魅力，却并不是件易事；因为散文是"装着随便的涂鸦模样，其实却是用了雕心刻骨的苦心的文章"①，它需要我们在教学中进行多角度、多层面的深层解读和审识。

（一）散文文体的主体性特征

长期以来，在语文教学中对于散文的解读，往往多以其"题材广泛，手法灵活""形散神聚，不拘成法"等表达形式着眼，很少从创作主体的个性与人格的视角，从作家散文艺术思维的活动特点

---

① ［日］厨川白村：《出了象牙之塔》，鲁迅译，人民文学出版社2007年版，第9页。

上去做深层性探究。这种忽视创作主体的静止化解读方法，导致了对散文这种文体营构特征及其审美特质与品格探究的表层化、浮浅化，而不能深入散文文体营构的深层地带和核心领域，揭示散文艺术的特征和规律。

　　散文是一种主体性很强的文体，它重在作家主体意识的坦诚流泻，抒写作家对人生、对生活、对自然、对社会的感悟，言我之志，抒我之情，弹拨"自己的声音"[①]，从而去表现自己，也表现、批判世界的各面，揭示创作主体的个性与人格。郁达夫曾经说散文最大的特征是作家所"表现的个性"，朱自清也说散文就是要"表现自己"，王西彦更明确地强调散文要写出"赤裸裸的自己"[②]。巴金在秋夜翻阅鲁迅的《野草》时，就仿佛看见"一个燃烧得通红的心"，"先生的心一直在燃烧，成了一个鲜红的、透明的、光芒四射的东西。我望着这颗心，我浑身的血都燃烧起来，我觉得我需要把我身上的热散出去，我感到一种献身的欲望"。[③]显然，鲁迅写《野草》是他那颗伟大的心在燃烧，而巴金读《野草》写《秋夜》不也是他那颗伟大的心在燃烧吗？刘白羽写散文也很注重主体意识的倾泻，抒发对生活的深层感悟，因而他的散文有如激越奔放的"心灵的咏叹"。他认为散文就是作家的"血"和"感情"的"燃烧"。他说："如果作者不把血和感情流注到文章里去，文章又怎能有燃烧的热情、有光彩呢？"[④]这些散文大家创作的切身经验说明，凡是优秀的散文作品，在情理擅扬的艺术画幅中，无不潜涌着作家对社会与自然世界、人事景物的关怀和拳拳热切的情愫，融注着作家对生活和人生的深层感悟——对生命现象、生活态度、人生真谛的诠释。因此，在语文教学中，我们对

　　① 曹明海：《在感悟中弹拨"自己的声音"》，载《徐州师范学院学报》1992年第3期。

　　② 曹明海：《文学解读学导论》，人民文学出版社1997年版，第361页。

　　③ 巴金：《秋夜》，见《巴金散文精编》，浙江文艺出版社1991年版，第476页。

　　④ 刘白羽：《论特写》，载《新闻战线》1958年第1期。

散文这种文体的解读，要注重把握作家主体思维的个性化，发掘作家"自己的声音"，致力于探究散文文体的主体性特质。

散文作为主体性很强的文体，重在抒写主体感受和主体情思。它能使创作主体的个性和人格得以最大限度的表现。与诗歌比较来看，二者虽然都注重表现主体情感，但诗歌作家的强烈情感意味着对感情的组织和提炼，而散文则讲究自然天成、自由散漫，不像诗歌那样要受格式的约束。诗歌写情有超越人生的理想主义成分，而散文则更多地直面生活现实，能直接表达作者主观意识中的人生世界和情感世界。散文作家不必回避自己的个性，完全可以酣畅淋漓地抒我之情、言我之志；因而，散文文体的主体情绪更强烈，自我意识更突出。"它不像诗那样以专职的抒情构成完整的情感结构，而是以情感的流向为中心轴线，去纵横交错地黏结在一切使情感得以产生和表现的自然之物。"①诚然，各类文体作品都不可避免地带有作家的主观情感色彩，但我们在语文教学中可以发现，这种情感表现的程度和方式大为不同，其审美效应也迥然有异。诗歌因其高度凝练而不能具体，小说因受制于客体而不能直接，戏剧则重冲突而轻抒情，只有散文，因其自由灵活的抒写方式，可以巨细无遗、淋漓尽致地直接抒发。因此，散文和现实人生表现距离最近，创作主体和作品客体的情感投入距离最近，是沟通作者与读者之间最近的认识和体验的桥梁。在一篇散文里能比在其他文体作品里更容易显示作者的性格和人格，他的爱与憎、忧与喜，每一件事无不从他的笔锋自然流露出来，读者极易走进作品中去认识作者眼中的世界、心理的世界，洞见作者的人品、性格和爱好等等，并从中领悟到自身可感却难以言传的情感反应，从中找到自己。这样，解读散文既有理解作者的愉快，也有发现自我的喜悦。因而，在语文教学中我们解读散文并不是热衷于情节曲折、冲突迭起，而在于情感的陶冶和思想的启迪以及美的享受，在情感体验中

---

① 曹明海：《散文美学观念的多项拓展》，载《东岳论丛》1994年第4期。

认识和把握世界。解读好的散文，好像与朋友倾心交谈，觉得亲切、诚恳，给人比较诚实可信的印象，这是其他文体难以企及的魅力所在，是散文文体独有的审美特质。正因如此，散文尽管是文学林苑里的"假山亭池"，没有长篇小说等鸿篇巨制的巍峨壮观，但在人格的表现这一文学的基本原则上，却占有其他文体所不可比拟的重要地位，是一种最宜宣泄主体情感的文体。它从内层的意蕴表现到外层的营造构筑总是随着作者的情感流向不断地变化、繁衍，从而以其最大的艺术张力和限度来抒我之情。

根据散文文体的这种主体性特征，在语文教学中要注重把握散文主体情感的真实性。散文抒我之情，而且毫无遮蔽的这种审美品质，使艺术形象的可信性和主体情感的真实性成为其独具的艺术魅力。因此，表现至诚的心灵和主体的人格与个性，是散文艺术的第一生命。在散文教学中，人们对散文的真实往往只把它作为作品内容的审美要求来进行解读，而忽略了创作主体的"自我真实"——创作主体感情的投入和个性的体现。我们认为，在解读中对"散文的真实"应从两个层面进行把握：一是创作主体自我的真实；二是作品客体形象的真实。创作主体自我的真实源于作家诚实、谦逊的人品和真诚、自由的创作心态。作家不避个性、缺憾、喜怒哀乐，毫无掩饰地袒露自我的真实情感。散文客观的真实，指的是作品真实地再现自我、他人和生活自然、宇宙人生，它不仅要求形象本身的真实，还要具备形象在社会环境背景下的真实。也就是说，散文形象要能够透视本质，通过个别反映一般，通过个性表现共性。张若愚的《故乡与方言》，描述了他既痛恨那些瞧不起乡野人的习俗，却又讳言自己是乡野人的微茫的情绪，真诚地袒露了这种虚荣心，使人联想到生活中许多类似的人和感觉，从而产生升华思想境界的作用。可见，散文虽是最具有个人色彩和主体情绪的精神创造，但它要调动一切艺术手段，以自己的视野去开拓别人的视野，以个体的审美意识去调动群体的审美意识，拓展人们的情感领域。散文的自我真实并不是与世隔绝、遗世孤立，远离人间烟火、脱离社会生活的真实。

在散文文体解读和教学中，人们易于忽略创作主体自我的真实。作家对散文客体形象的创造，也往往忽略生活的真实，不能直面现实的人生，或一味地咏风弄月，追忆往事，或只注重选取生活中美的东西进行"艺术的加工和提炼"，结果是抹杀了散文的真实性，不能揭示主体的自我意识和坦诚心灵。这是因为散文作为一种文体，虽然应当而且必须要讲究"艺术的加工"，要做"艺术化的表现"，但这种艺术化的表现主要是指艺术氛围的渲染、艺术意境的创造，以及艺术表现技巧的精到与巧妙，并非歪曲生活的真实，掩饰主体情感的真实，抹杀自我意识的个性。散文主体情感的真实，是建立在对生活真实理解的土壤之上的，它要富有生活的真实体验和生命感受，有自己独特的艺术表现领域，它是作家最熟悉、最能理解的生活和情感世界，积淀着作者的经验、智慧和修养以及文化构成。巴金曾说，由于不熟悉生活，缺乏真情实感，"结果写出来的作品连自己也不满意"[1]。经过动乱年代，他写出有"真情实感"的《随想录》五卷。可见，只有根据特定的生活环境下形成的个性特征和表现特征来进行艺术构造，才会使作品富有深度和力度，才能揭示属于自我的独特的情感世界。

我们还要明确认识的是，散文的真情不仅源于生活，也有赖于作家心灵的自由和超越个人意识的勇气以及艺术表现上的真实，即听凭作家自己的情感驱动，全无什么情感模式，任情地挥洒感情，驰骋笔墨。鲁迅先生曾指出："散文其实是大可以随便的，有破绽也无妨。"[2]这个"随便"并不是信手涂抹，而是指散文的情感表现没有什么框式，笔随情走，天然去雕饰，使主体自我的真情和个性得以充分展现。青年时代

① 巴金：《我和文学》，见《巴金选集》（第10卷），四川人民出版社1982年版，第401页。

② 转引自徐治平：《散文美学论》，广西教育出版社1990年版，第68页。

的散文作家曹明华谈自己的日记体散文时就曾坦率地承认，自己并不懂"什么是散文的规范"，"只是把心里的感受写下来"，不过是一个少女心灵的真实流露。①这话道破了散文情感表现的艺术真谛。

（二）散文文体的开放性特征

散文是一种"心灵开放"的艺术，散文文体的艺术焦点在于作家开放的意识和心态，在于作家生命意志的亢奋和冲动，在于一种出自自我经验世界的真诚的情感契机，一种对生活与人生的深层感悟——或者是生活的"瞬间性"和由此在头脑中时常出现的令人沉思寻味的"瞬间印象"，或者是对各种世态人事的洞察和由此引起的心灵颤动。应当说，这是散文创作的意蕊心香和本色所在，也是我们在散文文体解读中把握其审美品格的一个基本方面。在散文文体解读和教学中我们可以发现，凡是优秀的散文作品无不是作家对世事的深省和对生活的拥抱，无不是作家以生活的感悟为轴心而抒写的真实的意志冲动和内心隐秘。解读这样的散文作品，我们看不见令人窒息的闭合的"神"的贯穿引领，只有作家漫天漫地的脚步与兴致，只有神驰意荡的从容与适意。不管是以记叙为主的散文，还是以抒情为主的散文，不管是对自然世界里景和物的灵性透视，还是对社会观察中幽微心态的描述，都无不是作家对生活、对人生、对社会、对自然的真切感悟和随之爆发出的意志冲动。对散文文体的这种艺术品格和审美特质，从其艺术的表现上说，在解读和教学中我们应注意把握它所具有的两个鲜明特征。

一是善于从感情生活中获取灵感和才思，使散文文体构成极浓厚的感性气氛，产生蓬勃的生机与活力。生活的氛围与美学的境界往往凝注为难舍难分、内蕴丰厚的艺术晶体，既具有"立体的现实感"，又充满生活化的艺术气息。如余光中的《听听那冷雨》，采取交叉叠合的艺术营构，用光、声、色、味描述出了多姿多彩的冷雨

---

① 曹明海：《在感悟中弹拨"自己的声音"》，载《徐州师范学院学报》1992年第3期。

图，多向集起不同时空形态的生活断面。这些生活断面完全是作者接触日常熟见的周围的人和物所勾起的一串串萦思，但这一串串萦思并非人云亦云的陈腔滥调，而是字字珠玑，处处有诗一样的象征意蕴，读来耐人寻味，可以说是一连串透露着深层感悟与灵性的"冷雨之境"。那清清爽爽、细细密密、柔婉亲切的"冷雨情韵"，产生于"冷雨的感觉"，是"冷雨打在树上和屋瓦上"的经历，全部的机心在于作者站立"淋淋漓漓"的冷雨里，听那"料料峭峭""淋淋漓漓""天潮潮地湿湿"的冷雨生息和冷雨声势，体察入微地感悟到冷雨的情姿、冷雨的灵性、冷雨的灵魂。一次次听听那冷雨，带给作者以思恋家乡的内心缠绵之情，一种难以表达的心冷的体味、心冷的苦酸，一种内心颤动的心灵声息的跃动。于是，来自冷雨的自然图景与感情体验交融于一体，谱成了一曲"冷雨"的生命之歌，一份从自然图景中感悟出的生活启示。再如朱自清的散文《荷塘月色》中的景境描写、郁达夫的散文《故都的秋》中的秋境写照，也都是源自作者亲身经历过的生活感悟，来自生活经历的体验与意念，而不是让生活俯就先验的"神"之观念——于生活、自然的表象构成之外，透视事物的内在精神，融注自己的情感与理思。

二是顺应情感自然流动的真实过程，具有一种兴至意足的审美效应。凡高明的散文作家的笔，都无不始终追随着他的脚步与心灵，描摹情思，真实地记录他的情感的细微和意念的变化与律动。如林非的《千佛洞掠影》，作者的冲动是亢奋的，感情是强烈的："那些浮动和旋转着种种色彩的绘画，闪耀和流露出种种神情的塑像，让人感到目眩、迷惑和惊讶。不知道有哪一种笑容，不知道有哪一种静穆的沉思，也不知道有哪一种悲哀的表情，带着黄沙，带着风暴，带着潺潺的清泉，永远留在人们的心里。"作者用意味深长的笔墨，将潜在的情绪与意识托出，使人思感无穷。由于作者的一支隽灵的笔始终这样追随着自己的心灵与脚步，倾吐着真诚，挥发着真知灼见，因而凭借自然风物创造了挚情丰盈的审美空间，与其说是审美空间，毋宁说是一种自由开放的心态的显示。因为那遍布字里行间的跃动的意念，有一股厚重充实、浸润筋骨的力量袭向读者的心灵，发掘着生活的真与伪、美与丑，诚切率直地和读者交流着心灵的声息。

通过以上两个方面的分析，显然可见，好的散文都是作家心灵开放的产物，是作家在生活感悟中弹拨出的"自己的声音"，是主体个性美的自由展现。尽管散文作家所描绘的人、事、景、物具有客观性，但是在作者进行选材、构思中，一切客观事物都必须要经过作者主观世界的筛选和"内化"，从而赋予散文鲜明的个性色彩。因此说，散文是最富有个性的文体，是最长于表现作家个性的体裁。可以说，个性美是散文艺术魅力之所在，也是艺术生命之所在。从文体解读来说，作品有无个性美，正是读者对散文特有的审美价值取向。散文文体一旦失去了个性美，也就失去了审美效应，失去了散文文体自身存在的价值。在散文文体解读中，只要我们涉猎一下中外文学史上的散文佳作就会对此认识得更加清楚。法国作家蒙田以随笔式的散文闻名于世。他的散文题材异常广泛，内容非常庞杂，行文飘忽不定，时而叙述作家感觉中的"自我"，时而描写他所体验的人生，时而议论起他所理解的现实世界，时而又抒发起自己的思想情怀。看来枝蔓人生，似漫不经心，然而恰恰是作家这种思想开放、充满个性的精神展现，在不同的国度、不同的读者中产生了持久的启迪效应和审美效应。伟大的思想家、杰出的散文巨匠卢梭的《一个孤独的散步者的遐想》，至今被人称为最能体现作者才华和特点的散文代表作，闪耀着个性光华的心灵的宣言。作品中那些丰富的内心独白，精辟的哲理性议论，以及作者坎坷的经历、正义的申诉、真实的情感、崇高的品德，抒写得何等淋漓酣畅，何等自由洒脱。这既是作者个性的艺术展现，也是一部丰富的人生启示录。荷兰杰出的画家、出色的哲学家与散文家梵·高在他献给弟弟的书信体散文《亲爱的提奥》中，作者既有对艺术实践的精辟见解，又有对人生世态的深刻剖析，叙事生动感人，描写娓娓动听，作品处处跳动着作者自由的心灵，展现着作家个性的深层意识。我们解读鲁迅的散文集《野草》时，首先感受到的主要是作家的痛苦、彷徨、探索与追求等心理历程所构成的丰富多彩的精神世界和心灵之光。可见不朽的散文都是人类心灵中充满艺术个性的独特审美感受和发现，是作家充满心理个性情感的剖白。这些中外散文大家们能够写出这些闪耀着个性光彩的名篇佳作，最根本的原因之一，在于他们当时心灵的开放，在于他们在生活感悟中弹拨"自己的声音"，高扬主体的个性美。散文文体的这种艺术品格和审美特质，是我们在解读和教学中要明确把握的。

（三）散文文体的散漫性特征

散文文体的审美特质在于主体个性美的自由展现，它像一匹无缰的骏马，随意驰骋。从其内容上看，它可以叙事、状物，也可以写人、绘景，可以写社会自然，也可以写宇宙人生。从其形式上看，它可以写得像一首诗，追求散文的诗化，也可以写得像一篇小说，表现散文的小说化，等等。随意而发，随情运笔，不受任何拘束和限制，这是散文艺术表现的本色。它像"水"，"随物赋形"[①]，是一种流动的文体、开放的文体、变化的文体。在教学中我们在把握散文的"质"——它的艺术品格和审美特性的同时，也必须要致力于散文的"体"——它的文体营构艺术和表现形式的解析。

对散文的体式特征，泰戈尔在给他朋友的信中曾经说："诗就像一条小河，格律就是小河的两岸。有了两岸的限制，小河才流得曲折，流得美。而散文就像涨大水时的沼泽，两岸被淹没了，一片散漫。"[②]这个比喻形象地揭示了散文的体式——艺术表现形式的特征，说明散文是一种"最自由的样式"。对散文体式的这种"散漫"特征，古往今来，不少人都做过论述。宋代散文大家苏轼认为，散文"如行云流水，初无定质，但常行于所当行，止于所不可不止"[③]。袁宏道曾经强调，散

---

① ［北宋］苏轼：《自评文》。

② 转引自徐治平：《散文美学论》，广西教育出版社1990年版，第66页。

③ ［北宋］苏轼：《自评文》。

文的优势在于"独抒性灵，不拘格套"。这些都是对散文"散漫""自由"这种文体艺术营构特征的精到概括。在散文文体解读和教学中，我们可以发现，散文"散漫""自由"的表现形式虽然多种多样，但可从以下几个基本层面来进行把握和艺术分析。

一是散文文体的弹性。所谓"弹性"，是指散文笔墨洒脱不羁、变化多端，行文无拘无束、纵横捭阖，具有对于各种体式、各种预期能够兼容并包的高度适应能力和博大的"胸怀"，具有强烈的系统论中的"开放"意识。这种"开放"就是所谓的"形散"特征。"开放"对于散文之"散"，不是"散漫无章"，也不是大悟式的升华的兜圈子，而是说散文没有定格和模式，它营构的是一种廓大的艺术空间、自由的艺术天地，追求和创造的是丰富多样、富有弹性和立体感的"形"。这种"形"除了不拘一格、纵横捭阖、伸缩自由、长短不一，或平行或交叉这些特征以外，还有一层含义，这就是以博大"胸怀"对各种文体的技巧兼容并包，只要意有所至，笔势所趋，往往不惜打破文体技巧的藩篱——借助于小说的意识流，诗歌的意象转换、音律节奏，电影的蒙太奇组接技法，戏剧的对话，绘画的色彩，音乐的旋律等等，从而与其他文体形式相互渗透，孕育和创造出鲜活的具有高层次价值的审美特征。如有的散文不像散文，说小说也不像小说，身份可疑。任何文体，皆因新作品的不断出现和新手法的不断实验，而不断修正其定义，没有一成不变的条文可循。与其要写得像散文或是像小说，还不如写得像自己。这就是说，散文这种文体是具有弹性的。

就散文家余光中的散文来说，在许多抒情写意的文字中，往往突然穿插典故，引述神话、传说等。他乐于用现代诗的艺术来开拓散文的感情世界，他认为现代的小说、电影、音乐、绘画、摄影等艺术都应该促成散文作家观察事物的新感性。散文中的诸多意象群看似"杂乱无章"，其实是作家心灵的映射，是根据作家情思的需要，按照某种向心力而相互呼应黏合形成的意象群体。通过一些具有丰富内涵的意象群，读者总能感觉到内在的"生命的跃动"和作者如波似涛的心声。如《荷塘月色》，作者描写了一组意象——"叶子""明珠""星星""美人""舞女的裙"，这些意象看起来有点散乱，其实始发点是"荷塘"。作者以它为轴向外扩散辐射，依次滋生出"荷叶""荷花""荷香""荷波""荷韵"等一系列分意象。作者对意象的选取灵活运用多种表现手法，动静结合，构成了意象的张力联系。这种富有弹性和张力的描写，既勾画出了荷花的形貌情资，又赋予其人的灵性，使之人格化。显然，作者笔墨的运用，伸缩自如，文体的语气变化多姿，展现了一个幻化多姿、富有弹性和立体感的人化荷塘妙境。这就是散文"弹性"的一种艺术表现。这种"散漫""自由"的弹性表现看似"无形"，实则是一种更高层次的"有形"，是于"无形"中求"有形"。

二是散文文体的密度。所谓"密度"，是指散文在一定的篇幅或一定的语段、文句内，增强信息的艺术容量，满足读者对美感要求的艺术分量。分量愈重，密度自然就会愈大。散文的这种密度，具体表现在文字的稠密度——全篇文无废句，句无废字，每个字都能发挥它的作用，达到字字珠玑的程度，以及意象的繁复和结构的完密上等等。意象的繁复并非意象的随意堆叠，而是指组构复杂而灵动的意象群，表达丰厚的意蕴，引发读者广邈的联想和想象。结构的完密，是指通篇要有一个严谨的框架，或依定法严整排列，连锁全篇，或无定法而纵横开阖，激荡成文，其构置驱遣，匠心独运。

如李乐薇的散文《我的空中楼阁》，无论在语段上还是在篇章里，都有奇词、丽句和佳构可援。如作品中的这几处描写："山如眉黛，小屋恰似眉梢的痣一点"，勾画出山和小屋的形象姿态，使山和小屋脱去凡俗。"小屋点缀了山"，似飘过一片风帆、掠过一只飞雁的动景，显现小屋点缀山的静景的美，画出了"山上有了小屋"的生气和灵动的情调，使山光水色平添异彩，生机勃发。"山下的灯把黑暗照亮了，山上的灯把黑暗照淡了"，透视出小屋虚无缥缈的"空中"感。这些诗化的语言描述，构成了紧集的密度，它包含量大，联想性强，一句便叠合多层意象，似乎无字不能托带我们想象的翅膀。从其整篇来看，不仅丽词佳句俯拾即是，而且奇譬诡喻奔跳而来让人目不暇接。审视其"密度"，可说是一个奇妙的文字"方阵"。一千多字的篇幅似乎是由许多颗珠玑串成，而整个空中楼阁的相关景物风貌，则似乎被倒映在由文字拼成的明镜里。那充充盈盈的奇思妙想、美词佳句，让人感到满目琳琅，欲摘而不知从何处下手。用余光中所称道的那种"左右逢源，五步一楼，十步一阁，步步莲花，字字珠玉，绝无冷场"的繁富散文风格来赏评这篇散文，是绝无夸张的。而且，作者在挥洒笔墨的过程中，屡用排比，也是造成作品富有密度和韵味的一种手段。作者想象力广逾，形诸文章，真有千岩竞秀之观。总之，其文字稠密——达到字字珠玑的地步；其意象复杂——忠实于现代生活幻化多端、恍惚迷离的意象，丰富多彩；其意蕴丰盈——从纵面上增强了作品的厚度，从横面上扩展了内容的广度。余光中对那些"不到一CC思想意兑上十加仑的文字"[①]的散文很不以为然。他希望散文家在创作时，"当他的思想与文字相遇，每如撒盐于烛，会喷出七色的火花"[②]。这是用形象的语言强调，散文文体所表现的审美意蕴不应是单层的、稀淡的，而应当给读者多维的审美体验，应当从各方面强化审美功能，从而提高散文文体的艺术分量。

三是散文文体的节奏。与时代生活的节奏同步，这是散文文体"开放"的一个非常强烈的意识。凡是好的散文，总是与时代生活保持着协调的节奏——不但讲究形式的节奏，而且又讲究声音的节奏，从而使作品所展现的艺术审美空间，更富有引人入胜的艺术魅力。过去，人们历来认为只有诗歌和韵文可与音乐合一，产生视觉与听觉上的节奏感和律动美。散文则只能成平面的艺术，没有什么节奏可言。

---

① 余光中：《左手的缪思·后记》，见《余光中散文精品选》，山东文艺出版社1994年版，第154页。

② 余光中：《左手的缪思·后记》，见《余光中散文精品选》，山东文艺出版社1994年版，第154页。

其实，散文完全可以同时利用中国象形文字的形与声，创造出抑扬顿挫、跌宕起伏的艺术节奏，以充分地把握所要抒发的心情意绪或感情激流。散文是不主常规、舒卷自如的文体，它的语言如流水，自然流走，不拘形式，因而最具参差错落之美。散文的语调节奏美主要是指声调的抑扬顿挫、文句的长短整散、语流的疾徐曲直，以及它们的错杂相间、交相更替，使作品的声势呈现有规律的变化而构成的声音节奏。散文文体所呈现的语言风格无论是像宏伟浩荡似的江海，还是像温婉柔美似的潺潺流水，都具有自然、形象、流畅和洁净的美质。如颜元叔的《荷塘风起》，"接天莲叶无穷碧，映日荷花别样红"，爱荷之人总会用诗意的语言节奏倾泻出对荷发自内心的喜爱。一读作者精确的语词妙用便可感受到一种特有的节奏美质："那带刺的荷茎，纤细、修长、劲韧，撑住一顶荷叶，圆似斗笠，叶心是一个小盆地，向天空摊开，承受雨水，承受夜露，承受阳光！"作者对于天雨下的荷叶的这段精细描写可谓是活灵活现。其中，作者有节奏地搭配长句短句，长句舒缓流利，短句短促而严整。在散句中，骈散相济，交错而行，或奇或偶来构成音节的参差美，所带来的忽急忽徐的语调也使语气摇曳悠扬，产生一种复杂多变的节奏性。

四　小说形象构成与叙述视角的"守本"教学

　　语文统编教材设置有小说篇目，这些篇目的小说教学教什么，怎么教，确实需要深入探讨。近年来，小说教学大都离开小说本体，采用非本体性教学常规：一是与课文表达方式直接相关的解读方式，即品味语词、解析句式、体会语气、分析结构、把握细节与手法等。二是课文表达方式之外而与课文本身相关的解读方式，即通过时代背景、写作意图或某种教学资料来进行文本解读。三是完全外在于课文的解读方式，如整体感知、自我体悟、反复阅读、概括提炼等。显然，这样的小说教学内容及其教学模式，与其他文体的教学"一个样"，没有什么区别。如散文、诗歌、戏剧及记叙文、议论文、说明文也是这样教。实际上，小说教学忽略"小说本体"形象构成和叙述视角的解读把握，摒弃了不可摒弃的小说"人物、情节、环境"三要素。应当说，小说教学不该如此"越轨"来搞非本体的跨界教学，而应从小说本体构成的特点出发，加强"守本"解读。所谓"守本"，即"守住本体"，把握"小说本体"特有的形象构成和叙述视角的本体性教学。

（一）"守本"透视：小说形象构成解读

　　小说是统编教材中别具艺术生命力的一种文体。小说本体的形象构成和叙述视角是其独具的特色，它以塑造"比真面貌还要有神气、有活力、有生气"的各种人物、揭示各种人物的性格与灵魂为艺术焦点，具有其他文体教学所没有的震撼人心的艺术魅力。我国著名的小说解读批评家金圣叹曾经指出，《水浒传》之所以吸引人、感动人，使人百读不厌，主要原因就在于它成功地塑造了一系列人物性格。他说："别一部书，看一遍即休，独有《水浒传》，只是看不厌，无非为他把一百零八个人物性格，都写出来。"①这是一个颇为透辟的解读见解，他把小说的感人魅力同人物形象的构成与塑造联系起来，概括了小说本体艺术营构的一个重要规律。由此可见，人物形象是小说本体构成的主要特色。统编教材所编选的小说作品，无不是以人物形象的构成与创造来取胜的。因此，在教学中应当首先把握"守本"解读，对小说本体形象构成加以透视。

1. 性格与心理：形象构成的类型

小说文体有多种不同的类型：一是故事型小说，以生活事件和矛盾冲突塑造人物形象，即以故事情节取胜；二是心理型小说，以心理描述形式展示人物复杂的心理世界和情绪、意念流动的轨迹，即意识流小说；三是思辨型小说，以寻求人生和生活世界的理性内蕴为依归，既具具象性又具抽象性特点，即哲理小说。但不管哪个类型的小说，大都以人物的形象塑造为中心。而且，没有一种文体能像小说那样，能展示人物形象构成的多重形态，构置错综复杂的人物形象体系，营构广阔多面的人生图画。在统编教材小说教学中，对不同的人物形象构成形态，可从"性格化"和"心理型"两种基本类型来解读。

（1）性格化形象构成的类型解读

性格化人物形象，是以性格形态为主体特征的形象结构。它的构成是把动作、行为、情节作为性格外延的手段和载体，在生活事件和矛盾冲突中展现人物个性，通过鲜明、生动的性格刻画和典型创造，来显示人物形象对生活与社会、现实与历史、人生与命运的观照功能。这种性格化形象构成形态，主要体现为形象体系的性格逻辑性与生活事件的时序性统一，形象的个性与形象的社会性统一。用传统

---

① 转引自黄霖：《中国历代小说论著选》（上册），江西人民出版社1982年版，第285页。

文学理论来说，就是在个性与共性的有机统一中完成形象的塑造。因此，性格化形象构成具有一个重要的审美属性，这就是完整性。

在统编语文教材小说教学中，要深入把握这种具有完整性的性格化形象的构成特质，应注意透视性格化形象构成的稳定形态。有人认为小说形象创构不外乎两种类型：一是以个性为特征的形象，一是具有同类型性格特征的形象。对此，恩格斯做过精辟的概括，即众所周知的"表现典型环境的典型性格"理论。统编语文教材中的《边城》，以湘西山城茶峒及其附近乡村为特定背景，叙写一个渡船老人和他的外孙女翠翠的生活，以及翠翠与船总的儿子天保、傩送之间曲折的爱情故事。小说中刻画了四个主要人物，即翠翠、爷爷、天保、傩送。这四个人物不分主次，但每个人物都有自我的独立性和鲜明的个性，而他们的一言一行又无不透露着纯朴、善良、真诚的性情特质。如翠翠的聪慧多情，外表的温婉羞涩与内心的炽热挚诚同构而融为一体，是一个鲜活而独特的人物形象。又如爷爷是传统美德的典型，他善良纯朴、热心厚道、重义轻利，因天保的死造成孙女的悲剧，他无法向任何人求助诉说，只能撒手而去，也是一个在生活中备受折磨的孤独灵魂。很显然，这篇小说性格化形象构成的这种稳定形态及其典型特征，显露有三个要素：一是人物依赖于具体的、定性的社会环境，有孕育人物性格的生活土壤；二是人物依赖于特定的情节冲突，有显露性格的契机和载体；三是人物依赖于丰富的心理、情感，能灌注性格形象以艺术生命，但这种感情又富有"理性内容"。

（2）心理型形象构成类型的解读

心理型形象的构成，是以作家主观情致的表现作为形象构成的重心——淡化人物的性格行为和情节过程，营构以情感、意念、心绪为主体特征的形象结构。这种心理型形象不注重对生活认识的直接观照，而是作为抒发主观情致的"载体"出现，强化了主观情感在形象构成中的艺术功能。如作家的情感活动注重透视人的心理世界，就会构成"心理型形象"，即以心理描述形式剖示人物复杂的内心世界和情绪、意念流动的轨迹。这种心理型形象的构成，往往凝聚于人物多层次的心理结构中。它不同于在情节和冲突中刻画人物内心活动的传统表达方式，而是打破情节结构的框架，以人物心理构成、表达的特殊性来代替性格的个性化，将人的心理世界映像和投影作为独立的形象实体来进行艺术表现，即通过人物的心理历程在艺术视屏上的显影，创构一种能折射生活和历史、包含复杂情感和内容的心理型形象。

对这种心理型形象的创构，在教学中要注意把握其模糊性和不确定性特质。人物的心理意识流动往往是飘忽不定的，人物的心态变化也常常是不规则的；因而，心理型形象的构成没有性格化形象的那种直观性和个性的确定性，显露出一种模糊性与不确定性。如统编教材中的《山地回忆》，作者几乎省略了人物外在的性格行为，用第一人称回忆的笔法，只扣住小物件一双袜子描述了几个生活片段，重在写心理活动状态，把小说的聚光镜主要对准人物的心理历程，抓住"老交情"的那种心绪加以细致地描述，捕捉那些瞬间闪现的心绪和意念进行渲染，从而使人物形象随着情绪的流动而在小说艺术的影屏上显现出来。所以，心理情绪的不确定性决定了心理型形象的不确定性。实质上，这种心理型情感形象是以流动的情绪、朦胧的心理意念为主体构成的，所以，它往往被抹上一种富有多重意味和潜在性内涵的象征色彩。在客观上心理型形象的社会性和情感内涵，表现在给读者的解读带来多层的寓意深长的意蕴和多维的体验。王蒙在谈心理型小说时说过：不仅生活形象是激动人心的，人的理念活动同样是美的、神妙的、激动人心的。这句话可以说是给心理型形象构成的审美特征所做的一个肯定。

2. 主体与背景：形象体系的构置

在统编教材小说教学中可以发现，凡是古今中外的优秀小说，特别是短篇小说，在人物形象体系的构置上，大都具有一个共同的特点，这就是以集中的笔墨着力刻画一个或几个主体人物，以主体人物的思想性格特征作为小说人物形象体系营构的艺术焦点，并随之配置和描写一些必不可少的其他背景人物，组构成一个以主要人物为主体的相互衬托、相互作用的形象体系，从而对社会生活进行广泛的艺术概括。所以，小说的形象体系也就是通常所说的特定背景下构成的"人物关系"。俄国小说家契诃夫在论小说创作时说："人在写小说的时候总是不由自主地先忙着搭起它的架子，从一群人物和半群人物里只取出一个人物——或者是妻子或者是丈夫，把这个人物放在背景上，像小铜币一样，结果就成了一种像是天空的东西：中间是一个大月亮，四周是一群很小的星星。"①这是契诃夫对小说创作中人物形象体系构置的艺术经验之谈，他把人物形象体系的整体构筑中所要突出和专门描写的主体人物比作夜空中的"大月亮"，把必不可少的衬托主体人物的其他背景人物，比作是围绕在"大月亮"周围的"小星星"，形象地揭示了小说中人物的相互关系，揭示了小说人物形象体系的一个构置规律。

因此，在统编教材小说教学中对人物形象体系的解读，应当从这个构置规律出发，把握人物关系，弄清哪是"大月亮"、哪是"小星星"，抓住"小星星"所围绕的"大月亮"这个艺术焦点，着力分析小说整个形象体系中的主体人物。当然，主体人物和其他背景人物一样，不是孤立存在的，进行主体人物的重点分析不是孤立地分析，因为围绕着主体人物和情节支柱，其他背景人物都从不同角度作用于主体人物，而同时也蒙受着主体人物的作用。所以，富有艺术性的重点分析，不但可以揭示主体人物与其他背景人物的关系，还可以通过主体人物对其他背景人物的表态和行动，揭示出主体人物本身的性格特征。

如统编语文教材里的《祝福》，要揭示这篇小说人物形象体系的营构特点，把握祥林嫂、鲁四老爷、卫老婆子、柳妈和四婶等这个形象体系中人物的特定关系，就应当以祥林嫂这个主体人物为中轴进行重点分析。我们如了解了小说的主体人物处于这种特定的社会关系之中，那么，对于祥林嫂的性格及其发展也就不难理解。她确是生活在长夜漫漫的封建社会中，血泪斑斑的农村贫民妇女中的一个。她力图

---

① ［俄］契诃夫：《论文学》，汝龙译，人民文学出版社1958年版，第401页。

挣脱封建社会的绳索，结果仍然抵抗不住封建社会的浓重黑暗而默默死去。如果不掌握她和鲁四老爷家的关系，我们就无从了解她在帮佣生活中所表现的作为平民百姓宝贵品质之一的刻苦耐劳的性格，无从了解那些为了力图摆脱不幸命运而做出的种种可悲的努力，更无从看到她在祝福时灵魂上所受的致命一击和严重的精神迫害。可见，把握小说形象体系构置的主体人物与背景人物的关系，从而抓住主体人物进行重点分析，揭示小说人物形象创构的规律，是统编教材小说教学中所不可忽略的。

需要指出的是，重点论和一点论是根本对立的，"主体"是对"背景"而言的，如果丢掉了后者，也就失去了前者。正像契诃夫所说的那样，"大月亮"要靠必不可少的"小星星"的围绕和衬托，若没有"小星星"的围绕和衬托，"大月亮"就会成为孤立而缺乏神采的东西，而只有在"小星星"那种看来好像是微弱的光泽的衬托下，"大月亮"才能显示出它那诱人夺目的光辉。主体人物与背景人物形象之间的这种复杂的"连锁反应"，不但扩大了小说反映生活的层次面，而且也赋予主体人物与背景人物以鲜明的性格个性。这说明小说形象体系构置中的主体人物或背景人物，哪怕其中有些是作家连名字也吝啬地不肯施予的穿插人物——在某些小说家手中，往往只是充当一种活动着的背景，以加强作品的生活氛围，也往往逃脱不了要分担主题对人物的重压。小说中由这些主体人物、背景人物以及穿插人物组构而成的人物形象体系，往往由里向外地画出一个个扩散着的同心圆，每个人物都有自己的等级与位置。虽然只能是相对的，但其中不可避免地反映出社会的内容、作者的主体意识与表现意图的方法。优秀小说的人物形象体系构置具有的一个共同点是：即使偶尔露面的人物，也在其特定的位置上起着其他人物所无法起到的特殊作用，否则，这个人物就是多余的。应该说，这是小说人物形象体系总体构置的艺术真谛。

（二）"守本"把握：小说叙述视角解读

小说这种艺术表现形式的本体构成具有长久的审美时效和延续、发展定式，实质上是与其叙述表现艺术分不开的。小说的叙述视角是小说独有的本体构成要素，这是我们在小说本体构成的解读中必须要明确把握的问题。以语言为材料的各类文学作品，由于体式的不同，决定其审美价值的因素也不一样。诗歌审美价值的决定因素是激情与韵律，它凭借激情与韵律把读者引入诗的天地。小说审美价值的决定因素则是叙述，它对人物形象的刻画是以叙述的形式来体现的。它凭借着叙述，把各种因素构筑成浑然天成的有机世界。小说如果没有叙述，或者叙述是混乱的，那么，人物形象的塑造就不可能完成，整个人物形象体系的构图就会成为破宇颓垣、断墙残壁，构不成有机的艺术形式，失去"活"的艺术生命。因此，有些专家认为，"小说实属一种叙述"，小说是"用叙述为我们造成一个世界"。

在统编教材小说教学中很容易发现，小说叙述的表现艺术的关键，在于叙述者即作者审美视角的选择。小说的叙述视角，也称叙事视点、观察点和叙述角等。有些西方理论家把叙述视角看作是小说特有的决定性表现艺术，他们认为在整个复杂的小说写作技巧中，持什么叙述视角起着什么决定性的作用——在这个基础上，叙述者才得以发展其故事。的确如此，叙述视角是小说特有的艺术营构形式。剧本艺术是通过人物自己的语言来表现人物的，剧作者不能出面叙述，它不存在叙述视角的问题；小说对人物形象的刻画，则必须在作者的叙述中进行，叙述人贯穿始终，因而形成了小说特有的叙述视角。这种叙述视角，既是小说人物形象体系的营构枢纽，又是作家主体意识和审美个性的艺术外化。独特的叙述视角是作家对生活做出属于自己的艺术开掘的基本途径。所以，对叙述视角进行具体的"守本"解读和深层性的把握，是统编教材小说教学中不可忽视的重要环节。小说叙述视角的表现形式是多种多样的，但在教学中可从观察性叙述视角、参与性叙述视角、全知性叙述视角这三种基本表现形式入手，进行小说本体性教学的"守本"解读。

1.观察性叙述视角的解读

观察性叙述视角，就是采取客观的态度，从旁观者的审美角度来叙述人物的活动，刻画人物形象，即作者让小说作品中的人物在特定的情境中自作表现，它一般只限于外在的描写，侧重人物的容貌、神姿、情状、语言、动作，以及客观景物等外在事实的描写。这种叙述视角的特征，是从"搜罗了许多事实，又以热情作为元素，将这些事实如实地摹写出来的"[①]。它是作者的视角观照对准客观世界固有形态的一种叙述形式。它能对气象万千、纷纭复杂的人物、事件和场景按照生活本身的规律进行提炼和加工，选择最能反映生活本质的人和事来创造艺术形象，高度真实地再现生活。

应该说，统编教材中的《荷花淀》就是采用的观察性叙述视角，从旁观者的角度来描述"女人"的活动情景，刻画人物形象的。她一出场就别有一种朴实、勤快、利索、恬静的姿态。明月当空，干净的院子，"女人坐在小院当中，手指上缠绞着柔滑修长的苇眉子。苇眉子又薄又细，在她怀里跳跃着"。看得出她在劳作中静待着丈夫的归来。"她像坐在一片洁白的雪地上，也像坐在一片洁白的云彩上。她有时望望淀里，淀里也是一片银白的世界。"很显然，作者采用这种观察性叙述视角来写，让小说中的人物在特定的生活情境中去做自我表现，而且它只限于一种外在性的客观描述，侧重人物的容貌、神姿、情状、动作，以及白洋淀月夜的客观景物等外在情形的描写。在这种观察性叙述中，作者作为"局外"观察的叙述者，完全是从"白洋淀月夜"的客观景物出发来叙述的。这种客观的观察叙述，使我们确实看到了"女人"的"本分"和"情义"，获得了她那种特有的温

---

① 文艺理论译丛编辑委员会编：《文艺理论译丛》，人民文学出版社1957年版，第62页。

顺、娴静的情味，昭示了"白洋淀月夜"下女人劳作的生命光彩。由此可见，用这种观察性叙述视角写出来的小说，其视觉形象真切，现场感觉强烈，具有高度的透视感和描摹感。

2. 参与性叙述视角的解读

参与性叙述视角，就是叙述者充当小说作品中的某个角色，不是置身局外，而是局内人直接参与，以亲身阅历的眼光观察和叙述人物的活动与情节事件，具有浓重的主观感情色彩和高度的真实感与逼真感。这种叙述视角的艺术特征，就在于叙述人以阅历者的身份进行叙述，凭借人物的语言和行动进行描述而再现人物形神风貌。所以，叙述者可以带着天真的读者从一个高超的角度俯视人间、窥察世态——既可以从特定的角度去表现人生世相的形形色色，对它们做出深入的开掘，又可以不露声色地从潜在的情节、事件和人物的背后，揭示出人物思想和行为的发展轨迹。

如统编教材中的《林黛玉进贾府》就是典型的例篇。作者具体写林黛玉进贾府的过程，是透过黛玉的一双眼睛这个特定的参与性叙述视角，全景式地描述展示了贾府的建筑结构、房屋摆设、主要人物关系以及他们的外表容貌和品性特点。如黛玉视角所见的是门前蹲着两个大石狮子，大门是三间兽头，正门之上有一匾，匾上写着五个大字。进入贾府黛玉所见的是贾母所住的正房大院，设置了一个垂花门，两边抄手游廊和一个安放着大理石插屏的空堂做映衬，既庄严又显豪门气派。随即作者通过黛玉的视角，写王熙凤的出场是未见其人先闻其声，只见一群媳妇丫鬟围拥着一个人从后门房进来，这个人一双丹凤三角眼，两弯柳叶吊梢眉，粉面含春威不露。很显然，林黛玉进贾府的整个情节过程，无不是通过黛玉的亲眼所见这一参与性叙述视角来进行生动描述的。

在这种参与性叙述的过程中，叙述者和小说中的一个人物合而为一。"黛玉"即是参与小说作品事件的阅历人物，也是事件的叙述人，能自然地流露和叙说自己的所见、所闻、所思、所感，为作者深入人物的内心世界、探索人物心灵的奥秘提供极大的方便，从而能在较深的层次上塑造人物性格与开掘性格根源，更好地适应读者的解读心理，使小说富有真实感和亲切感，强化小说的艺术震撼力。由此可见，这种参与性叙述视角的表现特征就在于：由于它以小说作品中的某个人物充当生活事件的目击者和叙述者，所以，叙述者本身并不游离于情节之外，而是置身情节之中，成为情节构筑不可缺少的因素。这样，叙述才能凭借人物的意识和感官去看、去听、去想，转述人物从外部接收的信息和可能产生的内心活动。外化在表现形态上，叙述者一般是以第一人称来出现。这个"叙述者"既是小说中的一个人物，又是情节和事件的参与者，即以"黛玉的眼睛"观察外在世界，窥视贾府发生的一切。

3. 全知性叙述视角的解读

全知性叙述视角，就是作者虽然同小说中的人物没有丝毫的关系，但是他对于小说中的人物用一种完全知晓的态度去叙述、描写和剖析。这种叙述视角通常用第三人称来叙述人物和情节事件。叙述者虽不在小说作品中露面，但又能无所不知，他就如一个"百事通"，对所发生的每一件事都清清楚楚。无论是同时出现的几个不同的地域，还是穿梭跳跃在不同的时代，他都能毫不费心地通晓一切。他不仅知道小说中人物各自的想法和身世，即使是人物之间互不了解也没有办法了解的东西，他也能凭借人物的内心独白和对人物心理的描述而再现人物各自的灵魂。只要是他想看见、想听见、想知道的东西，任何精神和物质的现实都无法对他构成障碍。他不仅能够表现天上地下、古今中外、人间神世的奇瑰景观，而且也能透视人物内心世界的隐秘，包括人物自身不曾感觉到的意识。他不受时间的限制，又不受空间的阻隔，纵横数万里、上下几千年的事件，都可以表现。

如统编教材中的《阿Q正传》，就是用这种全知性叙述视角来叙述阿Q的。就叙述者对阿Q神往革命的一段心理活动的描写来说吧：这天中午阿Q又喝了两碗空肚酒，醉得愈加快，乘着酒兴就飘飘然起来。他忽儿感到革命党便是他自己，未庄人都是他的俘虏。到了晚上，回到土谷祠，"他说不出的新鲜而且高兴，烛火像元夜似的闪闪的跳，他的思想也迸跳起来了"。接着，小说从未庄的男女都跪在地上向阿Q求饶、抢东西、要女人等几个方面叙写了阿Q迸跳驰骋的神思。本来人的思想是看不见的，不说出来别人是无从知道的，但由于作者运用的是"全知性叙述视角"，所以叙述者就能够把人物的潜伏思想、内心隐秘叙述得毕露无遗，条分缕析，一清二楚。由此可见，采用这种"全知性叙述视角"的叙述者，既不与人物或读者合一，也不在小说中直接露面。作为一个隐身人，他可以自由来去，上下飞腾，自如地拍摄叙述对象的各种图像。与以上两种叙述视角相比，它的优势就在于叙述者超越各种人物之外，把人物的过去未来、外表内心能做活脱淋漓的透视，能展示人物无形可寻的思绪和意识流动以及最隐秘的心曲，也能将复杂的矛盾事件，任随它百源千流，皆可收入笔底，多层次、多向度地反映和揭示出壮阔而复杂的生活图像。

五　文体艺术价值：小说人物形象表现功能的教学

统编教材设置有小说单元，其中还新增有小说在内的"整本书阅读"，特别是明确规定和要求整本书阅读《红楼梦》等长篇小说，增加高考试题的比重。那么，如何按照统编教材小说编写要求，搞好小说文体教学？这确实需要加强深入探讨。长期以来，小说教学的"家常菜"就是线式分析开端、发展、高潮、结局的情节结构，标签式分析人物性格及环境描写的特点，"一讲小说就是分析人物性格特征"。这种成为惯性的教学常态有的虽然不无必要，但大都流于肤浅化解读，而忽略小说特有的文体艺术价值的表现功能。实际上，小说教学应该深入把握其文体艺术价值，着力于人物形象表现功能的解读，引导学生学会如何阅读小说，领会小说人物刻画和表现的艺术真谛，而绝非仅仅是概念化强加人物性格特点的标签。这就是说，不能只让学生去认知人物的性格特点，是什么善良、温和或虚伪、狠毒等，这有何意义？更重要的是要把握人物形象及其性格特点是怎样刻画和表现的，以启发学生学会"怎么读"小说。

那么，何为小说文体艺术价值？简言之，它就是小说人物形象刻画与创造的表现功能。小说家对于生活的反映和解释，对于审美情感和审美理想的艺术表现，是通过实体感很强的人物形象的刻画与创造来完成的。小说对人物性格的艺术表现，对人物关系（情节）的艺术叙述，对人物活动背景的艺术描绘，不受任何条件的约束和限制，可以自由地采取各种各样的艺术手段，把多彩之笔深入到人物生活的各个领域。无论是有形的客观世界还是无形的主观世界，无论是大庭广众的场合还是隐蔽的秘密角落，都能够进行细致入微、淋漓尽致的艺术表现。在小说家的笔下，可以说尺幅之中能够囊括天下，寸毫之端可以尽洒风情。对小说文体艺术这种表现和刻画人物形象的特有功能，在小说教学中应从以下几个层面来把握"怎么读"的问题。

（一）怎么读：要把握小说以多样化手段艺术刻画人物形象的表现功能

小说教学中怎么读？简单来说，就是要把握小说刻画人物形象艺术手段的多样化及其表现功能。小说文体艺术价值在于不受任何限制，或明或暗、或虚或实、或表或里、或分或合地去进行人物形象的刻画和表现。与其他文体相比较，小说刻画人物形象的艺术手段具有多样化和独异性，占有很多优势。叙事诗在进行人物刻画时，为适应其凝练的艺术形式，总在诗的天地里盘桓，抒情性的强烈外露，导致作者不是在说人物，而是在唱人物，情感的表现形式和小说家的深藏有很大的区别。诗的审美规律，凝练、韵律、音乐的特征，审美样式的限制，使叙事诗展示人物关系的情节不能铺张扬厉，艺术细节凝聚如珠，而不像小说多似海滩的沙砾。散文刻画人物重在表达作者对人物的主观感受，对人物的刻画只是就主体感受的某一点特征或某个生活断面进行勾勒，即捕捉人物最有特征的形神风貌和最有典型意义的生活场景进行白描，以表达作者某种特定的主体情感。它不像小说那样旨在刻画人物的性格，记录人物的生活、命运的历程，把人物放在性格的冲突中、复杂的情节中、广阔的背景中来进行艺术塑造。文学剧本是供舞台表演用的，它对人物的刻画只能靠形之于外的动作和语言，而绝没有可能超越这个有限的范围。剧作家不能像小说作家那样，可以亲自出面对自己的人物进行叙述和交代。尽管剧作家挖空心思，创造了"独白"之类的揭示人物内心的方式，却难以达到小说那样的细致入微和淋漓尽致的表现效果。尤其是它受时空高度集中的限制，远不能像小说描写人物那样，可以从容舒展，任洒笔墨，而只能通过高度动作化的人物台词表现自身的性格。在小说教学中我们可以发现，没有一种文体像小说那样，可以根据表现人物性格的需要，既能把人物过去的活动以及在目前矛盾冲突中的生活现实集中起来，进行概括的说明、叙述和交代，又能根据毫无节制的观察点，运用具体的艺术描绘，去展示人物衣着装饰等外在形态。小说可以通过人物的语言和动作去表现人物的性格，也可以直接去分析人物的心理，揭示人物的内心隐秘；可以直接发表议论，对人物进行公开的评论，也可以把人物的活动暂时停顿或中断一下，去介绍人物的历史和社会关系，给读者解释人物活动的神秘和隐藏的动机。对小说文体艺术刻画人物形象手段的这种独异性价值和多样化优势，我们从"怎么读"着眼就以下几个方面来做简要的分析。

首先，小说文体艺术价值在于刻画人物能够细致入微地探索心灵的奥秘，把艺术的解剖刀直接深入到人物内心深处，对人物的精神世界、复杂心理以至于最细微的心态变化和最隐蔽的思想潜流做淋漓尽致的披露，就是那种模糊奇异的幻觉、梦境以及联想和想象，也能直接地展示出来。可以说，小说文体艺术的笔锋，在人物精神世界的领域里，无所不能入，无所不能写，一切禁区、死角都不存在。小说的艺术笔力，梳理纷乱散漫的思绪，条分缕析，一切繁难庞杂都能就范。如统编教材要求整本阅读的《红楼梦》，它在人物形象的艺术刻画上，不但运用了结合人物的行为言谈透视人物心理的传统手法，而且运用了条分缕析的静态剖析的营构手法，还运用了诸如幻觉、梦境等特异的表现手法。《红楼梦》中写了许多梦，它用写梦境的艺术手法，直观地反映了封建社会的现实生活。据有人统计，这部小说的前 80 回写了 20 个梦，加上后40回的12个梦，总共写了大大小小32个梦，可见它的"梦境"描写之多。有人说，静态剖析的心理描写艺术手法，是19世纪西洋小说所独创的。其实，曹雪芹在18世纪闭塞的中国就艺术地使用了它，可见，这个小说文体艺术"独创权"和它的艺术价值是不应当全归于西方的。意识流动的写法，在《红楼梦》中的幻景、梦境中也有所体现，也可说这是所谓"意识流"的较早运用。对人物进行这样充分自如的各种心理描写，是小说文体艺术刻画人物形象、揭示人物性格所特有的艺术手段和表现功能，其他任何文体都没有条件能在人物的心理世界里如此自由地挥洒驰骋。

不说当代的"意识流"和"心理分析"小说，就众所熟知的一些传统情节性小说来看，如统编教材中托尔斯泰的小说《复活》，通过采用心理描写的手法，情节的叙写几乎都是在主体人物聂赫留朵夫的内心冲突和心理变化中来展示和完成的，作者很少有对人物的对话和行动的描写。特别是这篇小说在"法庭审判"一章不大的篇幅里刻画出了感人的人物形象，揭示了深刻的思想内容，在表现人物形象刻画上充分显示了托尔斯泰精湛的小说文体艺术表现功能，即于细致的艺术描写中生动展开人物形象心理刻画。托尔斯泰的小说是以心理描写为特色的。对他的小说中深刻揭示人物心理奥秘的艺术描写，俄国著名文学评论家车尔尼雪夫斯基曾经做过这样的高度评价：与其他的同辈作家相比，托尔斯泰创作才华独有的特点，就在于他并不局限于揭示人物心理活动过程的结果，他最有兴趣的是过程本身，用特定的术语来说就是心理辩证法。所以，他这篇小说中描写的人物心理活动始终处于一种流动不息的变化动态之中，逼真刻画了主人翁聂赫留朵夫在法庭上认出玛丝洛娃的一系列心理活动，既有对玛丝洛娃的怜悯和羞愧，又有担心真相被揭发的烦扰，充分揭示了小说文体心理描写特有的艺术价值。

毫无疑问，统编教材中托尔斯泰《复活》这篇小说中的人物心理描写，在其他文体中几乎是很难做到的。如文学剧本，由于它一切都要靠表演来进行，所以，它表现人物的心理只能是采用那使人感到有些"做作"的自白，而且它对人物心理的表现，还要受到时间和空间的限制，只能表现特定时间、特定地点里人物的心理活动，而无法像小说那样浮想联翩，思接千载。再拿散文来说，由于散文是一种以描述和组构生活片段为主要特点的文体，因此，它对人物心理的描写就很难充分自如地展开，只能采取以少胜多的"写意"笔法和"点睛"笔法。这样，它在韵味上似乎有所得，但在细微处却有所失。再就电影文学这种能量颇大的样式来看，它虽然有什么"主观镜头""幻想镜头""闪光镜头""回忆镜头"等专门表现人物心理的独特手段，但是，"诉诸视觉""瞬息即逝"这些大框子却把它套住了。它也不能像小说文体那样把人物的心理表现得如此细致和充分。所以，即使很有才华的电影作家，面对托尔斯泰小说中一连几页甚至几十页的心理剖析，恐怕也是无能为力的。意识流手法，可以说把小说文体艺术揭示人物心理的独异功能推到了极致。鉴于小说文体在心理描写上具有的独特功能，意识流小说家以人的意识、思维活动为描写对象，运用诸如内心独白、幻觉、自由联想、客观心理描述、心理解剖等手法，透过主观直感的精神活动的描写，来反映客观世界，反映现实的社会生活，拓开了小说文体心理描写的新天地。这类小说想象驰骋，思域广阔，历史和现状、过去和未来、天上和人间、幻觉和实景，都可以尽收笔底，挥洒自如。

其次，小说文体艺术刻画人物，作者还能直接站出来，对作品中的人物进行评价。小说文体主要是靠人物和情节"自然地流露"思想倾向的。但是，也不排斥作者必要的议论和评价。这种议论和评价，如果在关键症结之处，结合具体的描绘，或画龙点睛，或条分缕析，在形象感染的基础上，动之以情，晓之以理，往往能够强化人物形象的感染力量，提高艺术表现效果。如别具革命文化价值的峻青小说《党员登记表》中，描写黄淑英去刑场的路上视死如归，心地坦然，读者首先感到的是黎明前大自然的美丽和恬静。她抬头仰望着乌蓝乌蓝的天空，平静地说："妈妈，天晴了！"作者写到这里，利用小说能对人物直接发表议论的优势，迸发出了对黄淑英的无限崇敬和眷恋：是的，天晴了，江山是无限美好。可是这一切，对于她只是最后的一瞥了。几分钟之后，她将与这无限美好的祖国山河，连同她那十九岁的青春，都要永远地诀别了。这样的议论文字，如同一股洪流，掀起了读者感情深处的巨大波澜，对揭示人物的精神品质、强化人物形象的感染力量，具有特别的表现功能。这种对人物直接发表议论的手法，是剧本所不能使用的，因为剧作家不能像小说家那样以叙述人的身份在作品中随时随地出场说话，他只能是一个退居在幕后的剧外人。小说家显然可以随便出场发表议论，还能做到灵活自如，他可以像一个万能的评论家，对人物随时表态：对人物的活动，他可以预先提示，也可以事后阐发；对人物的言谈举止，他可以褒贬赞恶；对一些细枝末节，他可以充分发掘出它的内在意义。无疑，这种点染性议论在其他文体中是难以如此富有深度地发掘生活底蕴的，这是小说文体特有的表现功能和艺术价值。

此外，小说文体刻画人物表现功能和艺术价值，还在于能够做到集中与分散相结合、直接与间接相交错等，特别是它不受时空的限制，不需像剧作家那样要考虑幕、景、场的集中或舞台演出的条件，在时空调度上享有最大的自由，拥有最丰富的手段。它不仅可以仿制一切现实所有的生活场景，而且可以创制一切想象中的奇境异影，绝不受什么时间和地域的限制，玉皇大帝的灵霄玉殿也好，东海龙王的水晶宫殿也好，都只有在小说中才能构筑得宏大而细密。在时空的可塑性上，可以说没有什么文体能与小说匹敌。无论是万人厮杀的战场，还是豪华的舞厅、农民的茅舍，小说都可以随心所欲地搭设着各种人物投入的"演出的舞台"。它既能四面八方地平向展开，也能上下左右地立体构筑，大可包容宏观的大千世界，小可显示微观的隐蔽角落，可说无所不至，无垠无涯。小说在时空的艺术处理上的这种开放性，突破自然的时空形态，而重构起新的时空形态，有如秋日晴空之上的万端云彩，表现出其他文体所没有的灵动自由、多姿多彩。小说的这种时空形态，往往是站在一个时代、一个民族的时空高度来纵横笔墨的，它能使人物形象富有深厚的历史感、浓郁的民族感、丰富的人情美、独创的个性美，而具有永恒的艺术生命力。

（二）怎么读：要把握小说在复杂情节中艺术叙写人物形象的表现功能

小说教学中怎么读？简单来说，就是要把握小说以复杂的人物关系的叙写，即情节的艺术营构来表现人物形象，这是小说文体艺术表现的又一个独有特征。"事因人生，人以事显"，人物形象只有在生动复杂的情节中才能得到充分的表现。小说文体艺术刻画人物形象的手段具有多样化，没有禁区，叙写人物关系、组构艺术情节同样也没有什么障碍。它在情节的表现上，具有其他文体所没有的适应性和灵活性等鲜明特征。

小说情节与人物形象的艺术表现，具有极强的适应性功能价值。社会生活是丰富多彩、错综复杂的，人物之间的关系是千头万绪、繁缛纷纭的。从时间的因素看，有些矛盾事件绵延数年；从空间的因素看，有些人物的活动涉及天南海北。对其他文体来说，由于它们各有其艺术形式的要求和限制，要反映和描写复杂而广阔的生活画面，都有着不同程度的困难。小说文体在这方面有着自己独占的方便，只要是作者观察和想象所及的生活内容都能在他的笔下做以具体化的艺术表现。一桩上下几千年、左右数万里的大事件，用剧本的形式去表现它，必须要有许多场次，而场次过多过碎就势必造成表演的困难；用诗歌去表现它，诗歌虽然可以借助于它独有的跳跃式的节奏，在表现时间、空间上一试身手，但它的表现重在概括，缺乏具体性，总是给人以空灵、虚化之感。而小说则不然，它可以上溯下延，具体描写漫长的生活岁月，而且能够保持其矛盾事件合乎生活规律的连贯性。它还可以左右勾连，即使漫写众多的生活场景、复杂的人际关系、多变的人物活动，也不会使人觉得零散杂乱，而仍能表现其和谐和富有条理的艺术秩序，保持其有机的完整性。在一个特定的情境里，人物可否回忆往事，可否畅想未来，对不同时态的人物活动可否交叉叙写，其他文体对此望而却步，小说文体却可以挺身而出。对于一些相关联的事件，尽管它们平行发展而又相互制约，小说文体也可以对其有条不紊地进行立体性的叙写，这也是其他文体所不及的。总而言之，小说文体对复杂的人物关系和人物活动的表现，能伸能延，可厚可宽，没有约束，没有限制，什么都可以叙写，什么都能适应。它既能用精短的篇幅叙写一个人物，如契诃夫的小说《装在套子里的人》塑造了一个性格孤僻、胆小怕事、恐惧变革的"守法良民"；又能详尽地去表现那些相互勾连、牵涉复杂的大大小小的人物关系和生活事件，如《红楼梦》中那些复杂的矛盾事件，纷繁的生活琐事，众多的人物关系，扯连不断的家务事、儿女情，都得到了充分的艺术表现。

小说情节与人物形象的艺术表现，又具有特别的灵活性功能价值。任何人物的活动和事件的发生发展，总是依其自然的秩序来进行的。这种自然的秩序，是表述人物活动与事件过程时不可动摇的依据与主干。然而，凡是高明的小说家，在遵循和依据这种秩序的前提下，却不是机械地原封不动地照搬，而是根据艺术创造的规律，从刻画人物形象的需要出发，对矛盾事件精心地整理加工，匠心地进行情节的艺术营构，使之避免平板乏味而得到生动的艺术表现。如重要的结局，如鲁迅的小说《祝福》，就让读者先睹为快；虽属必要但容易使人生厌的交代，便巧妙地分散进行。"花开两朵，各表一枝"，能使繁杂的人物活动得以充分的展现；"一波未平，一波又起"，能使矛盾事件层层推进，跌宕起伏，波澜丛生；等等。一言以蔽之，小说营构艺术情节，描述人物的活动，能够灵活自由地串动、跳跃、顿宕、隐藏，既可把扣人心弦的情节营构和人物表现构置在关键要害的部位，又可把自然的秩序倒置或设悬疑和变幻，使情节与人物同构相融。

这种小说文体的表现功能和艺术价值，在红色经典小说中有不少例析。如统编教材中赵树理的《小二黑结婚》，就把"情节"和"人物"融为一体。小说情节的构成为的是表现人物形象。所以，作者特别注重用情节的艺术营构来进行人物形象的刻画和表现，而且力求情节引人入胜，以更生动地表现人物形象。为此，赵树理在小说情节营构的进展中去刻画人物形象，又用一个一个的人物去推进情节的发展。看上去，一个人物就构成一个小情节，也就用这一个又一个的情节去写一个又一个的人物。而这些情节营构和人物形象，共同表现了抗日根据地贫苦农民的战争生活。作者就这样把"情节"和"人物"同构融注，即把营构情节和刻画人物形象高度结合在一起，既注重写人，又加强情节。可以说，这种情节与人物的艺术营构，继承了传统的说书体即评书体小说的写法，可又不因袭传统的章回体形式，而是在接受五四新文学小说形式的基础上，匠心融会贯通，使小说的情节与人物的艺术表现形成了鲜明而又新颖的民族特色。由此，这篇小说的整体构成以情节发展为线索，即不是用小二黑和小芹这两个人物来营构情节，也不是用二诸葛和三仙姑这两个人物来推进情节，而是用小二黑和小芹的恋爱结婚事件来进行情节发展的艺术营构。特别是作者在用情节表现人物形象上还巧为安排，用"无巧不成书"来进行艺术设置，把情节发展尽量安排得变幻曲折，出人意料。如金旺兄弟策划了斗争会，小二黑和小芹都不屈服，村长秉公给他们撑腰，眼看就成了这门亲事，却又碰巧让三仙姑许亲给搅乱了。这就有了新的情节波折。尤其金旺兄弟又跟着闹出来"拿双"的把戏，突然闯进大窑，捆了小二黑和小芹，押送到区里。然后又笔锋一转，再看二诸葛请区长"恩典恩典"出的洋相，看三仙姑羞愧地出了一脸热汗的窘态。这就在起伏跌宕中昭示了情节营构与人物表现的艺术魅力。整个作品就是这样把情节营构与人物形象描述贯通起来，一切都交叉着加以表现，使整个情节的表述既分散又凝聚，既疏密相间又浑然一体。我们在教学的过程中，伴着小说中一个又一个的巧妙安排、一次又一次的精到描述，而不知不觉地进入作品所创造的富有诗意的艺术境界。毫无疑问，这种情节与人物形象的灵活性表现功能和艺术价值，是小说文体艺术具有的一大特色。

（三）怎么读：要把握小说在具体环境里艺术展示人物形象的表现功能

小说教学中怎么读？简单来说，就是要把握小说在具体的环境和背景下如何艺术地展示人物形象，这也是小说有别于其他文体的一个重要特征。当我们在小说教学中透视环境与人物表现的时候，不仅可以看到环境如何造就了人物形象，而且还可以看到人物如何"改造自己的环境"。人在现实生活中不是孤立地存在的，总是生活在一定的环境里，同生活环境发生错综复杂的关系。人物性格的形成与环境息息相关：一定的环境决定人物的思想性格的形成与发展，人物的行动和作为无不受环境的影响和制约，与环境发生种种矛盾。在从生活原型升华为艺术典型的过程中，小说作家为了展示人物的活动，揭示人物性格的形成与发展，必须描写人物赖以存在的具体环境。这个具体环境既包含着一定时代的特点，又具有一定的时间、地点和人物赖以生存的社会及历史条件的特点。只有写出这样的具体环境，写出人物如何在这样具体的环境里生活，才能更好地展示人物的命运和遭遇。有些专家说，如果被描写的人物，在某一个时期来说，是最具体的个人，那就是典型。这里所说的"在某一个时期"，就是指具体艺术典型所处的特定的时代和一定的时间、地点、条件下的人物世界。一个小说家艺术才能的高低，常常表现在能否使作品中人物与其所置身的具体环境做到有机融合，使读者确信只有在这样的具体环境里才能产生这样的人物。在教学中对小说描写的具体环境的分析，不能只着眼于作品所展示的生活场面的大小、气氛渲染的浓淡，主要应当去看作品特定的具体环境是否表现了人物性格。通过具体环境显现人物的命运和遭遇，进而表现人的性格的形成和发展，这是小说描写具体环境的特有功能价值和根本目的。

凡是高明的小说家，都无不重视从客观生活中精心选取那些具有鲜明特色的具体环境加以艺术描述，通过具体环境来烘托和展示人物的思想性格，从而塑造出活生生的人物形象。这样成功的具体环境描写，在整本书阅读《红楼梦》中就有不少例子。如林黛玉居住的大观园中的潇湘馆，这里的一花一草、一木一石都与女主人公的命运和思想性格紧紧相关。那"凤尾森森，龙吟细细""湘帘垂地，悄无人声"的凄凉幽静气氛蕴含着这个贵族少女的多少柔情和悲哀啊！那鹦鹉，那竹林，那石山，那秋花、秋草、秋雨、秋声，仿佛都带有林黛玉一样的浓郁的悲剧性格，都是那样洁身自好、多愁善感，都好像要和它们的女主人一样，为青春、为爱情而哭泣而心碎，甚至连探春讲述的那个湘妃竹的古老传说，也都对林黛玉的悲剧性格有着强烈的象征意义和暗示作用。作者就是这样通过对林黛玉周围景物的艺术描绘，创造了一个使人的情感深受压抑的具体的悲剧环境，并使人物与环境达到完美的统一，从而使这悲剧环境更加明晰地烘托和展示人物的鲜明性格。而这种具体的环境描绘，往往是其他文体所难以达到的。这是因为小说对环境的描绘具有随意性、完整性和深刻性的特征。

所谓随意性，就是随处可行，没有什么贬义。在小说中，可以专门介绍情势，描写景物，也可以在人物的活动中就目之所及捎带写出，还可以随着人物心情的变化使景物形态也随之变化。如统编教材中的《林教头风雪山神庙》就有好多处随即写到不同景境的"雪"：人冒着雪，事因雪起，人因雪显。作者对"风雪山神庙"的风雪描写，与人物性格的变化、故事情节的进展、环境气氛的烘托紧密结合，其功能作用与艺术效果跟写"火"有异曲同工之妙。林冲刚到草料场，"正是严冬天气，彤云密布，朔风渐起，却早纷纷扬扬卷下一天大雪来"，矛盾冲突的浪头也渐渐涌起；到林冲买酒时，"那雪正下得紧"，情节的紧张气氛也在不断增浓；最后到林冲在山神庙前手刃仇人时，"那雪下得更猛"。这些描写不但很好地渲染了气氛，为塑造人物服务，而且对雪本身的描写也生动逼真。从"纷纷扬扬卷下一天大雪来"，到"那雪正下得紧"，接着写"雪越下得紧"，到最后"那雪越下得更猛"。作者巧妙地抓住了下雪各个阶段的不同特征，用准确、简练的语言恰当地表现出来，使人读了如临其境。这里写的"雪"，都是随笔点染的，既省力又恰巧，可以说是"招之即来，挥之即去"。这与剧本就有很大不同。剧本中的环境描写，既不能中途变换，又很难随时添加。而小说中的这种环境描写可随意融化在情节的叙述和人物的刻画之中，它能够采取间接、零散、动态等多种多样的方式来进行。这样的环境描写看似零散，但通过这零散的描写，却能给读者留下丰富的想象空间，开拓出更广阔的艺术境界。

所谓完整性，是说有些小说，特别是外国小说，常常采用直接、集中、静态的环境描写，不仅可以刻画人物性格，有时还能起到昭示人物的生活经历、生活态度和社会地位等多方面的表现功能。如俄国作家冈察洛夫的小说《奥勃洛摩夫》中，对奥勃洛摩夫卧室的描写就是一个很典型的例子。我们知道，19世纪40年代前后，在俄国贵族知识分子中曾酝酿着一种对现实不满、希望改革现存制度的思想情绪，但由于他们所处的社会地位及其世代传袭的奴隶主寄生生活所养成的怠惰、懒散的劣根性，根本没有勇气和力量去付诸实践。他们只停留在说空话、造设想上，只能成年累月以幻想的革新方案来安慰自己腐朽空虚的灵魂，百无聊赖地混日子，奥勃洛摩夫正是这一特定历史时期的这种贵族知识分子的典型。我们了解了奥勃洛摩夫的性格特点之后，就能更加清楚地看出，冈察洛夫的这段环境描写与人物性格搭配得何等准确、何等适宜：伊里亚·伊里奇躺着的这间房间，初看上去，布置得似乎也很漂亮，可是精于鉴赏的老练的眼睛，只要粗粗一瞧，马上就会识破，这些东西之所以陈设在那里，不过是希望遵奉一下不得不然的礼节，虚应故事而已。这个环境描写不过寥寥数语，却一下子就把奥勃洛摩夫的贵族身份，以及他已经走向没落但仍要保持当年阔气的那种虚伪性，惟妙惟肖地展示出来了。四壁周围那挂满灰尘的蜘蛛网、能够当记事牌的镜子、撒满面包渣的桌子等，都形象化地映衬出奥勃洛摩夫的懒散、怠惰的性格特点。至于放在桌子上的几年前的报纸、生了苍蝇的墨水台，更是活灵活现地展示出奥勃洛摩夫的那种只是空想改革而不付诸实践的本质特征。总之，奥勃洛摩夫室内的一切，都渗透着奥勃洛摩夫精神，而这一桌一椅、一镜一笔又都是为刻画奥勃洛摩夫的思想性格服务的。显然，这样的环境描写与性格刻画达到了完美的统一，从而强化了作品的艺术感染力。

小说描写环境，渲染气氛，还具有其他文体往往达不到的深刻性。一定的场景、气氛、细节、器物，总是有它历史的来龙去脉，有它现实的底蕴根源。如果能从生活中挖掘、选择具有深厚内容的细枝末节，往往能起到超乎寻常的表现作用。如老舍笔下的北京城，那漫天的黄沙，那酷热的夏日，那皇族的养鱼玩鸟，那军阀的聚宴堂会，那说书的、卖艺的、保镖的、讨饭的、拉车的、算卦的等等三教九流的生活细节的描绘，为我们提供了20世纪初半封建半殖民地中国的完整图景。凡是优秀的小说作品，总是通过对特定环境的着意描写，来透视人物的灵魂，进而揭示作品的深层意蕴、深化作品的思想意蕴的。

在小说教学中对环境描写的深刻性解读，要特别注意抓住环境描写"怎么写"的特点。如统编教材中鲁迅的《祝福》，对鲁镇多次的环境描写都深深刻下了祥林嫂悲惨一生的印痕，就颇见用笔的特点及其描写的深度和力度：一是镇上各家准备"祝福"大典的时候，富人们都迎接福神，拜求来年的好运气，可制作"福礼"的祥林嫂却没日没夜地付出艰辛，透露出人与人之间的矛盾冲突，预示了祥林嫂悲剧的社会性。二是在鲁四老爷不准"败坏风俗"的祥林嫂沾手的告诫下，祥林嫂失去了祝福的权利。她为了求取这点权利，用"历来积存的工钱"捐了一条"赎"罪的门槛，但所得到的仍是"你放着罢，祥林嫂"。这一句喝令，粉碎了她生前免于侮辱、死后免于痛苦的愿望，她一切挣扎的希望都在这一句喝令中破灭。三是通过"我"的感受描写祝福的景象。祥林嫂死的惨象和天地圣众"预备给鲁镇的人们以无限的幸福"的气氛，形成鲜明的对照，深化了封建社会杀人的本质。特别要强调的是小说始终着力描写祥林嫂所生活的环境：既有对阴沉、低暗的年底自然环境的描绘，又有对家家祝福盛况的社会环境的描写，更有对虚伪、保守的鲁四老爷及其书房的环境透视，这就为祥林嫂悲剧的发展提供了典型环境。随即描写祥林嫂悲惨的结局，她是在沦为乞丐的一片祝福声中寂然死去的。这反映的是鲁四老爷对祥林嫂之死的冷酷，当时社会对祥林嫂悲剧的冷漠。祥林嫂与鲁四老爷的矛盾、她的被卖改嫁、表现"出格"的反抗、最后的悲惨结局，显然都是通过别有深刻性特点的环境描写来实现的。

六 戏剧教学的"戏剧味"缺失问题与对策

统编教材的经典戏剧篇目，包括古代戏剧、现代戏剧两种类型，有一定的教学分量。我国经典戏剧艺术是中华民族文化的精粹，是语文教学中民族优秀文化教育的重要资源。戏剧教学即剧本教学，重视和加强古代、现代剧本教学，对提高学生传承民族优秀文化素养具有重要意义。《光明日报》曾发文强调我们的经典戏剧艺术是民族优秀文化的瑰宝，因为戏剧的本源在"戏乐"，由"戏乐"催生的"戏拟"都应该传承下来，并指出"戏乐"是戏剧的审美内核，"戏拟"则是戏剧独特的演述形态。戏剧不应"被不同程度地异化，甚至消亡"①。但从语文课的现状来看，戏剧教学中的"戏乐"和"戏拟"确被不断消解，尤其对戏剧文本多有解读的盲区，很有必要加以探究。应该说，戏剧教学的基本前提，是它不同于小说、散文和诗词的教学。戏剧就是戏剧，看一场戏剧，与读一篇小说或散文，有不同的感受和意味。可一上语文课讲戏剧就没有"戏剧味"了，"戏乐"和"戏拟"在语文课上都感受不到。正如有的老师所说，语文课上的戏剧与小说、散文"异质同构"啦，"戏剧味"即所谓的"戏乐"与"戏拟"确实隐没缺失。那么，如何解决语文课"戏剧味"隐没缺失的问题？怎样采取切实有效的教学对策？

戏剧是一种综合性艺术形式，兼容着文学、音乐、表演、舞蹈、美术等艺术因素，具有多种艺术相互交叉、互为渗透的多重性特征。

---

① 陈建锋：《戏剧的本源在"戏乐"》，载《光明日报》2018年4月16日。

在统编教材中戏剧呈现的剧本，是"一剧之本"，"戏乐"与"戏拟"同构于一体。它作为一种供舞台演出使用的文学样式，是戏剧艺术创构的基本形式。有些专家认为戏剧的文本构成是戏剧活动所包括的诗的艺术（剧本文学）、言次（演说艺术）与形象（舞台艺术）等因素，然而其他艺术因素都建立在文学因素之上。显然，这强调的就是在戏剧文本构成的诸种艺术因素中，文学因素至关重要，将文学作为戏剧文本的构成要素，确认戏剧文本是一种文学形式。因此，我们要解决语文课"戏剧味"隐没与缺失的问题，就必须把握戏剧文本构成的"戏乐"与"戏拟"的独特性，采取特具针对性的有效的教学对策，即从戏剧文本构成的文学要素切入，深入把握"戏乐"与"戏拟"同构的"戏剧味"，即戏剧文本的构成层次与演出性功能、结构形态与集中性法则、对话规则与剧场性特征。

（一）把握构成层次与演出性功能的对策

在剧本教学中，从其存在形式上看，戏剧义本的"戏剧味"有两个基本构成层次：第一层次是剧中人物的对话，演出时构成演员的台词；第二层次是剧作者的描述与说明，其中包括剧名、题记、前言、场幕标志、舞台说明，以及每段台词前的人物名称等。这两个构成层次，具有明显的演出性功能。第一个构成层次的人物对话要在演出时完全转化为戏剧表情性的声态音色，第二个构成层次的场幕标志、舞台说明都要通过物质手段表现出来。剧本是供演出使用的，是直接指向剧场表演的，舞台的布置、灯光、音响、道具，以及具体的表演动作、场次设置、运动造型，都是由剧本决定的。在剧本与演出之间，存在着一定的制约关系。剧本可以允许演出在相当程度上自由发挥，进行超越性的再创造，但也同时以其本身特有的规定性严格限制并调控着演出形式。一般来说，在既定的剧场与表演程序中，演出的每一个重要动作都由剧本确定。一个剧本的第二个构成层次提供的信息越强，它与演出的关系也就越密切，越具有剧场的演出性。相反，像英国浪漫主义诗人雪莱的诗剧《解放了的普罗米修斯》，在叙述方面不占主要位置，而重点放在抒情的描写上，其中写景性的抒情尤为突出，几乎没有舞台说明性的文字，剧本本身就不适合演出，所以被视为一个没有"戏剧味"的非剧本。在教学中要明确剧本与其他文学形式具有明显的不同特征，重构剧本教学的"戏剧味"，就要把握剧本所具有的指示剧场演出的功能。

第一，教学中要把握剧本的演出功能。即不仅包括指示着剧场演出的言语，还包括指示着剧场表演时不能说出而须借助物质手段来演示的形体造型、手势眼神，以及音响、灯光、画面、构图等，以切实感受语文课的"戏剧味"。一方面要把握剧本对剧场演出的决定性功能，另一方面还要注意戏剧文学的特质个性，把握剧本教学不同于其他文学形式解读的独特性。在语文课上对小说、散文的解读一般不涉及语言的完成行为问题，而对剧本的解读则应时刻将文本的"言语"与剧场表演之间的关系考虑在内，因为剧本是剧场演出的脚本，剧本是供剧场演出使用的，它的功能要由剧场的演出来得以最终体现。比如说，在小说教学中读到某个人物对另一个人物说："我们赶紧走吧！"我们所获得的信息往往是单一的，不过是人物在表达自己的想法和愿望。但是，当我们在贝克特的《等待戈多》剧本教学中读到人物的这句话时，如果对它的指示性意义仅作为语言层次的理解，就是片面或是错误的，即会成为一种"误读"，而必须要将言语与人物表演的动作联系对比起来理解。在剧场上当爱斯特拉冈说这句话时，不但听者弗拉季米尔一动不动，他自己也站着不动。戏剧的意义产生于自言自语与表演动作的对照中：人已无法主宰自己，愿望与行为能力脱节，存在陷入孤独。显然，在剧本教学中只有注重感受"戏剧味"，切实把握剧本的这种演出特性来理解，才有可能真正深悟剧本的意向所指，进而揭示剧本的真义。

第二，教学中要把握剧本的构成功能。即具体弄清剧本与演出之间的结构关系，借以强化语文课的"戏剧味"。剧本中包含着对表演的指令，其言语是完成行为式的。牛津学派的语言学家约翰·奥斯汀将言语活动分为两大类：一类是陈述式的言语，一类是完成行为式的言语。陈述式言语是对事件冲突的描述或对其状态、过程的说明。对这类言语的特征，在教学中可以根据现实判断其真假值。完成行为式的言语是指言语主体在说话时实际完成了某件事或某种行为，也就是说，完成行为式言语在说话时也履行了话语中含蕴的行为，如警告、指令、承诺等，这类言语不涉及真假值，关键是效应。这种言语完成行为，无疑也是戏剧教学中解读剧本的方法论前提。剧本的行为或动作、剧本所致和达成的行为或动作，是剧本解读的两个不可缺少的层次。在各种剧本中，完成行为式的言语往往占有较大的比重，而陈述式的言语虽不要求行为的转化，但它也与剧场演出直接相关。在剧本教学过程中，从陈述式言语角度可以诠释剧场演出中的表演，也可以说明戏剧文本与舞台设计的关系。同时，剧本的陈述式言语特征，也从整体上规定着舞台演出风格，指示着舞台设计的构图和特征。

第二，教学中要把握剧本的言语功能。即从其构成的语词深入到语境意义的分析，将话语文本当作一种交流行为，以彰显语文课的"戏剧味"。就剧本的言语意义而言，剧本解读与小说、散文的解读区别不大，但从言语到行为的方法则是剧本所独到的，因为剧本的言语不仅要表达某种意思，同时还要完成一种行为。如老舍的《茶馆》中庞秦斗嘴的一段对话冲突就具有明显的行为意义，几乎双方的每一句话中都同时包含着用语和用语行为两种功能。秦仲义作为实业救国的代表性人物，上场就雄心勃勃地说："把本钱拢在一块，开工厂！""顶大顶大的工厂！那才救得了穷人，那才能抵制外货，那才能救国！"作为新兴阶级的代表，他对未来充满信心。然而封建遗老庞太监则与之对立，两人一见面便争斗起来。秦仲义说："这两天你心里安顿了吧？"话中有话，带有明显的寻衅行为，他指的是康梁变法维新被慈禧镇压的事件。庞太监的回答更具有明显的威胁性："那还用说吗？天下太平了，圣旨下来，谭嗣同问斩！告诉你，谁敢改变老祖宗的章程，谁就掉脑袋！"言外之意是你秦某要改变祖宗章法也得脑袋搬家。这两个人物的对话中充满了强烈的行为和冲突性。显而易见，剧本的"言语"决定着剧场的表演行为，而演出行为又参与剧本言语意义的生成。在戏剧文本中，言语的意义经常要由表演行为与剧场空间条件来确定，所以剧本教学要有剧场意识，进而才能揭示剧本构成的特性和功能，从而使语文课富有"戏剧味"。

（二）把握结构形态与集中性法则的对策

富有"戏剧味"的剧本教学，需要在把握剧本构成的特征与演出性功能的基础上进行剧本的结构形态分析。历来的剧作家和解读批评家都无不高度重视剧本结构问题。清代戏剧评论家李渔曾经指出："至于结构二字，则在引商刻羽之先，拈韵抽毫之始……工师之建宅亦然。基址初平，间架未立，先筹何处建厅，何方开户，栋需何木，梁需何材，必俟成局了然，始可挥斤运斧。"①剧本的结构是表现戏剧冲突和性格撞击的手段。剧作家只有精心于结构的设计和营造，才能将所概括的生活现象更典型更集中地组织在剧场舞台画面里；而剧本教学中富有"戏剧味"的解读，也只是从剧本结构的整体关照切入，才能居高临下，透视全局（剧），进而把握剧本的构成方式和内部构造规律。

第一，戏剧教学要加强对剧本结构的分析，切实把握剧本的三种模式形态，以体现语文课特有的"戏剧味"。一是开放性结构。这是一种把整个戏剧故事从头到尾、原原本本地表现在剧场舞台上的结构形式。如莎士比亚的剧本和我国的一些传统剧本，有头有尾，时间拉得长，地点拉得开，既便于剧情发展的腾挪起伏，也能使人物的性格刻画和发展过程更加细致、完整，但容易造成情节的铺排和性格表现的顾此失彼。二是锁闭性结构。这种结构形式不是从头说起，而是采取横切的方式，把戏剧冲突中的"危机"一下子推到角色面前，正面表现和集中刻画从高潮到结局的一段戏。对于过去的事件和人物关系，

---

① ［清］李渔：《闲情偶寄》。

则用"回顾"或"内省"的方式，随着剧情发展逐步交代出来。因此，这种结构的模式也称为"回顾式""内省式"。如曹禺的《雷雨》、易卜生的《玩偶之家》等，都属于锁闭性结构。三是展览式结构。这种结构形式，就像是一幅展示各种人物风貌和性格特征的群像画构图。人物较多，但没有明显、突出的主角，即使有一两个贯穿全剧的人物，也只是起着一种能把不同人物、不同事件汇集到同一个场合里展现的"串线"作用而已。在这种剧本结构中，每个角色都可以独来独往，彼此互不干涉；有时即使某几个人物的动作贯串结合起来而构成全剧最为重要的组成部分，但是对于其他人物或其他线索仍然没有统率作用。整个剧本的构成像万花筒一般看似松散，其实有内在的组构章法。如老舍的《茶馆》，就别有"戏剧味"，属于这种结构模式形态。

第二，戏剧教学要遵循剧本的集中性法则，以促进语文课"戏剧味"的生成。剧本结构营造的集中性，主要体现在三个方面：一是矛盾冲突的集中。剧本的结构受演出时空和容量的限制，不能像小说那样从容不迫地多层面展现矛盾冲突，而只能抓住矛盾发展、冲突激化及其转化、解决的过程。即如有些专家所说，真正戏剧性的进展，就是奔向结局的不断前进。二是情节和场面的集中。剧本不能像小说那样任意超越时间的跨度，或是给人物自由地提供活动的背景，为适应剧场演出而必须把纷繁复杂的人物、事件集中到几个场面中来，以能够在剧场上直接加以表现，这就要求剧本的结构匠心剪裁，艺术处理明场戏与暗场戏的关系，通过紧凑的剧情结构表现丰富的生活内容。三是人物设置的集中，这不只是指角色的数量，还包括揭示人物性格的手段（动作）的高度集中。如郭沫若的剧本《屈原》，在结构上就体现了上述的集中性法则。作者原本是想根据《屈原列传》，以时间为顺序营构成上下两部，上部写楚怀王时代，下部写楚襄王时代，每部写五六幕，时间长度约三十年，情节、人物、地点均极为分散。修改后的五幕悲剧，时间长度从三十年缩为一天，地点由若干处减为一处，为突出主要人物性格，而将原计划中的襄王、秦嬴、白起、南公等人物删掉。

第三，戏剧教学要发现剧本集中性法则的不同特色，以凸现语文课"戏剧味"的浓厚度。如曹禺的《雷雨》，从故事情节来看，作品涉及三个故事：其一，以周朴园与鲁侍萍的关系构成的故事，这个故事时间长度约三十年；其二，以繁漪和周萍的关系构成的故事，时间长度约十八年；其三，以鲁大海与周朴园的关系构成的故事，这个故事发生在现在。对这三个故事情节的处理，作者不是采取开放式的结构形式，按故事发生的时间顺序逐一展开描写，而是采取闭锁式结构形式，不写完整的故事发展过程，只是截取生活的一个横断面，将人物、事件都集中在这个横断面上来显现。剧本把整个故事浓缩在不到一天的时间里，把地点凝聚在周家的客厅和鲁家两个场景里，只用了四幕剧的形式，通过周萍、周冲同时追求四凤，周萍欲摆脱繁漪而繁漪却揪住不放，鲁侍萍与周朴园相见，鲁大海与周朴园的冲突，周萍与四凤的幽会，反复交叉进行，最后各个人物关系真相大白，四凤、周冲触电身亡，周萍自杀，繁漪发疯。显然，戏剧性突出，"戏剧味"特别浓烈。

泰勒在《理解文学要素》中曾经指出："对剧本结构产生影响的一个重要因素，是来自古希腊戏剧关于时间、地点和情节的集中性法则。"[1]因此，戏剧中"戏拟"的所有事件都用唯一的场景来表现——通常是在庙堂表演。情节也规定了时间长度，以便于演出。为强化剧本的"戏剧味"，"它绝不允许一个完整的情节在半途中断，也没有次要情节或相关的事件出现，只允许唯一的一个情节贯穿于戏剧始终"[2]。对这种时间、地点和情节的集中性法则，在剧本教学中进行结构形态分析时要具体地把握，以在语文课上深切感受到"戏剧味"。

---

①［美］泰勒：《理解文学要素》，黎风、李杰等译，四川大学出版社1987年版，第156页。

②［美］泰勒：《理解文学要素》，黎风、李杰等译，四川大学出版社1987年版，第156页。

（三）把握对话规则与剧场性特征的对策

剧本是以对话为主的文体。剧本中的人物对话占有绝对的地位，无论是剧本情节的展开还是人物性格的刻画，无不需要人物对话来完成。因此，剧本教学要富有"戏剧味"，就应注意把握对话的戏剧个性。戏剧对话是由不同的言语单位按照某种逻辑关系构成的言语活动整体，其深层结构具有语义的规定性。有些语言学专家强调了对话的四种规则：（1）数量原则，对话的信息量必须恰当，不多也不少；（2）质量规则，对话的信息必须真实；（3）逻辑规则，对话的主题必须相关；（4）准确规则，对话的意思表达必须清楚。根据对话的这四种规则，在剧本教学中进行富有"戏剧味"的对话分析应从两个方面切入。

第一，把握剧本的传情性与合理性。应该说，剧本中人物的每一句对话，都是主动体现人物特定的思想个性和真情实感，又要正好是之前整个戏剧冲突和戏剧情境发展变化的必然结果。只有这两个方面的有机统一或互为前提，人物的每一句对话及对话行为，才能情有固至、理有必然，而别有"戏剧味"。如郭沫若的《屈原》，其中有一段著名的抒情独白《雷电颂》（第五幕的第二场），强烈地抒发了屈原要把一切污秽、罪恶彻底炸裂、烧毁的义愤，对刻画人物性格个性具有重要作用。然而，作为历史人物的屈原，并没有写过这样一首诗。有人就认为《雷电颂》有点像席勒说的"单纯的时代精神号筒"，即说作者赋予人物的这一言语行为和剧情的发展及人物性格缺乏逻辑的联系。其实，从剧本"戏拟"的实际来看，似乎不能得出这种结论。首先，尽管历史上屈原并没有写过这样一首诗，但其中那些奇特的想象、火一般的热情、不屈的抗争精神，在屈原的《离骚》等作品中却是随时可以证印的。也就是说，《雷电颂》虽然是一种艺术虚构，但传达的却完全符合人物的思想个性和真实情感。其次，《雷电颂》的合理性，不仅表现在它与人物总的性格基调没有矛盾，而且还可以说是人物在特定的戏剧矛盾中合乎逻辑的发展结果。从剧本第五幕的两场来看，第一场通过子兰、宋玉对婵娟的威胁利诱，交代了屈原的危急处境，为剧情的发展推出新的波澜；第二场的风雨雷电，既是自然景场的勾画，也是人物性格的象征。自然世界的风雨搅动了人物内心世界的波澜，愤怒化成了更加强烈的感情风雨，屈原终于喊出《雷电颂》，用他那顽强的斗志和爱与憎的思想闪光，照亮和撼动了读者的心灵。毫无疑问，这一笔既可以说是石破天惊，也可以说是水到渠成，突出了强烈的"戏剧味"。

第二，把握剧本的动作性与性格化。先说戏剧的动作性。戏剧中人物的动作，包括外部动作和内心动作。内心动作往往又是外部动作的动力，或是它所留下的后果。而富有动作性的对话是表现人物内心动作的主要手段。富有"戏剧味"的对话特点很多，但最重要的还是它的"动作性"。在戏剧教学中要深层性地理解和体悟剧本的"戏剧味"，就应重视对话"动作性"的分析。如曹禺《雷雨》中周朴园与鲁侍萍相见时的对话，就以表现周朴园紧张的心理动作而显示出动作性。周鲁三十年后相见，周已不认识鲁，但他从鲁关窗的动作想到三十年前的侍萍，并下意识地怀疑她就是侍萍。这怀疑随着两人的对话的发展而不断加深，最后终于真相大白。表现这"怀疑"的内心动作是周朴园三次询问侍萍姓名的对话，第一次的对话是："你——你贵姓？"这是由侍萍关窗动作引起的。接着他又从她与侍萍口音的相同而加深了怀疑，于是便问及她的籍贯。当他知道她三十年前就在无锡并对当时侍萍被遗弃而投河的事件了如指掌时，怀疑就更加深了一层，因而他第二次询问她的姓名："（抬起头来）你姓什么？"但他又想到侍萍确已投河而死，也就释然了。可鲁偏偏说："这个人现在还活着。"这句话简直就像一声惊雷，既使周惊愕，又使他重新加深了对鲁的怀疑。于是他便第三次询问；"（忽然立起）你是谁？"最后由于鲁说出了"旧衬衣"上绣的"梅花"和一个"萍"字，终于悬念冰释，这时周的台词是："（徐徐立起）哦，你，你，你是——""哦，侍萍（低声），是你？"剧本别具"戏剧味"的这四句对话表现了人物心理动作的四个阶段，显示了戏剧对话的动作性。

再说戏剧的性格化。富有"戏剧味"的剧本教学，要把握性格化对话直接表现人物性格气质的特点。如郭沫若《屈原》中《雷电颂》的台词，不仅具有形象性和抒情性，而且雄浑奔放，激情洋溢，这恰恰表现了屈原的浪漫主义诗人的气质。戏剧对话是塑造舞台形象的极其重要的艺术手段。没有戏剧对话，人物性格固然无从塑造，性格撞击也无从展开。因此，在剧本教学中，对于对话性格化特点的分析不能忽视。只有体会人物对话的性格化特点，才能认识人物性格的独特性和个人的情绪色彩，深切感受"戏剧味"。如读了曹禺的《雷雨》中周朴园和鲁侍萍的一段对话，我们不但可以了解三十年前一个所谓"有教养"的"贵人"所犯下的滔天罪行，更从这一系列波澜迭起的情节背后，看到了纯洁善良和残酷虚伪两种性格的强烈对比。一个是满身铜臭："好！痛痛快快的！你现在要多少钱吧？"一个却是表现了庄严高傲，用冷笑和蔑视做出了严峻的拒绝："你？（笑）三十年我一个人都过了，现在我反而要你的钱？"不要臭钱而只要默默无声地见儿子一面："我——我——我只要见见我的萍儿。"这是服从于一位痛心疾首的慈母的性格的对话，而这对话却又是导致后面更有意义的情节的发展：作者不但让侍萍会到了周萍，还让她亲眼看到周萍打鲁大海的强盗行为；不但展开了侍萍和周萍母子相会的场面，还展开了周朴园和鲁大海父子相会的场面。在由周朴园和鲁侍萍的对话展开的客观事件的描绘中，充溢着多么强烈的人物感情的色彩啊！读到了这些精彩的"戏剧味"对话，我们不妨细细揣摩一下背后的人物性格，透过人物对话和与之相适应的行动、表情，追溯到人物的内心深处，透过形于外的"言"找出动于中的"情"，透过"他做什么"找出"他怎样做"。显然，这就会使语文课充满"戏剧味"。

语文课的"戏剧味"，即剧本的对话意味经常要由表演行为与剧场条件来确定，它具有很强的剧场性特征；所以在剧本的对话教学中，剧场交流意识也是极为重要的。交流有信息的发出者与接收者，二者可能是个人对个人的私人谈话，也可能是个人对群体的议论。信息的发出者与接收者可能同时在场，也可能只有一方在场，或发出者在场，或接收者在场。在富有"戏剧味"的对话交流中，交流关系总是多层次的，人物与人物对话，而他们的对话又是不在场的剧作家说给读者或者观众的。因此，剧本中的同一句对话（台词），剧中人物说出，可能是将某件事告诉另一人物，提供关于事实的信息。而这一句对话对于观众或解读者，可能提供的信息就不再是关于那件事实的陈述，而是传达了关于说话者本人的事实。如关汉卿的《窦娥冤》中窦娥赴法场时，让刽子手走后街："前街里去心怀恨，后街里去死无冤，休推辞路远。"对刽子手来说这是传达了一种指令；而对读者来说，则表现了窦娥善良的品格。因此，在富有"戏剧味"的剧本教学中，要注意戏剧对话在不同交流层次上有不同的作用和意义。交流的层次意识也是剧本对话解读的一个重要特征。

后　记

这部书稿的完成算是告一段落。我第一回有这样的轻松感觉，就似卸下了负载的一个包袱，在内心里也似舍弃了某种说不清的东西，或许是一种疲累的杂味吧。但是，有一点是比较清楚的，这就是语文的内里世界是瑰丽而没有边缘的，数十年来我一直与语文的情感与生命相伴同行，享受着语文情感与生命的韵致。在语文之外的生活世界里，虽然常常品尝着酸甜与苦辣的况味，可有知情老师评价我是"一生求真"，这或许就是我别有丰盈的"语文人生"的真切写照。

我数十年来生命投注的语文研究状态简要追溯如下：一是文学解读学研究的起步，这是从三十多年前文学作品鉴赏分析开始的。当时我在特别有影响力的《名作欣赏》上接连刊发多篇散文赏析，并随即结集出版了《港台现代散文赏析》。同时，我又在该刊头题连发系列文学鉴赏理论文章，并以富有创意的完整性建构体系出版专著《文体鉴赏艺术论》。此后经数年的潜心研究，我撰写完成并在人民文学出版社出版《文学解读学导论》。当时，《人民日报》《光明日报》《文艺报》都专发评介文章，大家都认为那"是一部系统研究文学解读学理论的开创之作，拓出了一个原本荒漠的文学研究新领域"，"是我国第一部文学解读学专著"。二是语文教育文化学研究的开拓，是从21世纪初着手的。其中，有我带的硕博生张曙光等重要的参与者。语文就是文化，教师教语文，学生学语文，实际上都是在实践一种文化，是汉语言文化内化为学生情感和心灵的过程。所以，语文课程的目标取向应是"文化的过程"，它作为一种文化性存在，应让学生在语言文化的实践中建构起自己的精神家园。三是语文教学语用论的深究，是从七八年前参加北师大国家社会科学基金重大课题开始的。我主要从确立语文课程的语用性定位切入，树立"语言建构与运用"的语用本体理念，以"语用技能"为要，以"语用素养"为本，将语文课程作为"语言建构与运用"的教学过程，把"语用"作为语文课程的一切教学活动与教学设计的核心指向和基本立足点。教师在语文课上要着眼于"语用"教语文，学生在语文课上要着力于"语用"学语文。教师要引导学生与语言文字打交道，和语言文字亲密接触，引领学生在文本的字里行间穿行，品味语言，体味文字。语文就是语用，语文就是文本，语文课程就是要简简单单教语文，实实在在学语文，扎扎实实用语文，以把握语文教学的语用根本，遵循语文教学的语用规律。

说起来，在语文研究的过程中，我的起步是很顺利和幸运的。最不能忘怀的是1996年的初春，我带着《文学解读学导论》的初稿去中国社科院参加国家"七五"社科基金重大课题项目"文艺新学科建设丛书"面向全国的招标会议。这个课题招标包括两个系列：一是国际文艺新学科建设的成果，即国外学者系列，如英加登的《对文学的艺术作品的认识》、伊塞尔的《阅读行为：审美反应理论》、罗特曼的《艺术文本的结构》等；二是国内文艺新学科建设的成果，即国内学者系列，如杨健民的《艺术感觉论》、杨春时的《艺术符号与解释》、林兴宅的《象征论文艺学导论》等。论证会成员都是来自中国社科院文研所、北大清华等著名高校、人民文学出版社的专家。作为一个来自山东师大的年轻教师，我心里发慌，一直忐忑不安。就在论证会报到的那天，辗转来到中国社科院大门，传达室一位女同志就给我一个下马威："你找谁？"我回答后她拿起电话对办公室报告："一个下面的人来参会。"北京人通常把进京的全国各地方的人称为"下面的人"，幸亏我还是来自省会济南的高校教师。好在那还是个纯真的年代，论证会认真严肃，答辩过程是质疑追问的"真枪实弹"。通过数天提问、备答、解说的论证答辩，我的课题正式立项，而且人民文学出版社与我签署了出版合同。这对当时的我来说，真是一个特大的喜事！因为在那个求实求真的年代，能够中标国家社科基金重大课题，并由他们所称谓的"皇家出版社"来出版，确实是一件很不容易的事。所以，当时我感觉首都北京人作为"上面的人"，对"下面的人"还是很公道的，并没有歧视"下面的人"。据说，当时北京高校的人也有投标落选的，我这"下面的人"没有被淘汰，说明在那个刚刚开始改革开放的纯真年代，"上面的人"还是持守着很纯真的性情和气度，很看重研究课题的质量和水平的。半年之后，当我到北京人民文学出版社时，看到了门厅报栏上挂有我的解读学书稿简介，还有美学家蒋孔阳的美学论文集简介，其他都是古典文学、现当代文学、外国文学等名家名著简介。说实话，记得那次我特别激动，因为除名家外很少有人在这里出书，而我的书稿即将在这里正式出版，实在是很难得啊！特别是在那个"出书难"的特定年代，我体验到了一种最美的出书享受。

这确是一个很美好的记忆，是我的语文研究过程中很单纯又很精彩的段落，至今还时常搅动我的心弦，我心底依然刻印着一个纯真年代的痕迹。可以说，那是一些纯真的人，纯真的事，纯真的感情，纯真的思维，纯真的气场，纯真的环境，纯真的交往，这些给我的"解读学"融注了纯真的性格。

实际上，就是从这个纯真经历和体验切入，我又展开了多方面的语文研究。如对语文阅读与教学系统论、语文审美与教学生态论的探讨。又如对语文的文化构成、语文教学的文化过程、语文课程的生命形态、语文思想与智慧的探讨。再如语文教育与课程改革前沿理论的探讨，即语文教学本体论与解释学、语文陶冶性教学与教育观新建构、语文新课程教学论等。还有对语文教学的语用性透视，对语文课语用教学的特点、语文教材语用特质与各类文体教学等的研究。回首数十年的语文研究过程，我也遇到不少语文课改探索的波折、纠结和困惑，但在进入急剧的社会变革与激荡的新时代潮流中，新生与毁灭、选择与淘汰、欢跃与庸滞、思维方式与行为方式都在经历着延续与嬗变的锻造。在火的涅槃中，我们的语文阳光一定会照亮生命与心灵之灯，一定会燃起正直与气骨的力量。

　　本后记的写作，是有感而发，情真意诚。有什么就说什么，以此作为"语文人生"的留念。

曹明海

2020年7月于济南龙泉山庄